日本教育行政法述義

水野錬太郎序
清水　澄序
赤司鷹一郎序

禱　苗代著

明治三十九年發行

日本教育行政法述義

日本立法資料全集　別巻　1440

信山社

法學博士　水野錬太郎先生序
法學博士　清水澄先生序
法學士　赤司鷹一郎先生序

日本教育行政法述義

禱苗代先生著

東京　清水書店

日本教育行政法述義序

教育は文化の淵源にして其振否の國家の盛衰に關するや甚た大なり是を以て凡そ宇内に國を立つる者洋の東西と時の古今とを問はす教育を以て治國の要と爲さゝるは莫し顧ふに我國の文化駸々として進み能く今日の旺盛を致したるは實に教育の振興に由るものにして教育行政の國家に於ける要務たるや知るへきなり抑も現時我國百般行政の進張に伴ひ教育に關する制度亦た大に備はり其面目を新たにする復た昔日の比にあらす從て之か法令を講究するの緊要なるや固より多言を俟たす {}疇{}苗代君此に見るあり頃日一書を著はし名けて日本教育行政法述義と曰ふ此書乃ち行政の本義を說き以て教育行政の節目及ひ其制度機關より教科設備に至るまて細大漏さす依りて

以て我國教育行政の一斑を窺ふを得へきなり君夙に教育の實務に當り兼ねて法學を脩め造詣する所あり此良著ある誠に偶然にあらすと云ふへし今や我國歐米文明諸國と馳騁し益々教育の振興を圖るの必要なるの時に方り此著を成せるは實に今日の須要に應せるものにして啻に世の教育の實務に當る者に資益するのみならす教育行政上に裨補する亦尠少に非さるを信す余既に君か教育に盡すの勞を多とす今之を刊行するに當り序を徵せらる因て一言を述へ之か序と爲す

明治三十九年四月上浣

法學博士　水野錬太郎

序

豐富なる智識ありと雖も教授の法に熟達せざれば能く人を教導すること能はず非凡なる才能ありと雖も行政の法規に通ぜざれば公務に當りて能く之を處理すること難し若し夫れ教授の法を顧みざらんか深遠なる智識は却て人の子を賊ふの患あるべく行政の法規に暗ければ才能却て事を誤ること大なるの慮あり是を以て教授の法を講ずるは教育者たるもの丶一日も忽諸に付すべからざるや固より言を俟たずと雖も教育者も亦身を公職に置き公務を行ふものたるを知らば教育に關する幾多の法規を詳にし其向ふべき所と據るべき所とを明にし宜らく自己の權限と地位とを知らざるべからず然るに從來前者を見ること頗る重く後者を見ること甚だ輕きがごとし惟ふに我

國民は一般に法規の思想に乏じく權義の觀念に薄し敎育者亦或は此弊に陷れるものに非ざるなき歟

禱君は身を敎育界に置くこと多年且つ法律の學に於て造詣する所深し今此著を觀るに始に行政一般の概念を論じ進んで敎育に關する現行の法規を說明し殆ど剩す所なし斯道の人を益する蓋し鮮少ならざるべきを信ず

明治三十九年四月

清　水　澄

禱苗代君教育行政法を著はし序を余に索む受けて而して之れを讀む秩序整頓微に入り細に渉り能く其の神髓を傳へ文辭暢達要を摘み萃を拔き善く其の論旨を明にす道に厚く業に精に專心一意事に玆に從ふに非さるよりは焉そ斯の浩瀚の著あるを得むや蓋し戰後の經營多岐なりと雖も其の本源を尋繹すれは何物か教育に資らさらむ都鄙と莫く朝野と莫く其の振作す可きもの其の興起す可きもの皆教育の發展に竢つ然り而して教育の發展を謀るは教育行政を窮め之れか沿革に鑒み之れか適用を考へ時に應し宜しきに處し其肯綮を得て其の實績を擧くるより先なるは莫し夫れ然る後利用厚生以て講す可く富國强兵以て策す可し斯の著一たひ出てゝ之れか津梁と爲り之れ

か鍼盤と爲り以て邦家に獻替するは即ち君か精神なるを信するなり讀者熟讀玩味せは其道を研鑽するに於て餘師あらむ之れを序とす

明治三十九年四月

赤司鷹一郎識

自序

教育の弛張は國運の消長に絶大なる影響を及ほすべきは理論上又事實上顯然として明かなり我邦王政維新後は其制度劃一の必要を認め明治五年に學制頒布せられ其後幾多の改正變更ありて今や其法令も整頓し其效果我邦今日の文明を生み二十七八年戰役に又日露戰爭に其事實を證明したりされど教育の狀況社會文明の程度尙歐米のそれと比眉すべからずと是種々の事情あるべしと雖も國民公生活に馴れざると教育に關する職にある有司其法令の精神を索めずして徒らに形式に模倣するに齷齪たる又一大原因たらずんばあらず

我邦立憲の制を樹て法治の制を布かれ社會の秩序之れにより て以て維持せられ又之によりて活動せざるべからざるに獨り

教育社會に於て職務を處理するもの治外法權の觀ありしより有司の者或は職權を蹂躙せられ或は其自己の權限を行使する能はざりしを以て斯道の萎靡振はざるや久し
今や千古未曾有の戰勝は公私百般の事業に發展の動機を與へ戰後經營として教育の改良上進を劃策すべき時に際りて其職にあるものは先づ宜しく自己の地位と權限と知りて法令の精神を活用せざるべからず然るに之に關して研究すべき著書絶無にあらざるも能く其一般に亘るの法理を解き其各種教育を通じて說明せるあるを見ず之れ予が敢て自ら揣らず鷄刀割牛の企圖をなしたる所以なり
教育に關する法令を解するには行政法一般の觀念を要するが故に予は之れに關する行政法理は悉く之を總論に蒐め上卷に於て論述し中卷に於ては各種教育の內容を現行法によりて說

明し最後に特種教育の精神内容を論じて斯道に貢献するの微衷なりしと雖も學淺く文拙にして序次調はず詳簡一ならず且議論の誤謬杜選の責は自ら任ずる所讀者の叱正を得て他日の完成を期せんと云爾

明治三十九年四月

著者識す

日本教育行政法述義目次

上巻　総論

緒論

第五編　教育に關する行政行爲……二二四

中卷　各論

下巻　特種教育

目次　終

日本教育行政法述義

禱苗代著

上卷 總論

緒論

前古未曾有の戰勝は國家の國際法上の地位を進めたると共に國家事業發展の動機を與へたり此時に際りて民力の發展國威の發揚を促す事業に對して原動力を與ふる者は一に敎育事業を擱きて他に之を求むるを得ざるなり抑敎育の事業たる人の智能を啓發し德器を成就する所以にして其智能を啓發し德器を成就するは各人の自己に對する責任なるが故に其自由の作用なりと雖も國家は其分子たる個人の智識道德の如何によりて興廢し消長すべきを以て國家は其生存發達の目的上之に干涉して或特定の程度の敎育を强制し尙之を奬勵して其發達を期するは是國家當然の職分なりとす斯くの如く敎育は個人生存の要具にして國家存在の基礎たるを以て方今文明の國は之を往昔の如くに私人の自由に委せずして

之を以て自己の任務として以て或は直接之が經營の任に當り或は之を公共團體に命じ其材料を定めて所定の目的を達せしめ尙一私人の設營を認め之を監督し誘掖して以て其本來の目的を達せんことを期せり然り而して我邦今や敎育に關する法令漸く完成し斯業の普及改良駿々として觀るべきものありと雖も其私人經營より發達せし沿革と國家の行政作用に對する觀念の近來に至るまで發達せざりしを以て其敎育に關する法令と其內容たる實際の事業とは相調和せずして其實際の任にあるものは敎育は法令以外の獨舞臺の如く思ひ又其事務を掌るものは其實際に暗きよりして或は則を越ゑ職を曠ふし法令の精神を貫徹する能はざりしは從來の狀態なりき斯くの如きにして敎育本來の目的を達し法治國の美を濟さんとするは尙木に緣りて魚を求むるに外ならず然るに世の進歩と共に敎育も法令以外の獨舞臺にあらざるよりして之が研究も行はるゝに至り著述としては山田氏の普通敎育行政論小林氏の敎育行政法松本法學士の行政法要義及木場博士の敎育行政世に公にせられ近くは山田氏の學校行政法出で其他新聞に雜誌に議論現はるゝのみならず又公私の講習會に於ても其科目を加へらるゝに至れり斯くの如くに之が研究は普及せり斯道の爲め豈賀せざるべけんや

然りと雖顧みて之を實際に觀よ其狀態は尙舊觀を脫せずして或は權權を蹂躙せられ或は職務を曠廢して其日を送りつゝあるにあらずや之行政法其者の發達幼稚にして其法理の錯雜せるより著書及講習會の科目の內容多くは敎育と行政と相融和して獨立の敎育行政てふ法理の詮索なくして之を山田氏の口調を假りて謂へば敎育といふ木に行政といふ竹をつぎ行政といふ水に敎育といふ油を注ぎたる如きものなる故に其實際に效果の現出するゐの時期は日暮れて道尙遠きの感なくんばあらざるなり然るに獨り山田氏の學校行政法は其實際的方面に法理の詮索を及ぼし上述の要求を充たし其斯道を裨益せし功績の尠からざるを景慕するの情禁ずる能はずと雖も余輩は氏と根本の原理に對する見解を異にする所あり且其範圍は學校特に小學校內部に限られつるを惜しむと共に氏の斯道を去られたるを愛惜するの念抑へ難きより敢て殘學菲才を顧みずして氏の心をつぎて硏究したる所を玆に公刊に附し以て先輩の叱正を乞ひ自己の誤を正すと共に聊か斯道に貢献せんとするの微衷に外ならず讀者乞ふ之を以て本書の緖言たらしめ本論に入りて其法理を述べしめよ

第一編　教育行政法の基本的觀念

第一章　教育行政

第一節　國家行政作用の形式

教育行政の地位

教育行政は國家が自存發達の目的を達する手段として國民の精神上の利益幸福を增進せんとする助長行政の一部なり故に其性質地位を明かにせんとするには豫め本節に於て國家の作用及行政の作用の概略を說明せざるべからざるは議論の前提として止むるを得ざる所なりとす

國家の作用の種別

第一　國家作用の種別　國家は其自存發達の目的を達せんとして種々の活動をなすなり之を法律學上より觀察せんか國家の主權者たる君主は機關の參與によりて共同生活の標準たる法を制定し或は適用維持し及法に準據して直接に其目的を達するの作用をなすなり

實質的國家の作用の區別

立憲國に於ては之を譬へば腦髓の指揮により手は物を把り足は以て步行をなし五官は感覺を掌る如くに三種獨立の機關ありて各其作用を掌れり之を君主國に就ていへば君主は中樞機關たる腦髓の如く議會の

協賛によりて法規を制定し裁判所に依りて之を解釋適用し政府をして法の範圍內に於て直接に國家の目的を達せしむるを以て理想とす

形式的國家の作用の區別

形式上の國家の作用は國法によりて定まる

立憲制度の思想の基く所は上述の如くなりと雖も之を實際に行ふに當りては斯くの如く嚴格に其權利を分配する能はざるを以て各國共實際に於ては立法作用の爲めに設備せられたる議會は必ずしも性質上の權限を悉く行ふにあらず司法及行政の機關の作用亦然りとす故に國家作用の區別は之を性質上及形式上に區別するを得べし其性質上の區別は上述せるが如くなるも形式上の區別は之を各國の國法によりて定まる所なりとす

我憲法上の國家作用の區別

立法權の作用

我憲法の法條を案ずるに第五條に曰く「天皇は帝國議會の協賛を經て立法權を行ふ」とあるが故に帝國議會は其全部に參與する如きも同三十七條に曰く「凡そ法律は帝國議會の協賛を經るを要す」との規定によれば帝國議會の協賛は立法作用の全體にあらずして其一部たる法律の制定に對してのみなるは次ぎの說明によるも明かなりとす

憲法第九條は「天皇は法律を執行する爲め又は公共の安寧秩序を保持し及幸福を增進する爲め必要なる命令を發し又は發せしむ」と規定せり此命令が共同生活の

標準たる法規たるは說明を要せずして明かなりとす即其實質は均しく立法作用にして之を議會參與の外に置けり又憲法第八條に曰く「天皇は公共の安全を保持し又は其災危を避くる爲め緊急の必要により帝國議會閉會の場合に於て法律に代るべき勅令を發すべき旨を規定せり之亦立法作用にして議會協贊の權限外に置かれたる一の場合なりとす

上述の如く議會は立法作用の全部に參與せざるも其權限は獨り法律制定に參與するのみならず性質上は行政の作用に屬すべき歲出歲入の豫算を議定し又國債を起し及豫算に定たるものを除くの外國庫の負擔となるべき契約を爲すには帝國議會の協贊を經ざるべからざるは憲法六十二條及六十四條の規定する所なりとす其他上奏をなし請願を受くるも其性質は行政作用にして議會の權限に屬す

司法權の作用

又憲法は其性質上司法作用たる議員の資格審査決定をも議會の權限に屬せしめたり如斯憲法は議會の權限を獨り立法作用のみならず行政司法の作用をもなさしめ又裁判所に於ても其司法作用の全部をなさずして民事刑事の一部に限れるは憲法第五十七條六十一條によりて明かなりとす

帝國憲法第一章には數多の事項を列記して天皇親裁の政務として立法司法行政

の外に統治權行使の一形式とせり學者之を憲法上の大權といふ

憲法上の大權作用

此憲法上の大權とは天皇親裁して行ふを要件とするなり親裁とは議會の協贊を經ず裁判所によらず又行政官廳の權限に附せず天皇が直接に攝行し給ふを謂ふなり勿論大權行使に際して國務大臣の憲法第五十五條により之を輔弼し國務に關する詔勅に關して副書するは其親裁たるを妨げざるを注意せざるべからず

行政權の作用

我憲法に於ては以上述べたる立法司法及憲法上の大權を除ける凡ての國家作用が行政機關の權限に屬する形式的の行政なりとす故に議會裁判所及憲法上の大權に屬する事項は行政にあらず而して其內容は雜然として數へ盡す能はず其主たる部分は性質上の行政作用なりとはいへ行政機關の權限命令を發するは立法作用にして行政裁判所に於て裁判するが如きは司法作用なりとす

行政の意義

以上論ずる所を約言すれば我憲法上即形式上の行政とは議會裁判所の權限に屬せず又憲法上の大權に屬せずして立法及憲法上の大權の下にありて行政機關の權限に委任せられたる國家の作用なりといふを得べし

國家作用の分類に關する異說

註學者或は國家の行政を論ずるに當り憲法上の大權を認めずして立法司法を除きたる國家作用の全體を行政と論ずるあり又一說と見るべし玆に一々其

評論をなすは煩はしきを以て余輩は自ら信ずる所を述べて玆に異說あるを掲げ置くのみ尚一言し置くは上述の憲法上の大權とは我憲法特有のものたるをも注意せざるべからず

行政作用の種別

第二　行政作用の種別　國家行政の作用は之を種々の方面より區別するは得べし

國家の目的による行政の種別

外務行政

軍事行政

司法行政

財務行政

內務行政

警察行政と助長行政

一　國家の目的よりする行政の種別　行政は國家の目的を達するが爲めにするの活動なりとす故に行政の作用は先づ其達する所の目的の異なるによりて之を分類するを得べし此點を標準として區別すれば　(一)國際間の交通を處理する外務行政　(二)國家の內外に對して生存を維持する爲めに兵備を設けて之を維持する軍事行政　(三)國家の法規の秩序を維持する司法行政　(四)國家の資力を供給し之を管理する財務行政　(五)國民の物質上及精神上の危害を防禦し進んでは積極に國民精神上及物質上の利益を增進するの內務行政の五種となすを得べし而して其內務行政は社會の秩序に對する障害を防止する行政は之を警察行政と國民の利益幸福を增進する助長行政の二種に區別せられ更に助長行政は經濟上に關する行政と精神上に關する行政とに分類するを得べく其精神上に關する助長行

教育に關する助長行政

法規の關係に基く行政の種別

羈束行政と裁量行政

權力の關係に基く行政の種別

政には宗教及道德に關する行政と教育及學術に關する行政とあり其教育に關する行政は之本著に於て述べんとする所なりとす

二　法規の關係に基く行政の種別　行政は法規の範圍內に於て活動すべきは既に前に述べたるが如し然りと雖も行政は只法規を執行するに止まらずして其作用たるや千態萬狀にして如何に綿密なる立法と雖も行政作用の鎖末に涉りて法規を制定する能はざるを以て行政は之を羈束行政と裁量行政に區別するを得べし前者は法規によりて其作用の範圍限定せられ行政官廳に於て裁量の餘地なきをいひ後者は法規の範圍內に於ては自己の意見を以て公益に適合すると認むる所を適宜酌量して行をことを得る餘地ある行政をいふ市町村長が學齡簿を調製して就學の通知書を保護者に發するが如きは前者に屬し就學の猶豫免除を許可するが如きは後者に屬す

三　權力の關係に基く行政の種別　行政の作用は國家が其固有の權力を以て臣民に行爲不作爲を命令し强制する場合もあれば或は之れと相並ひ相附隨して法律上の效果を發生せざる事實的の作用をなすことあり之れを例へば國家が道路を修繕し官廳の用に供する建築をなすが如きあり又物品を買入れ營業をなすが

如き私法上即臣民と對等の關係にありて行動するあり之れ悉く行政の目的を達するの手段にして之を汎くいはゞ行政の作用なりといふを得べし

私法的作用及事實作用は行政法の範圍外なり

然れども單に事實作用たる行動は法律上の效果を生せざるを以て法の對象にあらず故に法學を以て論ずべきの限にあらず故に行政法の範圍外なりとす又私法的の作用は法の對象なりと雖も之を支配するは特種の法規ありて其支配を受くべきが故に是れ又行政法の範圍外なりとす故に行政法の範圍內に於て論ずべきは獨り權力作用たる行政に止まる者とす然り而して其權力作用は或は國家の純然たる一方的の作用として臣民に行爲不行爲又は給付を命ずることなり而して其作用は又分れて二となり一は國家が公共の安寧を保持するが爲め臣民に行爲不行爲を命ずる場合の警察權となり一は國家が收入を得るの目的を以て金錢の給付を命じ其給付を保障する爲め行爲不行爲を命ずる財政權となる或は又國家が臣民に種々の利益を供給し其代償として臣民に義務を命ずる作用をなす之れ營造物に關する行動なりとす右の外國家は自己の利益の爲めに臣民に特別の義務を課するの作用あり此作用は之を二種に分類するを得其一は國家が臣民の財產權を徵收し之に代償を與ふるの作用にして之を廣義の公用徵收と稱し其一は臣

警察權及財政權

營造物に關する權力

公用徵收權
官吏及兵役に關する權力
指揮監督の權
救濟手段に對する裁定權

民をして勞務の義務を負はしめ之に代償を供給するの作用にして其重なるものは官吏、及兵役、なりとす

此外國家は行政行爲の違法又は不當なる場合に之を監督し匡正するの作用として或は命令の停止及取消をなし訴願の裁決をなし行政訴訟を判決するの作用をもなすなり以上述べたる觀念は敎育行政を解するの準備階梯として豫め辨へ置かざるべからざる事なりと信ず

今本節に述べたる所を了解に便にせんが爲め圖解せば左の如し

- 國家の作用
  - 立法作用
  - 司法作用
  - 憲法上の大權作用
  - 行政作用
    - 國家の目的を標準とする行政種別
      - 外務行政
      - 軍務行政
      - 司法行政
      - 財務行政
      - 內務行政
        - 警察行政
        - 助長行政
          - 經濟に關する助長行政
          - 精精に關する助長行政
            - 宗敎行政
            - 道德行政
            - 敎育及學術行政
    - 法規の關係に基く行政の種別
      - 羈束行政
      - 裁量行政

- 權力關係に基く行政の種別
  - 事實的作用
  - 法律的作用
    - 私法的作用
    - 公法的の作用　即權力作用
      - 國家の一方的作用
        - 警察權
        - 財政權
      - 營造物に關する作用
      - 特別義務を課する作用
        - 公用徴收權
        - 官吏及兵役に關する權

第二節　教育の意義及種類

教育の意義

教育行政を論ずるの準備として前節に行政用作の形式を論じたるを以て茲に教育の如何なるものなるやを一言するは議論の順序として止むを得ざる所なりとす然り而して教育の意義を講ずるは所謂教育學者の職分にして余輩の口嘴を容るべき所にあらざるを以て字義的意義等は之を茲に省き今日普通と信ずる學説を擧げて本論に入るの前提とせんとす余輩の以て普通なりとする學説によれば教育とは人が人に及ぼすの影響にして其影響は之を教育する人より見れば一定の目的を有し此目的に向ひてなすの作用なり故に之が定義を下せば教育とは成熟したる人が未熟者を自己に近づかしめん爲めの目的を有し其目的を達せんと

して行ふ影響なりと云ふを得べし然り而して其敎育本來の性質上は敎育者と被敎育者の關係は道德及慣習上はさておき之を法律上より見れ厭制的のものにあらずして純然たる對等關係なりとす故に熊谷文學士が其著大敎育學に於て敎育は壓制的束縛的のものなりと論せるは他の法令の效果たるを知らざる大なる誤謬なりといふべし

敎育の種類

敎育は人が人に及ぼす影響なるが故に其客體は被敎育者たる人なり而して其目的は其客體たる人を完全なる生存發達をなさしむるにありとす然り而して其敎育は此目的を達する爲め或は家庭に於て行はれ或は學校に於て或は社會に於て行はるゝによりて之を家庭敎育、學校敎育、社會敎育に區別せられ又學校敎育は其程度により目的に依て普通敎育、專門敎育、實業敎育、師範敎育に區別するを得べし

第三節　國家と敎育の關係

國家と敎育の關係

國家は之を事實的に說明すれば一定の土地人民より組織せられ唯一最高の主權の行はるゝ社會團體なりとす故に其分子たる人民の進步發達は即ち其分子の集合體たる團體の進步發達なるが故に國家永遠の富强の基礎を鞏固にせんと欲せ

ば先敎育を盛んにせざる可らざるは旣に緖言に於て述べたるが如し故に國家は其敎育を家庭に放任せず社會に一任せす又一私人の營業及慈善による學校敎育に滿足せずして自ら學校を設備し又公共團體に其義務を命じて之を設立せしめて國民の德性を涵養し智能を啓發し有爲の才幹を養成して以て其家を齊へしめ臣民たるの義務を盡すを得せしめんことを圖れり是に於てか往昔人民の私事として顧みざりし敎育の事業が國務の範圍に加はり敎育行政權の發動するに至り敎育本來の對等關係は其效力によりて權力服務の關係となるに至りしなり斯くの如く近代の國家は其意を敎育に傾注するに至れり然りと雖國家の敎育に對する關係は其時と處と又敎育の階段によりて相同じからずして三種の主義を生ずるの主義を言ふ

文化と國務の擴張

國家の敎育に對する主義

第一種　自由主義　敎育を以て私人の事業となし其自由の發達に放任するの主義を言ふ

第二種　獨占主義　國家は敎育を專有して自己直接の行政とするか又は其機關たる公共團體の行政とするの主義なり

等三種　折衷主義　敎育の區域に於て私人の事業を自由にすると共に國家自らも學校を設立維持するの主義なり

此三種の主義は國家に對する觀念により又其國狀によりて異なれるのみならず其敎育の程度に於ても異れり然りと雖英國の自由主義獨逸の獨占主義も今日は歷史の遺物となり絕對に行はれざるは吾人の目擊する所なりとす然り而して此三主義の適否は各階段によりて差異ありとす即ち

初等敎育に對する主義

(一)初等敎育　に就ては其授業も簡易なれば家庭又は私立の學校に於て敎育を受くるの便乏しからず故に兒童の保護者にして之等の便によりて敎育を與へんとすれば國家は之をして公立の學校に入學を强制するの必要なし故に强制主義を採れる國に於ても家庭又は私立學校の敎育を認可せざるはなし然りと雖も是等の事は貧民に望むべからざるを以て國家は之に應ずるの設備をなさざるべからず是兩極端の主義を採用する國に於ても之を實行するに當りては折衷主義を採用せざるを得ざるに至れる所以なりとす

中等敎育に對する主義

(二)中等敎育　に關しては之を私人の事業に放任するは英國の如き財源の大なる國に於ては其自由なる發達を助けたること少からざれども若し國家に於て之を設立せざるときは中等敎育は實際富豪の子弟の專有する所となりて資產に乏しきものは遂に學術を基礎とする生業に就くの機會を失ふに至る然りと雖も又之

を獨占する必要なきは初等教育に同じ而して中等教育は初等教育に比すれば其劃一を圖る必要の程度低きが故に之を私人の自由に任ずるの餘地は一層大なるものといふべし

高等教育に對する主義

(三)高等教育　は其本質上中等教育よりは一層自由にせざるべからざるものたり即學術は元來强制又は專占を許すべきものにあらざればなり然りと雖も高等の教育には多額の經費を要し多くは私人設營の不能に屬すべきものなるを以て國家の之を經營する實際の必要は最大なるものなりとすされど國家が實際原則上高等教育を專占する場合に於ても專占主義より生ずる危險を防がんが爲めに其自治權を廣くして其科程に屬することは多く自ら定むるに任せ國家の法規を以て羈束せざるの方針を採れり我現行制度も以上述べたるが如き理論によりて法規を制定し之を行使しつゝあるは後に各論に進みて詳論すべし

第四節　教育行政の意義

教育行政の意義

教育事業の如何は國運の消長に關係するを以て近世の文明諸國は其自存發達の目的上國民の教育を以て自己の事務となし之を等閑に附するなきは前屢々論じ

教育行政作用の形式

たるが如し然りと雖も一切の教育事業を擧げて國家獨占の事業となすは教育本來の目的にあらず其望む所は或程度の畫一と普及にありとす故に國家の教育に關係する行政は干渉するにありて獨占すべきにあらず從て其行政は(一)個人の私營に關する學校圖書及家庭に於ける教育等に對し(二)公共の學校圖書館等に對し(三)國家が國費を以て直接に設立する學校圖書館等に對して見はれて各相同じからず即ち國家の教育に關する事務は或程度の畫一と及其普及にあるが故に或程度の教育は其兒童の權利利益の保護と國家自衞上之を保護者の義務とし之をして或は學校に於て或は家庭に於て教育を受けしめ私立の學校に關して其設置廢止は個人の自由に任じ只其事業に對して適當の監督をなして其弊害を除き兼て誘導扶液をなし又特權を附與し補助金を交付して教育の普及を圖り公共の學校等に關しては或は命令を發して之が設立を命じ其使用の方法を定め教員を任命して所定の教科により特定の期間に於て特定の目的を達せしめ及自ら其職務執行の監督をなし尚官立の學校に關しては自ら之を設立維持して其使用の法規を制定し官吏を任命して教育の任に當らしめ之を監督する等の事務を掌るなり

上述するが如く國家の教育に關する行政は或は官吏教員を任命して教育事業の

職に服するの義務を負はしめて之に代償を供給し或は臣民に身體精神の發達上の利益を供給し其の代償として之に義務を命ずる等其行政權發動の實質上より謂へば主として營造物に關する行政作用及特別義務を課するの作用並に之を監督する行政の作用にして之を形式上よりいへば內務行政中の國民精神上の利益幸福を增進する助長行政にして其の根據を我憲法上に求むれば同第九條臣民の幸福を增進する爲に必要なる命令を發し又は發せしむ云々の法條にありて官吏敎員を任命するは同第十條天皇は行政各部の官制及文武官の俸給を定め及文武官を任免するといふにありとす學者或は文武官の任命は憲法上の大權にして行政の範圍外なりと論ずるありと雖も余輩の見る所によれば天皇は其親裁に屬する即憲法上の大權といへども之を行政機關に委任し得べきが故に其委任により て行政機關の權限に屬する作用は又行政となりといひ得べきを確信するものなり今日實際に於て判任官を各省大臣及府縣知事に任命せしむるに於ても明かなるにあらずや

敎育行政の定義

以上論ずる所によりて今敎育行政の定義を下せば敎育行政とは立法及憲法上の大權の下にありて敎育行政機關の權限に委任せられたる國家の權力的作用なり

どいふを得べし
本節を終るに臨んで論及し置くべきは同じく内務行政にして國民の精神上の安寧秩序を保持する行政に屬する道德行政及宗教行政を概論して其教育行政との關係及之が區別を明かにして教育行政の觀念を明瞭ならしむるは敢て無用の業にあらざるべし

第一欵　道德行政と教育行政

國家は前に述べたるが如く教育の制度を設けて國民の智能を啓發し道德の進步を圖ると雖一般國民に對して高き程度の教育を受くるを强制するは不可能の事に屬すされぱとて積極的に國民の道德を進めんとして猥りに干涉するときは自由權を防害すべきを以て其道德を破り秩序を紊り社會の安寧を防害するものあるときは或は警察權を以て或刑罰權によりて其行爲を防止し其改過遷善の政策を採るは國家の存在に附着するの作用なりとす故に國家は道德に反する一切の行爲を或は警察權を以て又は刑罰權を以て處罰す然りと雖刑罰權を以て罰すの行爲は刑法なる特別法系によりて支配すべきものにして行政法の關する處にあ

らず故に本論の範圍外なりとす而して所謂道德行政に屬すべき事は其形式は警察特に風俗警察の權力を以て現はる從て其法規たるや教育法令の如く積極的に道德を進むるにあらずして消極的に其道德違反の行爲を防止して間接に國民の道德を進むるの差あり而して其根據も其臣民の自由權の制限なるが故に憲法第二章の規定によりて法律又は法律の委任による命令にありて彼と是とは其法源も異なれりとす

宗教行政と教育行政

第二款　宗教行政と教育行政

宗教とは多く偉人の唱道に係り其說く所は宇宙には人力以上の萬能の神(佛)の存在して常に人類を支配し及其行爲を監視して其現世に於て善行をなしたるときは來世に於て善報を享け否らざるときは惡報を享くべき以て人心を動かし善行を勸むるを目的とす而して其勢力の偉大なる或は時に政權を凌駕して政治の鞏命をも起さしめたるは萬國史の吾人に敎ふる所ならずや而して其旣往現在の制度も種々にして其主要なるを擧ぐれば(一)政教一致の制度(二)政教分離の制度(三)教會公認の制度ありて時により所によりて異りとす而して其教育に對する關係も

淺からず或は教育は宗教に關する結社によりて營まれ或は教師は多く宗教者を充てたるが如きは歐洲は勿論我國に於ても採りたる所にして其沿革を同ふし西洋に於ては今日信教自由にする國と雖も儀式禮拜等は國民教育の學校に於ても之も擧げ其修身科の如き多く聖書を用ふるが如き其因襲する所深遠にして容易に分離する能はざるが如きも我邦に於ては維新後は教育を國務とすると同時に之を分離するの主義を採り明治五年の學制に於ても之を明かにし廿三年十月三十日には勅語を下賜せられて國民教育道德教育の基礎も確立し且憲然第廿八條には「日本臣民は安寧秩序を妨げず及臣民たるの義務に背かざる限に於て信敎の自由を有す」と規定せられ其自由を保障せられたるを以て宗教に關する行政は之を以て基礎とせざるべからず即宗教を離れたる一般臣民の義務と安寧秩序を維持する目的とを以て信教に對して加へたる制限の範圍内に於ては信教を强制し轉教を制限し及信教を禁止するを得ず從て上述の二個の制限は法律命令共に之をなし得べしと雖も其範圍内に於ては法律と雖も之を制限するを得ずそれ斯くの如く我國法上に於ては宗教と教育とは全く之を分離し且其機關も宗教は內務大臣の管掌に教育は文部大臣の管掌に屬するの差ありとす

第五節　敎育行政の範圍

第一款　總論

敎育行政の內容に於ける界限

前節に於て敎育行政の意義を述べ道德の目的を有する警察行政及宗敎行政との區別をも論じたるが故に其範圍は既に明瞭になりたるが如きも是れ敎育行政と其他の行政との界限を定めたるまでにして敎育行政其物の內容に於ける界限尙之を詳論せば國家が機關を設けて敎育の事業をなすに於ては何づれの點までか行政にして何づれの點より事實行爲なるかは未だ論ぜざる所にして茲に論ぜんとする所なりとす然り而して其界限即ち範圍は種々の方面に向ひて法令及其他の法則の形式を以て現はる其詳細は之を各論に至りて論じ茲には其概要を各部面に別ちて論述すべし

第二款　敎育の目的と行政

敎育の目的と行政

敎育は人が人に及ぼすの影響にして其容體たる被敎育者の身體精神の發達を期するにあるは既に前に述べたるが如し而して其敎育によりて達し得べき及達せ

教育の目的に對する學說

國法上の教育の目的

ざるべからざる身體精神の發達は如何なる點にあるか是れ敎育の界限及其目的といふ二個の問題に分れて說明せざるべからず而して其界限如何の問題は之を玆に擱き其目的に就きては古來敎育學者の議論の一致せざる所にして學者或は敎育の目的を個人的方面より觀察し或は之を團體即社會的方面より觀察して各其立脚點を異にするが故に從て各見解を異にす即ち「スペンサ」氏は敎育は完全なる生活を得るの準備なるが故に人類の理想上將來到達すべき一層善良なる社會の狀態に於て成功すべきを目的とすべしといひ「ヘルバルト」氏は道德的品性の陶治即五道念を完全に發現するにありとし「デッテス」氏は之を以て不完全なりとして敎育の目的は人生の本務に立ち入りこれを確定したる上に其本務を盡し得べき身體精神の發達を目的とすべしと論じ其他學者口を尖からし筆を振ふて議論をなしつゝありといへども是等は所謂學說にして敎育學の研究上及立法上に於ては參考となるべきならんも敎育の實際に於ては已に業に確定せるを以て假令その目的が學說に反すればとて之を等閑に附して敎員の意見を以て自由に裁量し得べき性質のものにあらざるなり故に敎育の任にあるものは敎育の目的に就ては法に依りて之を行ふべく少しも取捨掛酌するを許さず即ち前に述べたる依

法行政にして裁量行政にあらず而して其目的は小學校に於ては小學令第一條によりて定まり即兒童身體の發達に留意して道德敎育及國民敎育の基礎並に其生活に必須なる普通の智識技能を授くるにありて其目的を達する爲めの小目的は小學校令施行規則第一條乃至第十五條によりて確定し中學校及高等女學校に於ては同令第一條及施行規則の學科及程度に關する規定によりて定まり尙敎授要目に從ひて敎授細目を定めざるべからず師範學校に於ては師範敎育令第一條及文部省令の學科程度に關する規則によりて定まり高等學校は同令第二條及大學豫科學科規定により大學は帝國大學令第一條及講座種類及其數に關する規定を以て專門學校は同令第一條を以て各確定せるを以て實際敎育の任にあり又は其職に就かんとするもの及其の監督の地位にあるものは國法の命ずる所の目的は何處にありやを朝夕詮索思考して其目的に達すべき手段方法を攻究し法の指示する所に從ひ敎育の原理を應用して其奏效を期すべきものにして隈りし敎育の目的は何々なりなどゝいふ論法にて右述ぶ法文を酙酌するか如きは或は法令に違反して其職務を曠廢する基となり所謂責任問題を生ずるが如きは年少氣英の敎育者の陷り易き事なるを以て敎育學を講するもの及敎員養成の學校に於ては

勿論檢定試驗等に於ても大に注意を要すべきなり

第三款　教育の材料と行政

教育の材料と行政

普通教育の材料に關する行政

教育の目的を達すべき材料教科書に就きては中學程度の學校迄に用ふるは文部省の檢定せしもの即ち教育の目的を達するの材料として合格せしものを審査採用せしむされど小學校用は文部省に於て之を編纂したるを全國に於て使用すべきに至れるを以て小學校に於ては必ず之を用ゐざるべからざるも茲に一言注意すべきは此等の學校に於ける教科用書は之れ其目的を達するの材料にして其以外の材料は決して之を使用すべからざるの趣旨にあらざるは各種の法令に於て斟酌して其土地に適する教育をなすべしとの法條あるによるも明かなり故に法定の材料以外に補足して教則の目的を達すべきは勿論にして之を是れ活ける教育とはいふなり從て法定の目的を達するに法定の材料を用ゐたる以上は其以外に如何なる材料を以て其目的を達せんとするも所謂獨立なる職務執行にして郡視學や縣視學等の敢て干涉すべき所にあらざるなり故に此等の學校に於ける材料即教育用圖書に關する行政の界限は命ぜられたる法定の材料を使用するまで

にして其以外は自由裁量の範圍に屬するものなり

專門敎育の材料に關する行政

普通敎育に關しては上述の如くなるも高等學校より大學に於ける專門敎育に於ては其材料は自由選擇に任せり專門學校に於ても亦然りとす之れ敎育の性質上然らざるべからざるは己に國家と敎育の關係の節に於て述べたるが如し

第四款　敎育の方法と行政

敎育の方法とは各種學校の敎育の目的を達するの手段なりとす而して其方法は實際に立ち入りて之を論ずれば敎授管理訓練の事業に之を別つを得べし而して敎授に於ては敎則により敎授細目を編成し敎案を作り管理訓練に於て其規則を制定し之を執行する等皆其方法に屬す

敎授の方法に小中高等女學校に於ては學校長は敎授細目を制定すべきは小學校施行規則第廿二條及中學校高等女學校敎授要目に關する訓令によりて定まり小學校に於ては府縣令によりて敎員に敎案を作るべきを命令せるあり故に敎授細目及敎案の編成は法令に定まれるが故に必ず作製せざるを得ずといへども其內容は敎則及方法に關する法令に矛盾せざる範圍に於ては自由なり故に敎則及其

他の訓令等の如き法文によりて教授細目を編成し其細目によりて教案を作らば其以外には干涉を受くべきものにあらず故に行政作用と職務上の事實行爲との界限は法の命じたる所にありて其干涉し得べからざるの範圍即自由裁量に屬する範圍に於ては假令其方法當を得ずと雖も行政法上の效果を發生すべきものにあらず管理訓練に於ても各其目的に從ひ且文部省の省令訓令府縣知事の命令訓令其他町村立學校に於ては郡令郡訓令によりて學校を管理し及兒童を訓練するまでにして其の法文の命ずる範圍が即行政作用の及ぶ界限にして其以外は所謂教育なる技術の範圍なりとす中學校及高等女學校に於ても又然りとす本欵に於ては論すべき事多く實際に當りて誤解を生じ易く詳細に攻究せざるべからざる所なるも各種學校に於て其範圍を異にするが故に各論に至りて更に論及すべし

第二章　教育行政法

第一節　法の觀念

教育行政法は名の如く行政法なる國法然も公法の一部なり其公法の如何なるものなるやを知らんと欲すれば必すや法の觀念を明かにせざるべからず法に關す

る觀念を明確にするは頗る詳細に議論を要すべきも本節に於ては其本質及淵源並に發達に關する研究は法理學及法學通論に讓り茲には只法の概念を畧述すべし

法の起原

法は社會の秩序にして人類相互の共同生活に於ける行爲の標準たる規律なり抑も人類は生物の一種なれば人類を支配する原理は生物全體を支配する法則の一にして其根底を同くするは敢て疑を挾むの餘地なき眞理なりとす然らば其生物全體を支配する法則とは何ぞや是生存競爭の結果適者生存の原則なりとす而して適者の生存が繼續して發達する狀態之を進化といふ

動物進化の跡を討究するに其子孫の繁殖に巧みなるものは漸次進化し發達し否らざるものは亡ぶ故に其子孫を増繁するに最巧みなるものが生存競爭場裡の所謂適當なりとす飜て之を人類の歷史上に覈ふるも親子相愛し相親むの情は又團結の基礎にして原始社會の種族中巧みに子孫を繁殖せしものは生存競爭上他の種族を凌駕し其親子相愛するの情は遺傳となりて子孫に傳へ同胞に縮め以て同一祖先より出でたる種族は血族團體を生ず又其團體も進化の原則により發達して國家なる政治團體を發生せしめ如斯にして組織せられたる國家は社會上の優

法の意義

者なり此優者は他人の意思を强制命令するの强力を有す此强力は即權力なり而して其國家は權力を行ひ自體の秩序を維持して自存を完ふする爲め其組織員の共同生存の條件を保護し及之を毀損するものを淘汰す而して其權力によりて保護せらるゝ條件は權利となり其權力によりて强制せらるゝ責任は處罰となる如斯保護し强制するの界限を定めたる國家の表示せる意思を法といふ

法の實質的意義

法の形式的意義

以上述ぶる所により法なる觀念を分析すれば實質と形式に區別するを得べし其實質は國家が其秩序を維持し自存の發達を完ふせんとして表示したる意思は各個人及國家と臣民の意思の界限を定めたるものにして共同生活の標準にして其形式は國家が社會上の優者たる命令强制するの權力なりとすこの二個の解釋が相俟て始めて法なる關係を明かにすること得べし故に同じく共同生活の標準たる法則なりといへども之を强制する權力なくんば法といふ能はず故に道德及宗敎上の敎は前述の實質を充たすといへども其形式上の要件を缺くを以て之を法といはざるなり前屢々論せしが如く共同生活の標準として國家の表示せる意思にして權力によりて維持せらるゝものなるが故に國家の表示せる意思以外に自然法なるもの存在するなし自然法なる觀念は羅馬時代に於て十二銅表の解釋を補

法と宗敎及道德との區別

自然法なるもの存在するや

ばんが爲めに起れるものにして今日の法治國にあり得べからざるの觀念なりとす

慣習法

國法特に私法に於ては慣習を認めて以て共同生活の標準とせるあり之れ所謂慣習法なりとす之れ慣習其者が法たるにあらずして國家が之を認めたるによりて法たるなり故に前に説明せる法は國家の表示せる意思なりとの意義は之れが爲めに動かざるなり

第二節　法の種別

法の種別
公法と私法

法は其性質上之を公法私法に區別するを得べし而して其區別の標準に關しては古來學者間に議論の存する所にして或は法の主體によりて區別して國家と臣民との關係は公法にして私人間の關係は私法なりとし或は法の目的により其公益に關する規定は公法にして私益に關するは私法なりといひ又團體に關する法は公法にして個人の干係を規定するは私法なりといひ議論紛々たりといへども皆機械的にして學問上の議論としては一も採るに足らず故に其區別の標準は之を他に求めざるべからず法は社會の秩序にして社會の秩序は相互平等の關係と權

命令し及之れに服從する不平等の關係により維持せらるゝは已に述べたるが如し此の二個の關係が即ち公法私法の區別の標準にして國家と臣民の間に於ても其關係が平等なるとき例へば國家が貨物の賣買をなすが如き場合は少しも權力を用ゐざるを以て私法の規定に依て支配せられ其權力を用ふるときは之公法の規定によりて行動すべきが如し此區別の標準に關する余輩の見解の正當なるを明確にせんには先きに述べたる諸說をも根ほり葉ほり駁擊するの壯快なるを知ると雖も本書の目的はかゝる岐道に彷徨すべきにあらざるを以て以上論述せし所を以て滿足せんとす

第三節　教育行政法の意義

公法とは權力關係を規定せる法規なるは上述せるが如し而して其權力關係を規定せる法規には國家が其生存條件を毀損するものを淘汰するを規定せる刑法及ひ其他刑事民事に就ての手續を規定せる訴訟法並に民事刑事の裁判をなす機關の組織行動を定めたる裁判所構成法あり而して以上述べたる公法は沿革上特別の發達をなせるを以て各特別法系を有する法規とし公法中此等の法規を除きた

憲法と行政法

るを廣義の國法と稱し此廣義の國法より憲法即狹義の國法を除きたるを行政法と稱す即行政法とは行政機關の組織及行動に關する法規なりといふを得べし而して憲法は國家の組織及其行動の法則にして兩者の區別は精密に之をなす能はず二者の限界は之れ性質異なるにあらずして其分量に於て異なるのみ即ち行政法に於て論する所は憲法に於ても之れを論せざるべからず故に兩者の區別は憲法は國家の組織及其行動の大原則を定めたる法則にして行政法は其細目たる行政機關の組織及其行動を定めたる國法なりとの大體の區別に滿足せざるべからず

行政法は行政機關の組織及其行動の法則にして行政機關の組織及其行動は前に行政作用の區別によりて論じたるが如くにして敎育行政は敎化に關する行政中敎育に關する行政にして其行政に關する機關の組織及其行動の法則を敎育行政法といふ

以上述べたる所を便宜の爲め圖解すれば左の如し

平等の關係を規定せるもの＝私法

- 法
  - 權力關係を規定せるもの＝公法
    - 特別系統の發達をなせるもの
      - 刑法
      - 訴訟法
      - 裁判所構成法
    - 其他の公法
      - 憲法
      - 行政法

第二編　教育行政權の主體

第一章　總論

權利義務の主體

行政權の主體とは其權力の發動する所にして又權利義務の歸省する所なり權利は法規によりて人格に屬する所の利益なり而して其人格は權利の主體たると共に責任の歸する所にして法の規律する行爲の主體たり故に教育行政權の主體の觀念を了解するには前述の人格及權利並國家の觀念を說明するの必要あり其詳細を論究するは本著の目的にあらざるを以て左に其概要を說明するに止むべし

第二章　人格及公法上の人格

人格の意義

人格は前述の如く行爲の主體なり行爲とは意思に基く擧動にして而して其意思に基く擧動は法の規律する目的なるも意思に基かざる擧動は法の關する所にあらず而して尚天變地異乃至禽獸の動作に異ならざるなり故に法は意思の界限を定むるものなりといふも可なり故に法規が限界せんとする擧動は意思に基ける

公法上の人格

即擧動をなせるものが其自己の擧動たるを自覺せるものならざる可らず斯くの如く自己の擧動を自覺するとは自主自存を覺知するを意味するなり故に其自主の存在する所は行爲の主體にして人格とは自主自存の目的を謂ふ而して行爲の主體が擧動をなしたるとき其擧動が其意思に出でたるを自覺したるとき即意思作用と擧動との連絡あることを責任ありといふ故に人格は責任の歸する所なり而して其行爲の主體たり責任の歸する所は又法律上の利益の歸する所にして即人格は權利の主體たり

責任といひ權利といひ皆之法律上の作用にして其の主體たる人格も亦法の認定によりて存在す故に法の認めざる所に人格なきは往昔の奴隷によりて見るも明かなりとす而して法は斯くの如く自主自存の目的に對し人格を認むるは獨り自然人に止まらず人類の團體及財產の集合體にも之を認む之を法人と稱す然り而して其人格には公法上に於て認められたると私法上に於て認められたるによりて公法上の人格と私法上の人格に區別するを得べし國家及地方團體は前者に屬しして其組織體に對して命令强制するの特質を有す

第三章　權利及公權

權利の意義

權利の觀念に關しても或は利益說或は意思說又は持分說等ありて今尙議論の絕へざる所なりと雖も余輩は權利とは人格に屬する利益にして法によりて生じ之を主張し得べき場合に存在すべき者なるを主張す故に權利なる觀念には法の保護する利益を他人が侵害したる時はその防害を排して國家權力の補助を籍りて自己の要求を全ふするを得べきものたるを要す以上述ぶる所により余輩は天賦人權說及法律上自己の要求を主張し得可らざる利益は之を權利と認めざるなり

公權

法に公法私法の區別あるが如く權利にも公權私權の區別ありとす而して其區別の標準も公法私法の區別に附帶せるものにして其公法關係に生じたる權利を公權といひ私法關係に生じたる權利を私權と稱す

國權と公權の區別

終りに一言すべきは國權と公權の區別なりとす兩者は根本の性質を異にするものにして前者は權力の關係にして命令强制するの力にして法の源なるも後者は法律上の利益にして法により國權の力を籍りて主張し得べき者たるに過ぎず而して權力は國家にのみ存在して私人に存在するなし之れ兩者本來の區別の存在

する所なりとす

第四章　國家の觀念

國家の觀念

國家なる觀念は旣に明了なるものとして說明し來りしと雖も國家なる觀念は明了なるが如くにして明了ならず又之を種々の方面より觀察研究するにより其觀念を異にす余輩は敎育行政を論ずるに當り其行政權の主體如何の問題に漕ぎつけり故に此方面より觀察して國家の觀念を說明せんとす

國家の事實上の性質

先づ國家を一の事實として之を觀察すれば國家は一定の土地人民より成りて唯一最高の主權によりて統一せらるゝ團體なりといふべし故に國民なければ國家なく領土なくんば亦國家あるなし故に彼の水草を逐ふて移住せる遊牧の民は酋長の下に統治せらるゝと雖之國家にあらず故に國民が國家をなすには一定の地球表面の一部に定着せるを要す以上の土地人民のみにては未だ之を國家といふ能はず最高唯一の主權によりて統治せらるゝによりて始めて國家といふを得べし是れ國家が地方團體と區別せらるゝ所以なりとす

國家の法學上の性質

以上述べたる所は學者間に於ても異論なしと雖も斯くの如き團體を法學上之を

如何に思考すべきか即ち國家の法學上の性質如何の問題に至りては學説の歸一せざる所なりとす今其重なるを擧ぐれば㈠有機體説㈡客體説㈢統治關係説㈣人格説是なり左に之を簡單に評論して後に余輩の賛する所を明かにすべし

有機體説

第一　有機體説　此説は國家を以て生物となすの説にして動植物と同じく生命あり機關ありて一定の機能を有し以て生長し發達するものなりとせり此説は民約説の誤謬を指摘せん爲めに十九世紀の歷史派によりて唱へられたる所にして一時學界を風靡せりといへども是れ國家を説明する比喩の言葉としては余輩之を否定せずと雖抑も有機體なる觀念は自然科學上の範圍に屬するものにして法學上の觀念にあらず故に法律學上より觀察せる國家の性質を説明せんとするときは有機體説は何等の價値をも有せず故に此説は學者の一般に採らざる所なり

客體説

第二　客體説　此説は國家を以て統治權の目的物となすものにして恰も物が人の所有に屬するが如く君主の支配に屬するものとなす是れ「ザイデル」氏等の主張する所なり此説は近世の國家の觀念に適せざるは深く議論を要せずして明かなり即ち國家は土地人民其者にあらずして權利義務の主體たる人格者たるは人の恰く承認する所なり故に其誤れるや知るべきなり

統治關係說

人格說

第三　統治關係說　此說は國家とは君主と臣民との間に於ける統治關係なりとなすの說にして「レーニング」氏其唱道者たり此說も前說と同じく今日の國家思想に適せざるは左の一例に照らしても明瞭なり今日の法學上に於ては戰爭は國家と國家の鬪爭にして條約は國家間の合意なり統治の關係が戰爭をなし條約をなし及權利義務の主體なりとは如何にしても解すべからざることなりとす故に此說も採るに足らざるなり

第四　人格說　此說は碩學「ラバンド」氏等の主張する所にして國家は統治權の目的物にあらず其關係にあらずして統治權の主體たる團體にして所謂法律上の人格者なりとの意なり然るに此國家人格說を批難するものは曰はく人格は法の認むるによりて生ず而して法は國家の意思なるが故に國家以前に法存在せざるを以て國家の存在以前に自己の人格を認むるは之れ矛盾せるの思想なりといへるも此批難は未だ以て國家人格說の基礎を動かすに足らず即ち國家は法律を設けて人格を認め又自ら人格を有するを宣言し得るは法律議論上毫も不都合あるなし故に人格は法によりて認めらるゝによりて存在し國家の人格も法によりて表白せられたりとするも論理上矛盾する所なし上述するが如く本說は其批難によ

りて動かず又國家に關する種々の法律現象を矛盾なく圓滿に說明し得べきを以て余輩は本說を以て唯一正當の見解なりとして贊成するなり

以上述べたる所によりて國家の法律上の觀念を約言すれば國家とは一定の領土及人民よりなりて唯一最高の權力によりて統治せらるゝ團體的の人格者なりといふを得べし

統治權の主體

註國家は人格者にして統治權の主體なりとは本論に述ぶるが如しといへども其統治權が國家中の何つれの部分に存在するやは各國々體によりて定まり歷史の結果にして一概に論じ得べき所にあらず之を我邦の國體に就ていへば主權の君主に存在するは憲法の規定によりて明瞭なりとす然るに學者或は國體の異なれるにも拘はらず隈りに泰西の國家に關する觀念を以て我憲法上に於ける主權の存在を說明せんとするは大なる誤なるを注意せずんばあるべからず

第三編　教育行政權の客體

第一章　總論

敎育行政權は國家統治權の一部にして統治權の客體は領土及臣民なるが故に敎育行政權の客體も亦領土及臣民なりとす即ち我敎育行政權は領土及臣民を目的として行はる學者或は權力とは人が人に及ぼすの關係にして土地其者は統治權行使の目的たらずと說くものありと雖も是れ近世の國家を無視せる觀念なるは我憲法第一條の解釋によりても明かなり斯くの如く國家主權の一たる敎育行政權は一定の土地を自己の領土となして他の權力の侵入を防ぎ一定の人民を自己の臣民として自己に對して絕對の服從を要求す故に其客體を明かにせんと欲すれば領土及臣民の何者たるを論じ尙其臣民中には一般臣民の義務以外に特別の服從關係を有する兒童生徒學生の事を論ぜざるべからず故に左に領土及臣民の觀念を畧述してより特別服從關係に立つ身分ある兒童生徒學生を論述すべし

第二章　領土及臣民

領土の性質

第一　領土　領土は國權の行はるゝ範圍にして其土地の上には自國の權力が專ら行はるゝ所にして他の權力の行はるゝを禁じ獨占の關係を有す尚喚言せば領土は統治權の絶對に行はるゝにあるが故に其領土にあるものは凡て國權に服從するの關係を生ず是れ領土主權の積極的の作用にして領土主權が國內にありては凡ての權力の行はるゝを排斥するの性質は消極的の作用なり斯くの如く土地に對して行はるゝ領土主權は所有權と同一ならず故に同一目的物に兩者競合して同時に行はるゝも牴觸せざるなり

臣民の性質

第二　臣民　臣民の國家に對する關係は其本質に於て絶對にして且無限なるべきは法の觀念を述べたる所によりても明かなりとす其服從關係は法律によりて生ずるにあらず又約束によるにあらずして臣民たるの地位より當然生ずべきものたり故に吾人の法律を遵守せざるべからざるは之れ法律が國家の意思なるが故に國家に服從するの結果にして法律其者に服從するにあらざるなり然り而して吾人臣民は其服從によりて保護を享くるを得故に保護なくんば權利なく服從

なくんば權利を享くる能はざるなり故に吾人は國權に服從するによりて國家の設けたるの敎育を受くるを得るなり而して其臣民たる身分は或は法律の結果により或は特別の行政處分たる歸化の許容によりて收得し及喪失す故に臣民とは其收得より喪失に至るまでの身分なりとす

第三章　被敎育者の特別關係

被敎育者の身分關係

小學校の敎育を受くるもの之を兒童と稱し中等敎育を受くるを生徒といひ高等敎育を受くるもの之を學生と稱すべきは各學校令の明文による區別なりとす是等被敎育者たる身分を有するものは一般臣民として國權に服從するは勿論其以外に其身分による特別の服從關係を生ずるなり兒童生徒學生は自己に禁じたる法令を始めとして其所屬學校の規則に從はざるべからず若し之に違背の行爲ありたるときは一定の責任を生ず以上述べたる所によりて其服從關係を有するもの〻位置は明かなりしと雖も其責任の性質及其身分の發生消滅變更に就ては更に節を別ちて之を論述すべし

第一節　被教育者の責任

被教育者の責任

官公立學校の被教育者は國民にして且特別の服從義務を負ふものなるが故に其責任は一般國民と同じく民法上及刑法上の責任あるは勿論尚其上に特別服從の身分關係より生ずる責任をも負擔せざるべからず而して其民法上の責任は民法の支配を受け刑法上の責任は刑法の支配を受くべきを以て茲に論すべき限りにあらざるも其不法行爲の責任無能力及刑法上の責任無能力の場合には教育行政法の效果によりて教育するものの即監督者たるものの責任に關聯ずべきを以て行政法に於ても之を論ぜざるべからずと雖も之れ其監督者たる教員の責任なるが故に教員の責任を論ずる場合に讓り今より其特別身分關係より生ずる責任即懲戒處分を論ずべし

責任の性質

兒童生徒學生の特別身分關係より生ずる責任とは其被教育者たるの身分關係の秩序を維持する爲めに其服從義務に背反したる被教者に科するの處罰にして其法律上の性質は官吏の官吏法上の責任即懲戒と同一なりとす故に其身分關係の秩序を維持するを以て目的となす即其義務違反を處罰せずして看過するは其身

分關係の秩序を紊亂するの恐れあるを以て之を防がんが爲めに科するなり故に

懲戒と刑罰の區別

此身分關係に基く處罰は刑罰と其性質を異にす即ち(一)刑罰は國家統治權に基くものなるに反し此身分關係に基く處罰即懲戒處分は被教育に對する特別の權力關係に基くものなり(二)此懲戒處分は又其目的に於ても刑罰と異なれり刑罰の目的とする所は國家公共の秩序を維持するにあるも懲戒處分は專ら其身分關係の秩序を維持するにあり(三)懲戒處分は其處罰の原因に於ても刑罰と異なれり懲戒處分の原因は特別服從義務の背反にありと雖刑罰の原因は之と異り法益の侵害なり(四)兩者は又其效果に於ても異なる即刑罰は再犯加重ありといへども懲戒には之なし兩者は上述の如く此本質を異にするが故に懲戒處分は刑罰の如く特定の所爲に對して特定の處罰を科するを要せず之に對して懲戒處分を科するを要するや否やは自由裁量の範圍なり懲戒せざるを以て却て秩序の維持上利益ありと認むべき場合には之を科せざるも毫も違法にあらず

懲戒方法の種類

懲戒處分の目的とする所は被教育者の身分關係の秩序を維持するにあるは既に述べたる所にして其方法に二つの道あり其何づれを採るべきやは其學校の規定によるべきものとす即或は被教育自身を戒飭して將來に過ちながらんことを期

矯正懲戒

排除懲戒

すべき懲戒を矯正懲戒といひ又其過失の重大にして且其被敎育者は最早之を矯正する見込なき場合に依ては全然之を學校より放逐して其主要の目的たる學校の規律を維持せしむこともなし得べし之を排除懲戒といふ其矯正懲戒に屬すべきは留置、譴責、謹愼、停學等にして排除懲戒に屬すべきは放校除名懲戒退學等の名義を以て行はる然るに小學校令には其四十七條に於て「小學校長及敎員は敎育上必要と認めたる時は兒童に懲戒を加ふるを得但體罰を加ふるを得ず」と又同三十八條後段に曰く小學校長は傳染病に罹り若は其虞ある兒童又は性行不良にして他の兒童の敎育に妨ありと認めたる兒童の小學校に出席するを停止することを得」とありて體罰に及ばざる懲戒及出席の停止は之を行ふを得るも排除懲戒はなし得ざるなり

此懲戒處分は被敎育者の身分關係に基くものなるが故に其身分にして消滅せんか懲戒權も又消滅すべきなり故に在校中の所爲に付其學校を退きたる後に懲戒處分を受くるなし

第二節　被敎育者の身分關係の發生消滅

身分關係の發生

被敎育者たる特別の身分關係は通常は所定の入學資格を有するものが保證人を立てゝ出願する場合に其資格を檢定したる上に入學を許可するの行政處分によりて發生すといへども義務敎育の場合に於ては少しく趣きを異にするが故に茲に之を研究すべし即兒童が滿六歲に達すれば之を學齡兒童と稱し其年の三月三十一日までに學齡兒童たるものゝ保護者に就學せしむべき義務を負はせるを以て市町村長は小學校令施行規則第八十二條により學齡兒童の保護者に就學せしむべき通知をなしたるとき其保護者が其義務を履行して就學せしめたるときに身分關係發生すべきは同九十三條九十四條の二ヶ條の督責に就學と出席とを區別せるによりても明かなりといふべし

身分關係の消滅

被敎育者たる身分關係は敎科科程の卒業及其兒童の死亡放校其自身の意思による退校願による許可(學齡兒童中の自由退校は法の許さゞる所なり)及義務敎育の場合に於ける義務免除及轉校によりて消滅す

第四編　教育行政權の機關

第一章　總論

統治機關を設くる必要

國を統治する源泉は主權の存在する所即主權者にあり我國法に於ては天皇を以て主權者と爲す然れども天皇は事實上親ら各般の統治の行爲をなすを得ざるを以て各種の機關を設けて統治權の作用を分掌せしむ

憲法上の統治機關及行政機關

統治權の行はるゝ形式を分ちて我憲法は立法、司法、大權、行政とし立法は帝國議會の協賛によりて之を行ひ司法は裁判所をして之を行はしめ大權は天皇之を親裁し行政は又特別の機關をして之を施行せしむるを憲法の規定となす

行政機關の性質

行政を掌る所の機關を政府といふ政府は行政權の主體にあらずして其機關なり機關とは權力を行使する爲めに主權者が設けたる道具にして事務所なり故に行政權の出づる所は國家主權の存在する所にありて政府にあらず喚言せば行政の行動は國家の活動にして政府の行爲にあらざるなり然りと雖も立憲國の機關は專政々體の機關と異り統治權の行使には必ず其機關を經由せざるべからず而し

て其機關を經由して統治權の行使に參與すべく分配せられたる範圍を其權限といふ其權限は限られたる一定の範圍を有するを其本質とす從て行政機關は其與へられたる權限を超へて權力を行使し得べき固有の專權あるなし

機關設定の形式

而して其統治權行使の機關には或は憲法により或は法律により組織せられたるあり又憲法第十條の規定により天皇の大權たる官制によりて定まるあり其官制によりて設けられたる機關は又官制により存廢するを得れども法律により設定せられたるは法律によるにあらざれば存廢する能はず又憲法上の機關は憲法にして改正せられずんば之を廢止するを得ず然り而して行政機關は官制によりて設定せらるゝを原則とすれども政府及行政裁判所は憲法によりて定まり公共團體及其他行政機關にして法律によりて設けられたるもありとす

第二章　行政機關の組織

行政機關の組織

行政機關の組織の方法は一ならず中央集權地方分權は從來政治上の議論なりき

中央集權と地方分權

中央集權とは全國政治上の權力中央に歸し行政の作用悉く中央より出づる制度なり地方分權とは政治上の權力地方に分派し其地方は獨立の形態を有する所の

制度なり何づれも其極端に行はるゝには弊害あり即中央集權制は其政務を澁滯せしめ行政の恩澤率土の濱に及ばず保護を均一にする能はず又分權制は近世國權不可分の理論に反し行政の統一を缺くを以て現今の制度は國權を統一にして且民生に直接に其福利を助長せんことを期するに至れり其適切の方法として地方區劃制度と事務分掌制度の二種あり今左に之が概畧を說明すべし

地方區劃制度

事務分掌制度

地方區劃制度とは前に述べたる行政の實質により區別して行政の機關を設けたるにあらずして國を幾多の行政區劃に分ちて其區域に屬する一切の國の行政事務を一の官廳に於て統ふるをいひ事務分掌制度とは專ら行政事務の實質により機關を設けて同性質の事務は何づれの地方に屬するを問はず一の官廳の掌る所とするをいふ我現行制度は高級の官廳は事務分掌制度により下級官廳は主として地方區劃の方法に從へり之れ兩制度の長短を折衷したるの制度なりといふべし

教育に關する行政機關の組織

前述の制度を實際に執行する行政機關を組織するものを官廳及公共團體とす近世各國の行政組織は官廳のみによらずして公共團體による所の所謂自治の行政を用ふ吾國現行の行政組織にありても中央の行政は官廳により地方の行政は主

として公共團體によれり之れを敎育行政機關に徴するに中央の敎育行政は文部大臣たる官廳によりて行はれ地方の敎育行政は主として府縣郡市町村なる公共團體によりて經營せらるゝ事あり然りと雖地方に於ける敎育行政事務にして府縣知事郡長なる官廳が其公共團體と獨立して執行に任する場合あるは大に注意すべき所なり

以上述ぶが如く國の敎育行政事務は或は官廳により或は公共團體によりて行はる故に行政機關を組織する官廳の觀念を論じ次ぎに官廳を組織する官吏及敎員の法律の地位其權利義務を論じてより公共團體を說明したる後に國家及公共團體に屬して其行政の目的に供用せらるゝ營造物に就て說明すべし

第一節　行政官廳

本章に於て論せんとするは敎育に關する事務を處理する行政機關の組織にあり然りと雖も其敎育行政機關の觀念位置を知らんと欲せば一般に關す行政機關の觀念を說明して然る後に敎育行政機關を說明するを以て議論の順序とし且了解に便なるべきを以て以下先づ一般官廳の性質を論じ次ぎに其組織權限職務を論

述し官制を論じて官廳の種類を論じ現行の教育行政機關に及ばんとす

第一欵　官廳の意義性質

官廳の意義

國家の行政事務は官廳及公共團體に於て行はるゝは前に述べたるが如し而して國家が直接に自己の機關を以て行ふ所の行政を官治行政といひ其機關は即ち官廳なり而して其定義に就ては學者各見解を異にすと雖も余輩は余輩の信ずる所の定義を下し之を分析説明して其性質を明かにしてより後に註に異説の一二を揚げて參考に供すべし

官廳とは主權者の委任に依り限定せられたる國家事務の一部に就き法律上の決定權を有する國家の機關なり

官廳の性質

一　官廳は國家の機關なり　即國家の名に於て國家の權利を行ふものにして自己の權利を外部に對して行ふにあらず故に官廳は權利の主體にあらざるは言を俟たざる所なり而して其官廳は自然たる官吏を以て組織す而して其官吏は自然人としては國家に對して人格を有すといへども之れ其内部に於ける作用にして其官吏が外部に對して國家を代表する場合は人格を有するにあらずして國家の

官廳と官吏の區別

機關として國家の事務を行ふものなり斯くの如く官吏が國家の機關として外部に對して國家を代表する場合を官廳といふ故に官廳及官吏なる觀念は同一のものを二個の方面より觀察したるものにして國家に對して權利義務の主體たる場合は之を官吏と稱し其外部に對して國家を代表して國務を處理す場合は之を官廳といひたるなり

前に述べたるが如く官廳は國家の機關なるが故に國家にして永續する限りは縱令其官廳を組織する自然人は更迭するも官廳の繼續は之によりて中斷せらるゝ事なくして其官廳を組織する前の官吏の發したる國家の命令は其官吏の更迭によりて消滅するにあらざるなり

二　官廳は限定せられたる國家の事務の一部に就き法律上の決定權を有する國家の機關なり　國家事務の全部を統理するは主權者にして機關にあらず故に國家の機關たる官廳は國務の全部を處理するにあらずして其限定せられたる一部の國家事務を處理す國家の事務を處理するは獨り官廳のみにあらず國家の行政機關は悉く之が任に當るなり官廳が其他の機關と異なるは法律上の決定權を有する點にあり故に其補佐機關は官廳にあらざるなり法律上の決定權を有すると

は其國務を處理するに當りて自ら之を決定執行する權限を有するをいふなり其國務を處理する決定權を有する以上は必ずしも國民に對して統治權を行使するのみに限るべきにあらず單に私法上の行動をなすに止まる作業局長煙草專賣局長も其官制により自ら決定權を附與せられたるを以て官廳たり又官廳は必ずしも外部に對して行動するを要せず其權限の單に國家機關の內部作用に止まる會計檢査院長の如きも其官廳とするを妨げざるなり然るに學者或は統治權を外部に對して行使するを以て官廳の要素なりとするありといへども是れ今日不通の學說なりといふべし上述するが如く官廳は法律上の決定權を有すを要素とするが故に其決定權が直接法律上の效果を發生せざるときは之れ官廳といふべからず縱令ば諮詢機關たる樞密顧問會高等敎育會議等の如し

三　官廳は主權者の委任により國家事務を處理する上に於て法律上の決定權を有する機關なり　官廳の權限は憲法によりて直接に定められたるにあらずして憲法上の大權命令による官制なる法規を以て君主の授權によりて始めて其權限を得るものなり從て直接に憲法によりて其權限を定められる攝政帝國議會の如きは官廳にあらざるなり

官廳の定義につき我邦有力者の說を擧ぐれば官廳とは一人又は數人を以て組織せられ一定の範圍を有する國務を他の委任により之を處理する爲め命令權を外部に向ひて行使する義務を有する機關なりと其外部に向ひて命令權を行使するものに限るべきにあらざるは已に論じたるが如し而して又論者も機關なりとの定義を下しながら人格者にならざるものゝ義務を有するとは不通の議論にして到底不完全の定義たるを免れず

第二款　官廳の組織及權限

官廳の組織

官廳は一人の官吏を以て組織することあり或は多數人によりて組織することあり前者を單獨制の官廳といひ後者を合議制の官廳といふ行政官廳は敏速の處置を要するが故に多くは單獨制の官廳なり

權限

官廳は定義に於て論じたるが如く限定せられたる國務を處理するものなり其處理する國務の範圍を稱して權限といふ官廳は其權限の範圍内に於ては國家機關なりといへども其以外に於ては否らず而して其權限内の事務は之を處理する責

職務

任を有す之を官廳の職務といふ官廳は又其權限内に於ては國家の命令權を行使

するを得官廳が行使するを得べき命令權の全體を稱して官廳の職權といふ其權限といひ職務といひ職權といふは皆同一物に對して觀察の方面を異にしたるものに外ならず

職權

第三款　官制

官制

官廳の組織及權限を定むる法規を官制といふ而して其官制には官制として公布せられたる形式的のものあれば他の規定と共に官廳の組織を定めたる實質的のものもあり小學校令の如く其一例となりとす而して其制定權は憲法十條により憲法其他法律に特に定めたるものゝ外は憲法上の大權に屬す官制の法規なるや否やは議論の存する所なりといへども余輩は官廳は此官制によりて臣民に對して其命令權に服從せしむるの義務を負はしむるが故に之れを法規なりと論定するを憚からざるものなり然りと雖も現行の形式的官制中には補助機關の組織をも定めたるあり而して補助機關は官廳內部の組織なるが故に之れ官廳內部の庶務規定たるに止まり法規たるの性質を有するものにあらず官制の觀念と關連して其制定權と議會との關係即官制と法律及豫算の關係に就ては興味ある研究事

項ありと雖も本著書には餘り關係なきを以て專門の行政法論に讓りて之を省畧すべし

官廳の種類

第四欵　官廳の種類

官廳の種類に關しては其組織の方面より觀察すれば單獨制の官廳及合議制の官廳あるは先きに述べたるが如し又之を他の方面より觀察して中央官廳及地方官廳の二つに區別し尙地方官廳を一般地方官廳特別地方官廳の二に區別するを得べし而して之を我現行の制度に徵するに中央官廳は事務分配制によりて事務の統一を期し地方官廳は管轄區域制を採用せり而して本書の目的は敎育に關する行政なるが故に此等中央地方の官廳を悉く說明するは目的の範圍外に涉り且繁雜重複を來すべきを以て欵を別ちて敎育行政官廳の組織權限を中央地方及特別官廳に別ちて說明すべし

第五款　敎育行政機關

第一項　中央行政機關及其補助機關

敎育行政機關

敎育に關する中央官廳は文部大臣及內閣總理大臣なりとす今左に文部大臣及其補助機關を說明したる後に內閣總理大臣の敎育行政に關する權限を說明すべし

中央官廳

文部大臣

第一　文部大臣　は敎育行政機關の首位に立つ單獨制の行政官廳なり文部大臣及其他內閣各省大臣の地位は斯くの如く行政官廳たると共に國務大臣たる憲法上の輔弼の機關たり大臣の輔弼機關たる地位と行政機關たる地位は全く別異の關係にして前者は憲法によりて附與せられ後者は官制によりて定まる而して其法律勅令に副書するが如きは國務大臣としての職務にして省令を發し行政處分をなすが如きは行政官廳としての職務なり我邦現行の官廳に於ては行政官廳たる各大臣は同時に國務大臣なりといへども國務大臣は各省大臣に限るにあらず樞密院議長の如きも國務大臣たり兩者は人は同一なりといへども其職務權限は別異のものたり而して其國務大臣たる地位は憲法の範圍に屬し行政機關を論ずるを目的とする本書の範圍外に屬するを以て茲には其行政機關としての權限を

説明すべし

文部省官制第一條によれば文部大臣は教育學藝に關する事務を管理すとあり而して其教育學藝に關する事務につき如何なる權限を有するやは各省官制通則によりて定まる今左に之を說述すれば

一、主任の事務につき法律勅令の制定廢止改正を要するとき案を具へ閣議に提出すること（第三條）

二、主任の事務につき省令を發すること（第四條）

三、主任の事務につき地方官廳に對して訓令を發し及之を監督し其命令又は處分の違法越權又は公益を害すると認むるとき之を取消し又は停止すること（第五條六條）

四、所轄の官吏を監督して判任以下を任命すること（第七條）

以上述ぶる所により文部大臣の權限は畧明瞭なりしといへども尙玆に一言すべきは文部省官制第一條によりて教育學藝に關する國家の事務は悉く文部大臣の主管に屬するが如しといへども他省官制により其省大臣の權限に屬する教育行政事務は玆に之を除外せざるべからず例之海軍大學校兵學校機關學校の海軍大

臣の管理に屬し商船學校の遞信大臣の管理に屬するか如きこれなり學習院華族女學校は宮中の事務を處理する宮内大臣の所屬なるを以て之も文部大臣所轄の範圍外たり

補助機關

第二、補助機關　文部大臣が其所管に屬する敎育行政事務を執行するに於ては幾多の補助機關を要す今之を左に簡畧に說明せん

文部大臣の補助機關を說明するに當りては之を議事機關と執行機關及其他の機關の三に區別するを得べし而して之等の官廳にあらざるは已に述べたるが故に從て其行動は法律上の效果を發生するものにあらずして外部に對して權限を行使するを得ずして只內部に於ける補助作用をなすに止まる其組織權限を定めたるは官制にあらずして一の庶務規定なりといふべし今左に執行機關の種類及職務を述べてより現行の事務分掌の概略を說明したる後議決機關の組織職務に論及すべし

執行機關

一、　執行機關　には次官局長參事官秘書官書記官屬あり

次官

（一）次官　（一人勅任）　大臣を佐けて省務を整理し各局部の事務を監督す

局長

（二）局長　（三人勅任）　臣の命を承け其主務を掌理し及局中各課の事務を指揮監

参事官
秘書官
書記官
視學官
圖書審査官
編修

督す事務によりては官廳たるの權限を有することあり

(三)參事官　(專任三人奏任)　大臣の命を承け審議立案を掌る但其中一人は勅任となすことを得而して參事官は其省の便宜により局課に兼勤し若くは臨時命を承け其事務を助くるものとす

(四)秘書官　(專任一人奏任)　大臣の命を承け機密事務を掌り又臨時命を承け各局課の事務を助くるものとす

(五)書記官　(專任二人奏任)　大臣の命を承け大臣官房の事務を掌り又は各局の事務を助く

(六)視學官　(專任五人奏任)　一定の事項につき學事の視察を掌り又各局に屬し其事務を分掌し及左記の事項に就き關係者に意見を陳述するを得

一、法令に牴觸したる事項

二、省議の決定したる事項

三、其他特に指命を受けたる事項

(七)圖書審査官　(二人奏任)　圖書の審査を掌る

(八)編修(專任一人奏任)圖書の編修を掌る

技師

（九）技師　（專任三人奏任）建築に關する事務を掌る

屬

（一〇）屬　（四十九人判任）　上官の命を承けて庶務に從事す

技手

（十一）技手　（專任八人判任）　技師の事務を助く

檢定委員會

（十二）敎員檢定委員會　敎員檢定委員會は會長一名主事一名常任委員臨時委員若干名を以て組織して文部大臣の監督に屬し敎員檢定に關する事務を掌理す

議事機關及調査機關

二、議事機關　文部大臣の監督に屬し其諮詢に應すべき議事機關は左の如し

（一）高等敎育會議　文部大臣の監督に屬して每年一回其諮詢に應して一定の事項を審議し及敎育に關する事項につき各省大臣に建議するを得其審議事項及組織議事規則は一讀了解し易きを以て玆に之が解說を省く同規則に就て見るべし其他國語調査委員會あり國語の調査を掌る

事務の分掌

以上述べたる所により中央官廳たる文部大臣の地位及權限は明かなるに至りしを以て其所轄に屬する事務は大臣官房及三局に分ちて之を掌らしむ今之を左に概說すべし

大臣官房

一、大臣官房　に秘書課文書課會計課圖書課及建築課の五課を置き左記の事務を分掌せしむ

(一)機密に關する事項
(二)官吏の進退身分に關する事項
(三)大臣の官印及省印の管守に關する事項
(四)公文書及成案文書の授受發送に關する事項
(五)統計報告に關する事項
(六)公文書の編纂保存に關する事項
(七)本省所管の經費及諸收入の豫算決算並に會計に關する事項
(八)會計の監査に關する事項
(九)有省所管の官有財產及物品に關する事項
(十)公立學校職員に關する事項
(十一)圖書に關する事項
(十二)建築營繕に關する事項
(十三)高等敎育會議に關する事項
(十四)學校衞生に關する事項
(十五)博覽會に關する事項

(十六)褒賞に關する事項

専門學務局

二、専門學務局　に第一第二の二課を置きて左の事務を分掌せしむ

(一)帝國大學及高等學校に關する事項

(二)専門學校に關する事項

(三)以上の學校の準すべき各種學校に關する事項

(四)海外留學生及敎員の海外派遣に關する事項

(五)圖書館及博物館に關する事項

(六)天文臺氣象臺及測候所に關する事項

(七)學術技藝の奬勵及調査に關する事項

(八)測地學委員會及震災豫防調査會に關する事項

(九)學士會院に關する事項

(十)學術會に關する事項

(十一)學位及之に類する稱號に關する事項

(十二)醫術開業試驗及劑藥師試驗に關する事項

普通學務局

三、普通學務局　に第一第二第三の三課を置き左の事務を分掌せしむ

(一)師範教育に關する事項
(二)中學校に關する事項
(三)小學校及幼稚園に關する事項
(四)高等女學校に關する事項
(五)盲啞學校に關する事項
(六)以上の學校に準すべき各種學校に關する事項
(七)教育博物館に關する事項
(八)通俗教育及教育會に關する事項
(九)學齡兒童の就學に關する事項

四、實業學務局

實業學務局に第一第二の二課を置き左の事務を分掌せしむ
(一)工業學校に關する事項
(二)農業學校に關する事項
(三)商業學校に關する事項
(四)公立及私立商船學校に關する事項官立の商船學校は遞信省の所轄に屬するを以て本號の範圍外たるは前に述べたるが如し

(五)徒弟學校及實業補習學校に關する事項
(六)以上の學校に準すべき各種學校に關する事項
(七)實業敎育費國庫補助に關する事項
(八)實業學校敎員の養成に關する事項

内閣總理大臣

第二　内閣總理大臣　内閣官制第二條に曰く内閣總理大臣は各省大臣の首班として機務を奏宣し旨を承けて行政各部の統一を保持すとあれど文部大臣は直接に君主に隷屬して各省大臣互に平等の位置を爲すといへども第三條によれば內閣總理大臣は須要と認むるときは行政各部の處分又は命令を中止せしめ勅裁を待つことを得とあるが故に此點に於ては内閣總理は文部省大臣の上に立ちて之を監督するものといふことを得然りといへども此監督權は通常の上級官廳と下級官廳に於けるが如く直接に其處分又は命令を取消すべき終局の決定權を有するものにはあらざるなり

内閣總理大臣の下には賞勳局法制局恩給局官報局ありて其事務は內閣總理大臣か單獨官廳として行ふ所なれども是等は敎育に關する行政にあらざるを以て其說明は玆に省畧せむ本項を終るに鑑みて說明し置くべきは內閣の觀念是れなりと

す

内閣の意義

内閣は各國務大臣を以て組織す各省大臣は當然國務大臣として內閣に列するの權を有するは既に前述せるが如し然りといへども各省大臣の外尙特旨を以て國務大臣として內閣に列せしめらるゝ者あり故に國務大臣は必ずしも各省大臣たるにあらざるなり

內閣の性質

國家の行政は各省大臣に分配し各獨立の職權を以て之を處理せしむるが故に國家行政の方針を一として各部の統一を保つには各省大臣の外別に必要の組織あるを要す內閣は即此必要によりて設けられたるものなりといへども其國法上の地位は國務大臣合同して其方針を定むるの手段にして純然たる合議制の官廳にあらざるは勿論憲法上の機關たるにもあらずして單に國務大臣が國務を協議して行政各部の統一を保つの手段たるに過ぎず從て各省大臣は閣議に服從するの義務あるにあらずして各省大臣は直接に天皇に隷屬して行政各部の最高の官廳にして只內閣總理大臣の特別の監督に服するのみ故に內閣は憲法上の地位に於ても行政法上の地位に於ても獨立の官廳たる性質を有するものにあらざるなり

第二項　地方官廳及其補助機關

地方官廳

敎育に關する地方官廳は地方長官郡長島司市町村長の數階級に別れ下級の地方官廳は上級地方官廳の監督の下に服すると共に中央官廳の監督にも服するものなり今上級より順次に左の說明すべし

地方長官

第一　地方長官　地方長官には一般府縣に於けると北海道に於けると臺灣に於けるによりて其名稱權限及補助機關の組織を異にす今一般府縣に於ける地方長官及其補助機關より之を順次に解說せん

府縣知事

一、府縣知事　府縣知事は一方に於ては自治團躰の代表者たると同時に國家最上級の地方官廳たり然りと雖も沖繩縣の如き未だ府縣制の實施せられざる地方に於ては單に國家最上級の地方官廳たるに止まる其國家の官廳たるの資格に於ては各省大臣の下級官廳なり而して其權限に屬する事務は內務大臣の主管に屬する事務を以て其重なるものとなすが故に府縣知事を監督する大臣の重なるものは內務大臣にして府縣知事は其身分に付ても內務大臣の監督に服すと雖も各省大臣も其主任の事務につきて府縣知事を監督す

府縣知事の權限は其管轄區域內に於ては行政作用の全部に亘る範圍に付權限を有するを原則とす東京府下の警察消防事務は警視總監の權限なるが故に例外な

り從て法律命令により又は君主の大權又は各省大臣若くは特別官廳の權限に屬せざる事務は其權限の範圍なりといふべし從て教育行政に關する事務も文部大臣の監督の下にありて之を處理するの職權を有するものなり

上述の外地方長官には通常の警察機關を以て鎭撫することを得ざる事變ある場合に師團長又は旅團長に移牒して出兵を請求するの權ありといへども之等は教育行政に關する事務にあらざるを以て之れが說明は之を茲に省畧す

補助機關

府縣知事は單獨制の行政官廳にして之を補助する機關として事務官警視(東京府に於ては警察消防に關する事務は警視總監なる特別官廳の權限に屬するを以て警視は東京府知事の補助機關にあらず)技師屬視學警部技手通譯ありといへども茲には其教育に關する機關のみを說明す

事務官

(一)事務官　教育に關する事務官は一人奏任にして第二部長に充てられ長官の命を承け部下の官吏を指揮監督し所部の教育學藝に關する事項及學事の視察に關する教育行政に關する事項の外兵事社寺及宗教並に民籍に關する事務をも「掌理す第一部長は其所部の事務を掌理する外各部の事務を監督するを以て矢張教育行政にも關係あるものといふべし

屬

(二)屬　屬は判任にして上官の指揮を承け庶務に從事す

視學

(三)視學　視學は上官の指揮を承け學事の視察其他學事に關する庶務に從事す

檢定委員會

(四)小學校敎員檢定委員會　小學校敎員檢定委員會は會長一名常任臨時の委員若干名を以て組織し會長は會務を整理し其成績を府縣知事に報告す

北海道廳長の地位

二、北海道廳長官　北海道廳長官の地位及權限は畧府縣知事に同じと雖も唯拓殖事務に關し府縣知事より其權限廣きの差あるのみにして其補助機關も只員數の多きのみにして府縣に異なるなし

臺灣總督の地位權限

三、臺灣總督　臺灣總督は臺灣及澎湖列島に於て行政を行ふ所の最高官廳にして內務大臣の監督を受くるといへども內務大臣が總督に對する監督權は全く普通の地方官廳に對すると其趣きを異にせり加之臺灣總督は只に行政の權限のみならず種々の點に於て他の地方官廳より遙かに廣き權限を有す左の如きは普通の地方官廳に屬せざる所なり

一、法律に代る命令を發するの權
二、軍隊を統帥し及軍事行政を行ふの權
三、司法權

此等の權限は憲法の規定に依り行政官廳の行ふことを得ざる所なるに拘はらず獨り臺灣總督に對しては其權限を委任せられたり如斯權限の委任に關しては果し憲法違反にあらざるや否や又之れに關連して臺灣に當然憲法實施せらるゝや否やは今尚學者間に議論の存する所なるも余輩は憲法第一條により臺灣にも憲法は當然實施せられ臺灣總督に與へたる權限の委任は憲法違反なりとの斷定をのみ與へ置くべし此等の問題は興味ある問題なれば其詳細は憲法の研究に讓らん

臺灣總督の行政權は普通の地方官廳の權限に相當すべきものなれども此點に於ても總督の權限は頗る普通の地方官廳よりも廣し即ち內地に於ては行政とは大權及法律の下にありて活動すべきものなりと雖臺灣に於ては其法律勅令乃至省令は效力を及さゞるを原則とするが故に內地に於ての立法事項行政作用に關する憲法上の大權事項及各省大臣の權限に屬する行政權限擧げて總督の權限なりといふべし

臺灣總督は其權限を執行する爲めに總督官房民政部陸軍幕僚海軍幕僚を置く陸軍幕僚及海軍幕僚は總督の陸海軍統帥權を補助し行政及司法に關する權限は民

郡長

政部に於て之を行ふ而して其民政部にに總務財務通信殖産土木の五局及警察本署の一署を置きて事務を掌理す敎育に關する行政は總務局に於て之を分掌す

第二　郡長島司支廳長廳長

一、郡長　郡も亦郡制の定むる所により一の地方公共團躰にして郡長は其機關たるの地位を有すると共に郡なる行政區劃を管轄區域とする一の地方官廳なり郡長は單獨制の官廳にして府縣知事に對しては下級官廳たるの地位を有し知事の指揮監督を承けて法律命令を其部内に執行し部内の行政事務を掌理し及行政事務に付て其部内の町村長を指揮監督する外法令に依り若くは知事より委任せられたる事項に付命令を發し處分をなすの權限を有す而し其權限の範圍は一の點に於て府縣知事より狹じ即郡に於ける警察事務に付ては特別の地方官廳たる警察署長を置きて之を處理せしむるを以て現行の規定なりとす故に敎育に關しても府縣知事の指揮監督により法律命令を執行し及之に關する事務を處理す而して其補助機關に郡書記郡視學ありて郡書記は郡長の指揮を受けて庶務に從事し郡視學は郡長の指揮を承けて學事を視察し之れに關する庶務に從事す故に郡視學か監督の地位にあるが如き考にて小學校長などの指揮干渉をなすが如きは越權の行爲にして自信を曲げてまでも之に服するが如き小學校長は限りに職權を蹂躙せられて甘んずるものといふべし斯かる事實往々目撃見聞する所なるを以て一言し置くのみ

島司

二、島司　勅令を以て指定する島地には特に島廳を置きて其行政を掌理せしむ其組織權限地位等郡長に同じと雖も府縣知事の委任事項の多きと郡長の自治團體の代表者たるに反し島司は單純なる行政官廳たるの差あるのみ其補助機關は島廳書記及島廳視學にして職務は郡書記郡視學に同じ而して島廳視學は島廳書記をして之を兼ねしむ

支廳長

三、支廳長　北海道に於て內地の郡長に當る官廳にして其組織權限地位郡長に同じと雖も郡長は行政官廳たると共に自治團體の代表者たるに反し支廳長は草純の官廳たるの差あり

廳長

四、廳長　臺灣を二十の行政區劃に分ちて地方行政官廳を置く之を廳長とはいふなり廳長は臺灣總督に對して下級官廳たる地位を有すれども其職務權限は內地の府縣知事に似て或は之よりも廣き職權をも有するものなり

市町村長

第三　市町村長　市町村長は府縣知事又は郡長を同じく自治團體の代表者たる

國の教育行政と市町村の教育行政

と同時に市町村內に於ける國家の行政を處理するの機關なり然れども其市町村長は府縣知事又は郡長に反して自治團體の機關たるの地位主要なるものにして且國家の官吏にあらずして自治團體の機關たる公吏なり而して其國家行政に關する權限は府縣知事郡長の如く國家の一般行政に關するものにあらずして唯法律命令により特に委任せられたる事項に止まるべきものなり現行法に於ける市町村長に委任せられたる重なる事務は戸籍に關する事務徵發に關する事務浦役場の事務及市制第七十四條町村制第六十四條に依り國の行政即教育事務の如き並府縣の行政にして市町村に屬する事務等なり而して市長と町村長の位置權限は自治團體の機關としては格別の差異あれども國の教育行政に關する時は同一にして此場合は市參事會員としての市長にあらざるが故に市參事會の與り知るの限りにあらざるなり然りと雖も其自治團體に屬する教育に關する事務は市參事會の管掌する所にして市長は單獨に之を處理するを得ざるなり其國の教育に關する事務と自治團體に關する教育事務の區別及範圍は詳細の說明を要するが故に公共團體の教育に關する章に於て論述すべし

東京京都大阪三市の區長の職務權限及其位置

市制第六十條及第七十二條第二項によれば東京市京都市大阪市に於ては有給區

を置き其區長は市長參事會又は市收入役の指揮命令を受け若くは委任により市の公共事務及法律命令を以て市に屬したる事務にして區内に關するものを管掌す而して其區長は市參事會の監督を受け事務を處理するものとあるが故敎育に關する事務も區長の處理すべきものなり故に國の行政事務處理するときは國家の行政機關なりとす

其他の市及町村の區長の職務權限及位置

其他の市にありては區長及其代理者は市參事會の機關となり其指揮命令を承けて區内の市行政事務を補助執行するに止まる町村制六十四條による區長及其代理者の職務權限も亦同一なり從て此に述ぶる區長及其代理者は前三市の區長と異り單に補助機關たるに止まり獨立の機關にあらざるなり

北海道及沖繩縣の區長

第四　北海道及沖繩縣の區長　此區は前述市町村内の區と名稱を同一にすと雖其性質は全く異り自治團體たる法人にして市町村と同一の性質を有し其區長の職務權限地位等も市町村長と畧同一にして北海道廳長官又は沖繩縣知事の監督を受けて部内の事務を處理す

戸長

尚終りに一言說明すべきは町村制を實施せざる町村には郡長島司の下に戸長なるものあり郡長の指揮監督を受けて部内の行政事務を處理する行政機關なり

帝國大學總長及其他の學校長

第三項　帝國大學總長及學校長

學校の性質及敎員の性質に關しては行政學者の熾んに論議を縱橫する所なりと雖其學校事務を掌理統督する地位にある人の性質を硏究發表したるを聞かざるなり是其性質の旣に明瞭にして說明を要せざるが爲めなるか又は其硏究の價値なきが爲めなるかそれ果して然るか余は淺學なりと雖之を首旨するを否定するものなり即官立學校の敎員の官吏なるは學者間に異論なき所なるも公立學校の敎員の官吏なるや否やは今尙論議の存する所にしてよし其敎員にして官吏なりと論定したりといへども官吏なる觀念は先きに官廳の性質を論する場合に論じたるが如く國家と特別身分を有する一私人との內部に於ける公法上の關係にして其國家の機關として外部に對する關係にあらざるを以て學校長が國家の機關として敎育に關する國務を處理する地位を說明する能はざるや明白なる論理なり然らば其性質地位は行政法學上硏究するの價値なきか同じ國務を處理決定するの機關にして一は其硏究の價値なり一は否らずとする理あるなきのみならず普通の國務を處理決定する官廳の如きは旣に業に硏究せられたる觀念なるを以て明文によりても其性質地位權限等明白なるも敎育にする國務特に學校に於て

帝國大學長及其他學校長の地位

處理する國務を處理決定する機關の性質は曖昧霧乎の間に彷徨する觀念なるを以て其研究の價値は一層重きを加へざるべからざるものなり

斯くの如く其性質曖昧にして研究の價値ある重要問題は行政法學界に於ける學者の鍬を施さゞる未開墾の土地なりといふべし軍人身を國家に奉じて千古の偉功を樹てゝ邦國を泰山の安きに置き國光を四海に輝かして凱旋するの時余輩斯道にたづさはるの故を以て淺學菲才なりと雖此土地を發見して開墾を試み斯道に貢献するの時に際會せり豈亦愉快ならざらんや乞ふ之より余輩の所見を左に論述して以て高教を仰かん故に余輩は帝國大學總長以下各學校長の職務權限を法規に依りて概述して後に其性質地位に及ふべし

帝國大學令第五條に曰く帝國大學總長は帝國大學を總轄し帝國大學内部の秩序を保持すと又東京　京都帝國大學官制第二條によれば總長は文部大臣の監督を受け帝國大學令の規定により帝國大學一般の事を掌り所屬職員を統督すと其但書には高等官の進退に對しては文部大臣に具狀し判任官に關しては之を專行すとありて亦職務規定にある事項概又國務を處理するに決定權を與へざるはなし又文部省直轄學校官制第七條及同校長職務規定亦然り又師範學校官制第三條に

よれば學校長は府縣知事の命を受け職務を掌理し所屬敎員を統督し兼て其府縣内に於ける小學敎育に屬する學事を視察すとありて又中學校高等女學校令及其他同校に關する特別法により學校長の入退學の許可及懲戒の處分をなし學則を定めて校務を掌理すること及小學校長が小學校令第三十八條により兒童の出席を停止し同第四十七條により懲戒をなし及小學令施行規則第二十條乃至第廿四條による國務を處理して校務を整理し所屬職員を統督する等の事は即ち限定せられたる敎育に關する國家事務を自から決定執行するの權を明かにしたるものにて其權限を行使したるときは法律上の效果を發生するのみならず又自治團體たる機關にもあらざるが故に余輩は前に本章の始めに論じたる官廳の觀念に照らし又他の行政官廳として學者間に異論なき官廳に比較して其差異なきを以て見れば帝國大學總長及其他の學校長は主權者の委任により(官制又は其他の勅令によりて委任せらるる)限定せられたる敎育行政事務の一部に就き法律上の決定權を有する國家の機關にして行政官廳なりと斷定するを憚からざるなり

以上述ぶる如く帝國大學總長及各學校長は行政官廳なりと雖分科大學々長以下各學校の敎授助敎授を始め敎諭助敎諭訓導及書記官書記等は補助機關にして或

は事務執行を補助し又は教授をなすの事實行爲たる職務を有するものとす

然るに學者或は學校は國家又は公共團體及私人の設營する營造物にして其役員は之を組織するの分子なるが故に其官廳にあらざるは明かなりと之れ根本たる營造物の觀念の見解を異にするよりして或は斯かる議論も生するなるべしと雖も余輩は後にも詳論するが如く營造物とは繼續して公共の利用に供せらるゝ人的及物的の設備なりとするが故に之を組織する人は其地位權限か如何なるものたるやを限定せざるを以て或は官廳を以て組織し或は官廳にあらざる官吏のみを以て組織し又は單に雇傭關係によりて使用する人を以て組織するとは毫も營造物の觀念を左右する所にあらず從て帝國大學總長及其他の學校長を官廳なりとする議論の根底は此反對論の爲めに少しも動搖せさるなり

又山田邦彥氏は其著學校敎育行政法に於て論して曰く公立小學校は敎育行政を施行する一種の官廳なりと而して其議論の說明として公立小學校といふは一定の技術を以て普通敎育上に關する國家の意思を施行する所であつて其根據は今の小學校令である小學校令第一條の目的を達するには左の手續を盡さねばならぬとして擧られつる事項四あり其第四號に曰はく公立小學校兒童及其保護者は

學校長及教員が其職を以てする敎訓若くは督促等の命令に違背するを得ず而して此命令は即小學校令たる國家の命令に基くものにして主觀上國家權力の行使に外ならざる事とあり氏は尙論して小學校は法令によつて組立てられた國の行政機關の一つで其機關を組立てる職員か國家の委任による職權を以て活動するものであつて彼の通例の營造物などとは其性質か違つて居て又其營造物といふ觀念ではよく分からないのみならず強いて純粹の營造物であると說明した所が何の利益もないそこで其仕事の性質上から吟味して見るに他の行政官廳といふものとさして異る所かない故に之を一の敎育行政官廳といふ次第であると述べられた此議論の結果は他の學校にも同一の論斷を下さゞるべからず故に之を行政官廳といはるべし余輩なは此議論を是認して賛同する能はざるなり

即ち氏の前に述べたる小學校兒童及其保護者は學校長及敎員が其職權を以てする敎訓若くは督促に違背するを得ず此命令は即小學校令たる國家の命令に基くものにして云々なる議論中小學校長及敎員が其職權を以てする敎訓を兒童が遵守すべきは之れ兒童が其特別の身分關係を有するが故なるは前にも述べたるが如しと雖も其保護者は之を守るべき法律上の根據何處にありや是れ恐らく道義

と法律論とを混同せられたるに非ざるや是れ余輩の氏の議論に反對する第一の點なり次ぎに氏は督促等の命令に違背するを得ずと論すと雖氏のいふ督促即施行規則第九十二條の通知は法規命令にあらざるは勿論處分．令にもあらず處分をなす前の勸告なり之れに違反したればとて法律上救濟の效果を發生するにあらず氏が之を以て權力の行使なりと論せるは誤解なるべし之余輩か賛成せざる第二の點なり氏は又學校なる官廳を組織せる職員が云々といひて學校職員全體を以て官廳を組織せるとものと思推せるが如し然らば學校は合議制の官廳なるか此點に於ても議論透徹せざるの感あり又曰く普通の營造物とは其性質が違て居る又其觀念にては說明が出來ぬと論せらるるも余輩の見る所に於ては仕事こそ異なれども郵便局電信局等の如きと性質上異なるなく又營造物の觀念を以て說明し得べきは後に營造物を論する塲合にも明かなるべし而して又氏は官廳とは人と建物を以て組織せる說と權限の所在せる人のみを云ふといふ說とは學校の性質を述ぶる上に於ては何れを採るも差支なきが如く論せらるるを以て前述の如き混同を來されたるなるべし官廳は先きに屢々論する如く國務を處理決定する機關なるが故に其建物を含まざるや明かなり斯くの如くいへば氏も或は余輩と同じく校長を以て官廳なりとせらるべきやも知らざれども尙氏と余輩とは決論を同じくするも其理由を異にするものなり又氏の學校は營造物にあらざるを論證せらる議論の「骨子とする」根據は就學を强制し學校の設置を市町村に强制するの點にありて之れ他の營造物と異なる點なりとせらるゝなりと雖も就學の强制といひ學校設置の强制といひ是れ國家の目的を達する手段にして營造物其物に對する觀念とは意思の方向異なりとす即家庭及私立學校に於ける義務敎育を認可するを得べきによりても明かならずや

縱令又學校の使用を强制すればとて之れ其使用の形式を異にせるまでにして其根本たる觀念性質は之が爲めに動かざるなり

以上論する所によりても余輩の帝國大學總長及學校長は官廳にして營造物を組織するものなりとの議論は少しも動かざるを證せらるべし本章に論述せる敎育に關する行政官廳の種類を便利の爲め之を圖解すれば左の如し

地方長官
- 郡長島司支廳長廳長
  - 町村長
  - 町村立小學校長
- 市長　區長（東京京都大阪に限る）
- 師範學校長

文部大臣
- 帝國大學總長
- 直轄學校長
  - 中學校長
  - 高等女學校長
  - 其他府縣立學校長
  - 市立小學校長

第六款　官廳の統一

行政官廳の組織は以上述ふるが如く複雜にして此等無數の機關が各其權限を以て職務を行るときは齟齬錯雜の事ありて統一を保持すること能はざる場合なきを保せず茲に於てか其の統一を保持するには行政事務を各官廳に分配すると共に又之を統一する手段なかるべからず此目的の爲めに各官廳は上級下級の階級に分れ下級の官廳は其事務を處理するに關して上級官廳の指揮監督に服するを要す而して君主は行政官廳の全部に對して最高の監督權を有し以下上級官廳は其下級を監督し指揮するの權力を有す斯くの如くにして行政官廳の統一は保たるゝなり

指揮權

而して其統一は積極消極の手段によりて行はる其積極的手段は即指揮權にして其消極的手段は之を監督權といふ今左に之を說明すべし

一　指揮權　現行の各省官制通則第五條に曰く「各省大臣は主任の事務につき警視總監、北海道廳長官、府縣知事に指令又は訓令を下すを得」と有りて其指令又は訓令を下すは行政官廳の統一を保持せんが爲めの指揮權の發動なり指揮權か上級官廳の單意によりて發動するときは之を訓令と稱し其下級官廳より法規の解釋及事務處理の方針に關する伺に對するときは之を指令といふ故に指令と訓令とは只其下級官廳よりの伺ひに對ずるものなりや否やの形式上の差異あるのみにして其本質及效力は同一なりとす而して其指揮權は上級下級の官廳間には當然存在するの關係にして反對の意思を推測し得る場合の外は假令明文なしと雖もは上級官廳は常に下級官廳に對して此權を保有するものと認むべきなり

指揮權の效力

指揮權は上級官廳が下級官廳に對して法規の解釋及將來に事務を處理する方針を指示し又は其過去の失政を矯正するの目的を以て發する命令にして其效力は行政機關の內部に止まり外部に對しては何等の效力をも有する者に非ず故に假令下級官廳が上級官廳の指令又は訓令に違反したる行爲を爲をとあるも其行爲は上級官廳より取消さるゝまでは人民に對しては完全の效力を有する者なり

指令及訓令公布の形式

指揮權は官廳間の作用にして臣民に對しては其效力を有せざるの結果命令とは

異なりて必ずしも正式に之を公布するを要せず唯之を下級官廳に告知するを以て足れりとす故に通常の訓令は官報公報等に掲載して告知するを普通とすると雖も秘密の訓令及指令の如きは此の如く公布するものにあらず

下級官廳にして同時に二個以上の上級官廳より指揮を受け其互に相衝突する場合は其最上級の官廳の指揮權獨り效力を有するものなるを以て下級官廳は之に遵はざるべからず

監督權の意義

二　監督權　監督權とは下級官廳の命令又は處分が權限を超越し法規又は訓令指令に違反し若くは公益を害せざることを監視して消極的に行政の統一を保つの手段として上級官廳に屬する權力なり而して其目的を達するには普通左の種類の形式を以て行はるゝなり

監督の形式

(イ)報告を徵し及事務を直接に檢閲すること

監督を行ふには事實の實況を報告による書類により或は實地によりて之を知るにあらざれば行ふ能はざるが故に此監督權を行ふ爲めに用ふる手段なり

(ロ)下級官廳の命令又は處分の權限を超へ法規又は訓令指令に違反し若しくは

公益を害すと認むるものを取消又は停止すること

(ハ)上級官廳の處分に對して提起する訴願を受理して裁決し若し不當と認むるときは其處分を取消又は變更すること小學校令第五十條により文部大臣に訴願したるものあるときは文部大臣が之を裁決する如き之れなり

(ニ)上級官廳の相互間に起りたる權限爭議を裁決すること

本欵に述べたるを圖解すれば左の如し

- 官廳の統一
  - 指揮權
    - 指令
    - 訓令
  - 監督權
    - 書面檢閲又直接檢閲
    - 取消又は停止
    - 訴願の裁決
    - 權限爭議の裁決

第二節　官吏及教員

第一欵　總論

官吏の觀念

國家の官治行政を外部に對して行ふは官廳たる機關にして官吏にあらず官廳は勿論官吏を以て組織すといへども官廳の如く國家を代表して外部に對する關係にあらずして國家に對して一般臣民以外に特別の服務義務を有し又其義務に附帶して特別の權利を享くる內部の關係なり故に二者の觀念は一方は國家の內部に對する觀念にして一方は外部に對するの差あり從て官廳は人格者にあらざるも官吏は國家に對して權利義務の主體たる人格者たり而して其官吏には官廳だる權限の所在する地位にあるものと其機關を補助するの地位にあるものとあり外部に對しては或は權限を有し或は否らざるの差異あれど國家に對する內外關係は同一なり敎育の實際に當る地位にある人に於ても亦然り其官廳に關しては既に硏究したるを以て本節に於ては其內部關係たる官吏及敎員の性質服務關係の發生其權利義務及責任等に就て論述すべし

第二欵　官吏の性質

官吏の性質

敎育に關する國務を處理するの機關は官吏の外敎員其主たるものなる事は前に既に述べたるが如し而して其兩者は其性質同一なりといへども法文上既に名稱

を異にし其權利義務に關しても多少異なれる所あるを以て其公法上の性質に就ては行政學上疑問の存する所たり故に余輩は其性質を明かにせんが爲め本欵に於ては先づ官吏の性質を明かにし次欵に於て敎員の性質を述べたる上に兩者の權利義務及責任を論ずべし

官吏の定義

官吏の定義に就ては之を形式的實質的の二樣に觀察するを得べく且其實質的意義に就ては學者の見解を異にする所なるも煩はしければ玆には信ずる所の定義を掲げて其性質を述ぶべし

一、官吏の形式的意義　官吏とは官廳又は營造物等を組織し之を活動せしむる自然人をいふ

二、官吏の實質的意義　官吏とは任命なる行政行爲により一般臣民の法律上の義務に基かずして公法上の服務義務を有して官職を擔任し又は國家の單位によりて官職を擔任すべき地位にある自然人をいふ

今此定義を分析して其性質を述ぶれば左の如し

第一　官吏とは一般臣民の法律上の義務に基かずして公法上の服務義務を負ぶものなり

夫役との差異

公法上の服務義務とは一身を捧げて國家の爲めに特別の勤勞に服する義務をいふ而して其義務は之を民法上の勤勞を提供する雇傭請負の如き契約とは之を區別せざるべからず後者即民法上の義務は對等の關係にして其勤勞に服するは契約の履行に外ならざるが故に其契約によりて定めたる內容に從ひて之を履行する以上は國家は之に對して勤勞を求むるを得ずと雖も公法上の服務義務は之と異りて其關係は不平等にして義務者をして國家に對する特別權力に服せしむるものにして其勤勞は全く服從關係に基く無定量のものたり

公法上の服務義務は上述の如く民法上の契約による義務と區別すべきと同時に公法上の他の勞務を供するの義務と區別せざるべからず公法上の服務義務による勞務の外國家は種々の場合に於て權力作用によりて臣民に勞務を課することあり夫役を徵收し人夫を徵發するが如きは其著しき例なり此等の場合に於ける勞務提供の義務は同じく公法上の義務なりといへども此場合に於て國家の要求する所は其勤勞の結果にありて義務者其者を要素とせざるも官吏の義務は其一身を捧げて國家の爲めに盡すべきものにして義務者を其要素とするの差あり從て前者は代理を許し又其權利を移轉するを得べきも後者は否らず

兵役の義務との差異

官吏は又一般臣民の法律上の義務に基かずして公法上の服務義務を負ふものなるが故に國家の單意によりて一般臣民に對して强制的に課する公法上の服務義務とは之を區別せざるべからず即兵役の如きは一身を捧げて國家に盡すの公法上の服務義務なりといへども一般臣民に對する法律上の義務に基くものなるが故に從て國家の單意により强制的に之を課するを得べきも官吏は一般臣民の法律上の義務に基かざるの結果國家の單意によらずして本人の承諾によらざるべからず之れ兩者の差異なり

第二　官吏は公法上の服務義務によりて官職を擔任し又は國家の單意によりて擔任するの地位にあるものなり

國家の官吏を任命するは之をして國家を處理せしむるの目的なり而して其官吏の處理する事務の範圍を官職といふ故に官吏と官職とは離るべからざるの關係ありといへども兩者は必ずしも相一致するものにはあらざるなり官吏關係の既に發生したる後に於ても未だ官職を擔任せざることもあり裁判官に任命せらるるも未だ何れの裁判所に勤務すべきやの命を受けざる場合及學校の敎員に任命せらるゝも何づれの講坐又は學科若くは學級を擔任すべきやの命を受けざる間

は未官職を盡すの義務は發生せざるなり而して又時には官職の擔任のみ先づ消滅して官吏關係は尙繼續することあり例之は休職官吏の如き是れなり從て官吏とは必ずしも現に官職を擔任するもののみならずして將來に於て官職を擔任すべき地位にあるものも尙官吏たるを妨けずされど官吏關係の既に發生したる以上は官吏は何時に於ても國家の單意によりて官職を擔任すべき義務を負ふものなり

將來に官職を擔任すべき者との差異

將來に官職を擔任すべき義務を負ふものは官吏の外に尙其例なきにあらず即官職を擔任せしむるの目的を以て其敎育の費用を給與するが如きものは其修業の後は國家の官職を擔任するの法律上の義務を負はしむるを例とす即師範學校の官公費生及官費留學生に學資を給與する場合の如し此義務は民法上の義務にあらずして均しく公法上の義務なりされど斯くの如き義務を負ふものなりといへども國家の單意によりては當然官職を擔任すべき地位にあるにあらずして官職の擔任には尙本人の承諾を要すべきものにして此等のものは唯法律上之を承諾すべきの義務を負へるものにして兩者は混同すべきにあらざるなり

議員及委員との差異

官職を擔任するは官吏の外議會の議員又は持定の目的の爲めに任命せらるゝ各

種の委員もあれども官吏の如き公法上の服務義務なきを以て官吏といふを得ざるなり

官吏と公使との差異

第三　官吏は任命なる行政行爲によりて地位に就きたるものなり

一般臣民の法律上の義務に基かずして公法上の服務義務を有して國務を處理するは官吏の外自治團體の機關たる公吏あり而して其公吏と官吏を區別するの標準は其處理する事務によりてのみ區別するを得べきにもあらざれば又給料の有無によりても區別すべきにもあらず又其責任に於ても其標準となすを得ずして其兩者の其服務義務は何れに對するものなるやによりて定まり結局は其地位に就くの點に於て絕對的に異なれるを以て之を以て標準となさゞるべからず即ち官吏は任官なる行政行爲によりて任命せらるゝも公吏は選擧によりて其地位に就くものにして勅裁又は府縣知事の認可を要するも其行爲は監督權の作用にして行政行爲たる統治權の作用にあらざるなり

尚玆に一言すべきは市町村の公吏中市參事會員の如きは選擧なる手續によるも其補助機關たる吏員例之は東京市役所の各課長以下の吏員は市參事會に於て選出任命して官吏の任命なる行爲と毫も異なるなきも之れ其選擧の手續を畧して

法令及條例により市參事會等に其權限を承認したるまでにして憲法第十條による任命なる行政行爲にあらざるなり從て公吏の選擧によりて其地位につくとの說明は之が爲めに妨げらるゝにあらず故に之れを以て官吏公吏を區別するの點なりといふを得べし

以上述ぶる所を以て官吏の要素なりとす其他俸給及一定の待遇を受け永續的なる等の如きは其常素なりと雖も必要缺くべからざるの要素にあらざるなり

第三欵　敎員の性質

敎員の性質

敎員の性質に關しては學者間に議論の存する所にして今尙紛々歸一する所なし而して又偶々余輩と其論決を一にするも其理由を異にするを以て左に余輩の卑見を陳述すべし

抑も統治者が國家の行政事務を執行するに當りて民法上の契約によりて之を處理せしむる場合ありと雖も其他は公共團體を承認して其團體に屬する事務を其機關たる公吏をして處理せしむるの外自己に直接隷屬する機關たる官廳を組織する官吏及其補助機關たる官吏によるの外なし故に敎員が右三者の何づれに屬

するやを說明すれば從て其性質地位も明なるべし敎員の提供する勤勞が民法上の契約による義務履行にあらざるは別に論辯を俟たざる所なるを以て其民法上の契約にあらざるは明かなり然らば敎員は公吏なるか公吏は先きに論するが如く公共團體の機關にして選擧によりて其地位を得るものなるも敎員は官吏と同じく任命なる行政行爲によりて其地位に就き其處理する職務も專ら純然たる國務にして公共團體に屬する事務にあらざるは小學校第六十五條によりても明かなるが故に其公吏にあらざるは明かなる所なりとす

而して敎員にして帝國大學及文部省直轄學校に職を奉する者は官制によりて既に純粹の官吏たるは學者の異論なき所なるも公立の中學校敎諭小學校訓導の如きも任命なる行政行爲によりて其地位に就き公法上の服務義務によりて官職を擔任し又は國家の單位によりて擔任するの地位にある者にして其義務は一般臣民の法律上の義務に基かざる者官吏の要素と寸毫の差異なきを以て其法令上名稱異なればとて之實質上に於けるを官吏なりと論定するも何の故障か之あらん論者或は曰く官吏には親任官奏任官判任官等の如く一定の任命の形式ありといへども公立學校の敎員は只其待遇を受くるに過ぎざるを以て所謂準官吏なりと

雖も官吏にあらずと行政法學上に於ける官吏たるの要素は先きに述べたる三點にありて其奏任官たり判任官たる任命の形式にあらず若し論者の議論の如くんば行政裁判長官會計檢査院長の普通勅任官の任命の形式によりて任用せらるゝときは官吏にして其親任官の待遇を受くるときは準官吏なりとの論定となすにあらずんば其議論は透徹せざるにあらずや巡査の官吏なるは學者の一致する所なるも其判任官の待遇なるを知らば思ひ半ばに過ぎん

又曰く官吏は俸給を國庫より受くるも敎員は公共團體より受くるの差あるにあらずや之れ兩者の異なれるを證する點なりと余輩は俸給を受くるは官吏の要素にあらざるを論じたるが故に其俸給を受くると受けざると又は其國庫より受くると公共團體より受くるとは官吏たるの性質を左右し得べきにあらざるなり即ち三等郵便局長の無給にして郡視學郡書記が公共團體より之を受くるは其然る所以を證して餘ありといふべし

論者又曰く一般文官は大臣より郡書記の下級に至るまで皆官吏の風紀秩序を維持する官吏服務規律の適用を受くるも敎員特に小學校敎員には之と同一の規定小學校令施行規則中にありて其支配を受くるは是れ其官吏にあらざるを證する

ものにして文官分限令亦然りと之れ反對論中最有力なる議論なるべしと雖余は之に對しても尙辯解をなし余の論定の誤らざるを玆に述ぶるを幸とす官吏に對する服務規律は必ず一定の事項定まれるにあらざるを以て特別の職務を奉ずるものに對して一般普通の官吏に對する以外の規定を以て規律するは是理の當然なり然り而して後によく其規定の精神を貫徹するを得べし故に敎員に對して特別の規定ありたればとて敎員は官吏の服務規律の適用を受くべきものにあらずといふべからず世には右の如き誤解をなすものあるを慮り文部省は明治十六年五月二十六日號外達を以て「官吏懲戒例並に行政官吏服務規律等の儀は府縣立町村立學校長敎員及府縣立學校書記へも適用すべき事勿論に候條此旨相達候事」とあるによりても明白なりとす故に小學校令施行規則中服務規律と同一の規定は無用の規定なりと斷言するを憚らざるなり又文官分限令は其第一條に於て本令は法令に別段の規定あるものを除外せるを以て敎員の其適用を受けざるは其規定の然らしむる所なりとす以上述ぶる所によりて反對者の議論は死解せしを以て余輩の議論は之れが爲めに毫も痛痒を感ぜざるなり

余或時敎員の性質に就き上述の論據によりて之を陳述せしとき論者ありて曰は

く教員は法文中にも官吏と區別して明記し其異なる點も又多し故に教員は教員として特別の地位にあるものと解するに如かず强て官吏と其性質の同じきを求めて官吏といふが如きは自ら教員の地位をして俗界に下すものにあらずやと世或は論者と感を同じくするものなきにしもあらざれば尚茲に一言の論辯をなし置くは强ち無用の業にあらざるべし

余輩が茲に論ずる所は感情上の議論にあらずして事物の性質を綜合したる學問上の議論なり其教員は超然たるものなり官吏は俗物なり混同するは地位を上下するが故に潔よしとせずといふが如きは之れ所謂感情上の議論にして余の敢て知る所にあらず余は國法上に於ける官吏及教員の性質を論じたるものにして其俗物たり僧侶たり仙人たるの議論は本論の範圍外たるが故に其駁擊は所謂御間違なるを辯じ置かんのみ

以上幾多の反對論ありたるに拘はらず余輩の教員は官吏なりとの議論は少しも動搖せざるを以て次欵以下に於ては之を一括して其服務關係の發生權利義務及責任等に論及すべし

第四款　官吏（敎員も包含す以下同じ）の服務關係の發生

服務關係の發生

任命に關する學説

私法上の契約説

官吏は任命なる行政行爲によりて服務義務を負ふものなり而して其任命の性質に關する觀念は古來種々の見解を經たり而して其始めは之を私法的のものなりと思惟して官吏任命を以て私法上の契約となして説明し來りしが十九世紀の始めより官吏關係の私法上の見解を破り其關係は全く臣民の義務に基くものなりとの觀念を生じ國家は國務に從事する事を臣民に强制するを得るものとせり

臣民の義務説

換言せば官吏關係の發生は契約に基くにあらずして臣民の義務を履行せしむるものとせり

國家單獨行爲説

其次ぎに起りし説は臣民の服從義務を基礎としたるにあらずして官吏の任命は國家の一方的の行爲なりと稱ふるものあり此説を唱ふるものは官吏の任命に合意の必要ならざるを説きて曰く國家と個人の間は對等の關係にあらざるを以て合意なるものを認め難し而して又官吏の任命には命令權の委任を包含す而して命令權の委任は合意を以てなし難し故に官吏の任命は純然たる一方的の行爲な

りと主張するなりと雖其第一の論點は合意は私法上に於てのみ存するものと思惟したるの誤解より生じたる結果にして古昔官吏に採用すべき人物に乏しかりし時代に於ては其必要上斯くの如き說は便利なりしならんも今日其人に乏しからざる場合に於ては合意を基礎とするも實際上不便を感せざるのみならず却て志望者を官吏に採用する方效果の宜しきは疑ふべからざるの理なり而して又理論上に於ても官吏關係は一般臣民の義務とするは不能の事なるが故に從て特別の資格あるものより之を採用せざるを得ず然る場合に於ては其特別資格を有するものは一般臣民に對して不公平なる負擔を有するの理となるを以て其本人の意思を認めざるは不合理なり故に其議論の採用すべからざるや知らるべきのみならず公法上の區域に於ても統治者は一私人の意思を認め得べく且其公法上の觀念に牴觸するものにあらざるをや而して其第二の論點は官吏の任命と職務の擔任とを混同したるより生じたる誤解にして兩者は全く別異の觀念なるは已に說明したる所なり即職務の擔任は已に任命したる官吏の國家に對する義務なるを以て任命に本人の承諾を要する說を採用するも職務を擔任するは絕對的に國家の單意によりて履行せしむるを得るを以て命令權を委任するが故に個人の意

思を認め難しとの論據は之を維持すべからざるが故に國家一方行爲說は到底今日に於ては採用すべからざるの說たり

公法上の契約說

次ぎに起れるは公法上の契約說にして任命は國家の一方的作用に非らずして臣民の任意の承諾によりて生ずる集合的行爲なることを主張するものあるに至れり余輩も此說に贊成するものなり即ち臣民は其性質上國家に對しては絕對的に服從すべきものなりと雖も今日の法治國にありては憲法あり法令ありて統治者及其機關は其條規によりて統治權を行使するを以て或臣民が學術其他の資格あるが故に一般臣民の負擔すべからざる義務を負擔すべきの理なきのみならず又官吏の如き精神的の勞務は一方的國家の單意による强制によりて其目的を達し得べからざると一方に於ては名譽心公共心及經濟上の欲望の爲め國民自ら進みて官吏たらんと欲するものをして缺乏なからしむるにより今日の國家は臣民に對して官吏となるべき義務を强制するなし從て之を强制するの法規存在せざる以上は國家は自己の單意によりて特定の臣民に特定の義務を負はしむるを得ず斯くの如き義務を負擔せしむるには必ず本人の承諾を要す故に官吏の任命が本人の承諾を要する双方的の行爲なるは之によりて明瞭なるべし斯くの如く本人の

公法上の契約の性質

意思を認め之を條件として成立する公法上の行爲を公法上の契約といふ然れども之を契約と稱するが爲めに民法上の契約とは明かに區別するを要す任命が公法上の契約なりとの說を主張する論者には或は私法の法理を籍りて任命は單純なる申込なりとし其任命の完成するには之に對して更に被任者の承諾あるを要すとなす者あり此說の如くんば官吏關係は任命によりて成立するにあらずして被任者の任命に對する承諾の意思を表示するによりて成立すとなす是公法上の契約なる性質を著しく誤れるものなり

凡て國權の作用は其行爲自身に於て其有效條件の完備するを證明するの力を有す任命は被任者の承諾によるにあらざれば其效力を生ずる能はずと雖も任命は國權の作用なるを以てそれ自身に於て其行爲の完全に有效なるを證明するの力を有す尙之を詳言すれば任命ありたる以上は其有效條件たる本人の承諾が已に完備するを證明するの力を有す若し實際に於て被任者本人の承諾なかりしときは其行爲は法律上の瑕疵ありと雖も之によりて其行爲は當然無效なるにあらずして當事者の法律上の手段を以て之を爭ふことを要し之によりて其行爲が取消されるまでは任命は尙完全に效力あるなり故に民法上の契約なる觀念に對する

法理は之に適用するを得ざるなり
以上述ぶるが如く官吏關係は任命なる行政行爲によりて發生するものにして其任命の行爲によりて被任者の承諾は既に當然包含せらるゝものと看做さゞるべからず

第五款　官吏の任用

官吏の任用

憲法第十條に曰く文武官は天皇之を任免すとありて之れ天皇の憲法上の大權に屬すと雖も天皇躬ら文武官を悉く任命せらるゝ事實に於て不能の事なるを以て天皇は其任命權を他に委任せられたるなり即判任官は各省大臣法制局長官又は地方官或は大學總長等其委任を受けて之を任免するを現行の規定なりとす而して小學令第四十四條によれば市立小學校長及敎員の任用は市長の申請により町村立小學校長敎員の任用は郡長の申請により府縣知事之を行ふ旨を規定せり
官吏任命の形式によりて官吏を區別すれば親任式により敍任する親任官及高等官並判任官とす而して高等官を別ちて九等となし判任官を五等に別つ高等官の一等官二等官を親任式による勅任官に對して普通の勅任官とし三等官乃至九等

官を奏任官とす勅任官は天皇自ら任免せられ奏任官の任免は內閣總理大臣之を奏薦し其各省及各省所屬の官廳に屬するものは內閣總理大臣を經由し主任の大臣之を奏薦す判任官の任免は已に述べたるが如し

任命の形式

官吏任用の形式は文書を以てす其文書を辭令書と稱すされど官吏關係の成立は任命の決定權を有する者の決定をなしたる時にあり辭令書は只之を證するの手續なりとす

官吏の權利義務は總て官吏關係の成立の時より生ず俸給を發令の翌日より支給するが如きは只便宜上より定めたるる例外なりといふべし

任用の手續による官吏の區別

任用の手續による官吏の區別	親任官
	勅任官
	奏任官
	判任官

第六款　官吏の資格

官吏の資格

憲法第十九條に曰く日本臣民は法律命令の定むる所の資格に應じ均しく文武官

に任せらるゝを得とありて日本臣民にして官吏となるの資格あるものは何人と雖も官吏となり得るなり然りと雖も資格あればとて官吏となる事を請求するの權利を有するものにあらざるは勿論なり而して其資格には積極的資格消極的資格或は能力上の資力品位上の資格又は智識に關する資格と身體に關する資格等の種々の要件あり若其資格要件を具備せざるときは假令任命の行爲ありと雖も取消さるべきものなりされど法定要件を備へざる無資格者を任用したればとて一旦正當の形式によりて任命せられたる以上は分限令により法定の手續によるの外猥りに免職せらるゝことなしと主張する論者ありといへども之れ誤れるの議論にして法令に於て官吏となるの資格要件を定めたる以上は之に違反したる任用の違法あるは言を俟たず違法の行政行爲は取消し得べきものなれば違法の任用亦取消し得べきものなるは論を俟たざる所なり

或論者は剝奪公權等の如き刑罰的のものと試驗に及第せざるが如き學術上の資格とを區別し前者の任用は全然無效なるも後者の任用は有效なりと論ずるも資格の點より觀れば兩者同一にして一方を無效とし他方を有效とするの理由は余輩之を解する能はざるなり

公權を有する事

然りといへども無資格者の任用と權限外の任用とは之を區別するを要す權限外の任用は其官廳即國家の機關としての資格に於てなしたる行爲にあらざるが故に始より無效なりされど無資格者の任用は任用其者に於て一應適法の證明力を有するを以て取消の處分を俟て始めて無效となるなり從て其效果に於ても權限外の行爲によりて任用せられたる官吏が或行爲を爲すも其行爲は行政官の行爲としては全然無效なるも無資格者任用の場合には其者の行爲は任用其れ自身にして取消されざる以上は官廳の行爲として正當の效力あるものなり

今之れより官吏の資格要件につき一々說明せんとす

第一　公權を有する事

官吏は國家の直接間接に機關たるの位置にあるものなるが故に其威嚴を保つは國家の信用を維持する上に於て必要なるを以て公權を剝奪せられ又は停止せられたるものは官吏に任用すべきにあらざるを以て我刑法第三十一條には剝奪又は停止せらるべき公權を列擧し其中に官吏となるの權と明記したり又文官試驗規則第四條に於ても(一)重罪を犯したるもの但國事犯にして復權したるものは此限りにあらず(二)定役に服すべき輕罪を犯したるものは試驗を受くるを得ずと規

定し又小學校令施行規則第百四條には左の各號の一に該當するものは檢定を受くるを得ずと規定し其第一號に禁錮以上の刑に處せられたるもの但國事犯にして復權したるものは此限りにあらずとし其第二號に信用若くは風俗を害する罪を犯して罰金の刑に處せられ又は監視に付せられたるものとあり又小學校令第四十九條及敎員免許令第五條及第十條にも亦公權を保有せざるときは免許狀は其效力を喪失すべきを規定せるが故に官吏及敎員の任用には公權を有せざるべからざるや明かなり而して玆に少しく說明すべきは上述刑名の說明と及文官の資格としての規定ある以上更に敎員の資格として別に規定を制定したる理由なり

文官試驗規則には定役に服すべき輕罪を犯したるものとあるが故に輕禁錮に處せらるべき罪を犯したるものは定役に服せざるを以て從て試驗を受くるを得べきも敎員の檢定を受くるを得ざるのみならず信用又は風俗を害する罪を犯したるときは禁錮以下の罰金に處せられ又は監視に付せられたる場合と雖も其資格を喪失す是れ敎員の職たるや人の品性を陶冶するにあるが故に上述の如き罪を犯したるものは其任に當るべきにあらざるを以て一般文官の資格以外に其信用

を保有するものを任用するの必要あるより其資格をして嚴重ならしめん爲めに特別の規定を制定したるなりと信ず而して其罰金又監視に付せらるゝも尚資格喪失の原因となるなり信用を害する罪とは現行刑法第四章の僞造罪僞證罪身分詐稱罪にして風俗を害する罪とは同第六章の猥褻罪賭博罪富籤罪神祠佛堂墓所及禮拜所に對する公然の不敬罪なり

破産若くは家資分散せざること

第二　破産若くは家資分散せざること

官吏は資産を濫費して其分に應せざる負擔をなすべきものにあらず如斯は之其過失の一たるべきは官吏服務規律第十四條にも規定せられたり其結果として破産又は家資分散をなしたる者の如き財産上の信用を失ひたるものは官吏となる能はざるは亦明かなるの理なり此に於てか文官試驗規則中にも又敎員免許令及小學令第四十九條同施行規則第百四條第三號にも之を規定せり

懲戒免官の處分を受けざりしこと

第三、懲戒處分により免官せられたるものならざること

懲戒處分により免官せられたるものは官吏としては已に不適當なるものたるを表彰すべきが故に免官後直ちに之を任用するは矛盾の行爲たるなりされど人は過ちありたればとて强ち棄つべきものにあらず行を愼み其性行をして一變する

に於ては之を官吏に任用するも差支あるなしされど短日月にては其改悛の實を見るべきにあらざるを以て現行法に於ては官職を失ひたる後二箇年間は再び官職に就くを得ざる旨を規定せり

性格に關する資格

第四　特定の官吏は特定の性格を有すること

我文官試驗規則第四條には文官試驗を受くるを得るものは其男子たるの性格を有すべきを明定せるが故に女子は從て官吏たるを得ざるなりされど婦人の性質は綿密にして且親切叮嚀なるを以て敎員の如きは適當なるを以て之を任用するを得べきを現行の規定なりとす

年齢上の制限

第五　或年齢に達し或年齢以下なること

年齢長けざるものは國務を處理する能力概して不完全なるにより之を官吏に任用せざるを通例とし尙職務によりては年齢普通より長けざるに於ては其任務に堪へ得べからざるなり又老年に對する制限も一般官吏に就ては老朽事に堪へざるを限度とするも職務によりては何年以下と規定して其年齢までを官吏の資格要件となすことあり上述の如く其年齢は其職務の種類によりて規定を異にせり即一般文官に於ては滿二十年以上なるを要するも敎員には斯くの如き制限なし

内國人なること

第六　內國人なること

官吏關係は公法上の服務義務にして即一身を捧げて國家に對して忠實に職務を盡する義務なるは先きに述べたるが如し從て外國人は一身を捧げて職務を盡す服務義務を負擔するは其所屬國家に對する服從關係と矛盾するものなるが故に我憲法第十九條に於ても日本臣民は法律命令の定むる所により均しく文武官に任せらるゝことを得と規定せり故に外國人にして學校敎員等に雇はるるもの等は之れ官吏として公法上の服務義務を負ふものにあらずして民法上の契約に外ならず學者或は曰く今日外國人を官吏に任用するを排斥するは時代遲れの議論に屬するものにして特に憲法に禁止せざれば不通の說なりと主張するものあり淸水博士の如き法制の沿革上憲法第十九條は禁止的規定にあらざるが故に外國人も任用することを得べきを以て原則とせざるべからずと唱ふるも是れ官吏關係の如何なる性質のものたるやを解せるの議論なりといふべし故に明文を以て外國人を任用すべき旨を規定せざる以上は官吏の任用は原則として內國人に限ると解釋せざるべからず

第七　一定の學術及經歷上の資格を有すること

學術及經歷上の資格

官吏は國家の機關として國務を處理するものなり國務を處理するには一定の學術技藝及經歷を要するを以て或は試驗により或は詮衡即一定の機關の認定によりて其資格あるものをして任用するを要件とせり今其任用の學術的資格を左に說明すべし

勅任文官の資格

第一　勅任文官に任用すべき資格は左の如し但親任式を以て任用する官及別に任用の規程あるものは其規定による

一、奏任文官特別の規定に依り任用せられたるもの及敎官技術官を除くの職にあるものありたるものにして高等官三等の文官の職に在るものありたるもの

二、滿一年以上勅任文官の職にありたるもの但特別任用の規程により在職したるもの並に敎官　技術官の在職年數を除く

三、勅任文官特別の規定に依り任用せられたるもの及敎官技術官を除くの職に在りたるものにして本令第二條第一項の資格を有するもの

四、滿二年以上勅任檢事の職にあるもの及ありたるもの

滿二年以上勅任判事の職にあるものありたるものは司法省の勅任文官に任用するを得

滿二年以上帝國大學及文部省直轄學校の勅任文官の職にあるものありたるものは文部省部内の勅任文官に任用するを得

陸海軍將官は別に任用の規程あるもの丶外各其部内の勅任文官に任用するを得

奏任文官の資格

第二　奏任文官は別に任用の規程を設くるもの丶外左の資格の一を有するものより之を任用す

一、文官高等試驗に合格したるもの

二、滿二年以上高等文官の職にありたるもの但特別任用の規程により在職したるもの並に敎官　技術官の在職年數を除ぐ

三、滿二年以上檢事の職に在るもの及ありたるもの

滿二年以上判事の職に在るもの及ありたるものは司法省の奏任文官に任用するを得

判任文官の資格

第三、判任文官は別に任用の規程を設くるもの丶外左の資格を有する者の中より任用す

一、文官普通試驗に合格したるもの

二、文官高等試驗に合格したる者

三、官公立中學校及文部大臣に於て之を同等以上と認めたる官公立學校の卒業證書を有する者

四、高等商業學校舊附屬主計學校及舊主計專修科の卒業證書を有するもの並に文部大臣の認可を經たる學則に依り法律學　政治學又は經濟學を敎授する私立學校にて明治二十六年十一月十日以前に卒業證書を得たるもの

五　滿二年以上文官の職にありたる者但特別任用の規程に依り在職したる者並に敎官　技術官の在職年數を除く

第四、敎官及技術官は別に任用の規程を設くるもの丶外高等官にありては文官高等試驗委員判任官にありては文官普通試驗委員の詮衡を經て之を任用す

第五、特別の學術技藝を要する行政官は高等官は文官高等試驗委員　判任官にありては文官普通試驗委員の詮衡を經て敎官　技術官の中若くは試驗委員に於て敎官　技術官たるの資格なりと認むる者の中より之を任用するを得

滿五年以上雇員として同一官廳に勤續したるものは文官普通試驗委員の詮衡を經て其官廳の判任文官に任用するを得

文部省視學官の資格

縣視學郡視學の資格

文部省直轄學校長及生徒監の資格

第六　文部省視學官は左の一の資格を有する者の中より特別に之を任用することを得

一、二箇年以上文部省直轄學校の學校長又は奏任敎官の職に在る者ありたる者

二、三箇年以上師範學校長官公立中學校長官公立高等女學校長又は官公立實業學校長の職に在るもの又は在りたる者にして一箇年以上道廳府縣の事務官の職に在る者又は在りたるもの

第七　道廳府縣視學及郡視學は左の資格の一を有する者の中より特別に之を任用するを得

一、三箇年以上師範官公立の中學校高等女學校長又は官公立實業學校長の職に在る者又は在りたる者

二、小學校本科正敎員たる資格を有し三箇年以上官公立學校の學校長の職に在るもの又は在りたる者

三、五箇年以上判任官として敎育に關する職務に從事し又は從事したる者

第八　文部省直轄學校長生徒監特別任用に關する資格

文部省直轄學校長は一箇年以上奏任敎官の職にありたる者に限り同生徒監は左に掲ぐる者に限り試驗を要せず文官高等試驗委員の詮衡を經て任用することを得

一、一箇年以上奏任敎官又は奏任待遇の敎職に在りたる者

二、三箇年以上判任敎官又は判任待遇の敎職に在りたる者

府縣立師範學校長の資格

第九　府縣立師範學校長の任用資格

府縣立師範學校長は高等師範學校の卒業證書を有する者又は學位若くは學士號を有し一箇年以上敎育に關する公務に從事したる者又は三箇年以上敎育に關する公務に從事し現に三十圓以上の月俸を受くる判任官又は判任待遇の者に限り試驗を要せず文官高等試驗委員の詮衡を經て任用することを得

敎員の資格

第十　敎員の資格

帝國大學又文部省直轄學校の敎官は第四により文官高等試驗委員の詮衡を經て任用すとせるのみにて其他の敎員に就ては明治三十三年勅令第百三十四號敎員免許令に依り免許狀を得たる者より任用するを原則とす但小學校敎員は特別の規定あるが故に其法令により免許狀を得たるものたるは勿論なり敎員免許令に

依り免許狀を得る者は左の如し
一、敎員養成の目的を以て設置したる官立學校の卒業者
二、敎員檢定に合格したる者　其敎員檢定には試驗檢定と無試驗檢定の二種あり
(イ)試驗檢定　試驗檢定に於ける試驗を分ちて豫備試驗本試驗とす學科によりては豫備試驗を行はざる事あり而して其豫備試驗は出願者の所屬地方廳所在地に於て之を行ひ本試驗は文部大臣の定めたる場所に於て之を行ふ
(ロ)無試驗檢定　を受くること得る者
(一)　文部大臣の指定したる官立學校の卒業者
(二)　師範學校中學校高等女學校を卒業し更に一定の公立私立學校に入り三年以上修學して卒業したる者
(三)　敎員たらんと欲する學校の學科程度と同等以上の官立學校に於て一箇年以上敎員たるもの若くは敎員たりし者等なり
敎員たるには敎員免許狀を有する者たることを要するは已に前述したるが如しと雖も文部大臣の定むる所により免許狀を有せざる者を敎員に充つることを得

即三十三年文部省令第十五號によれば高等女學校に於ては敎員免許令による免許狀を有せざるも小學校本科正敎員免許狀を有する者なれば第二學年以下の敎授を擔任せしむる爲め任用することを得されど高等女學校に於て小學校本科正敎員免許狀を有する者をも得難き時及師範學校中學校に於て免許狀を有するものを得難きときは免許狀を有せざる者を採用するを得而して中學校高等女學校に於て無資格者を採用する場合に於て其數新に採用する者を加へて其校全敎員の三分の二を超過せざるときは公立學校にては管理者私立學校にては設立者に於て自由に之を採用することを得べし但全校敎員の三分の二を超過するときは文部大臣の認可を受くるを要す公立各種學校に於ては敎員免許狀を有せざる者を敎員として採用するを得べく此點に於て何等の制限あるなし

小學校敎員の資格

第十一　小學校敎員の資格

小學校の敎員たるべきものは免許狀を有するものより任用すされど特別の事情あるときは小學校令第四十二條により免許狀を有せざる者を以て准敎員に代用するを得せしめたり而して其免許狀を別ちて普通免許狀府縣免許狀の二種とす

一、普通免許狀　普通免許狀は小學校正敎員府縣免許狀を有し十箇年以上市

町村立小學校正教員の職に在りて成績佳良なるもの又は高等師範學校又は女子高等師範學校を卒業し三箇年以上市町立小學校正教員の職にある者及文部省直轄學校に於て某科目に關し特に教員の職に適する教育を受けて卒業し三箇年以上市町村立小學校教員の職に在る者に就き府縣知事又は文部省直轄學校長の申請に基き文部大臣之を授く而して其效力は終身にして其範圍は全國に通ずるものなり

二、府縣免許狀　府縣免許狀には其程度に應して小學校本科正教員　專科正員　教本科准教員及び尋常小學本科正教員及同准教員の別あり而してその免許狀は師範學校若くは文部大臣の指定したる學校を卒業したる者又は小學校教員檢定に合格したる者に府縣知事之を授與し其道廳府縣の管內に於ては終身有效なり教員檢定を別ちて試驗檢定及無試驗とし試驗檢定は每年少くとも一回之を施行し無試驗檢定は臨時に之を施行す

(イ)試驗檢定　試驗檢定は小學校本科正教員の試驗科目及其程度は師範學校の學科程度に準じ小學校准教員の試驗科目及其程度は小學校令施行規則第百九條により小學校專科正教員の試驗科目は圖畫、音樂、體操、手工、農業、商業、英語の一

科目又は數科目に付師範學校生徒に課する各科目の程度に準じ尋常小學本科正敎員の試驗科目及其程度は師範學校簡易科の程度に準し尋常小學校准敎員の試驗科目及程度は小學校令施行規則第百十三條により一定の資格を有するものは或科目の試驗のみを行ふことあり

(ロ)無試驗檢定　無試驗檢定を行ふものは小學校令施行規則第百七條に其要件を定めたり而して其第六號に該當するものは同規則第百十八條により府縣知事は文部大臣の認可を受けざるべらざるの制限あり

官吏の資格
- 公權を有すること
- 破産若くは家資分散せざること
- 懲戒處分により免官せられざること
- 性格上に關する資格
- 年齡の制限
- 內國人なること
- 學術及及經歷上の資格
  - 學術上の資格を要するもの
    - 試驗を要するもの
      - 文官高等試驗に合格したる者
      - 文官普通試驗に合格したる者
      - 特別文官試驗に合格したる者
      - 敎員檢定試驗に合格したる者
    - 試驗を要せざるもの
      - 法定資格に適合する者
        - 中學校の卒業證書を有する者は判任文官に任用せらるゝが如し
  - 學術上の資格を要せざるもの
    - 親任官
    - 特別任用の者
      - 一定の資格を要する者
        - 視學官視學等の如し
      - 一定資格を要し其定機關の詮衡を要する者
        - 警視廳典獄郡長等の如し
      - 何等の條件なき者
        - 內閣書記官長及秘密書の如し
    - 從來の地位により資格を得たる者
      - 檢事を三年勤務したるとき普通高等官に任ぜらるゝが如し

第七款　官吏の權利

獨逸「ボルンバック」氏及我國の公法學者中にも官吏は國家の機關にして國家に對して義務を負ふものなるも權利を有せず即ち國家は官吏と同等なるものにあらずして國家は權利を認むる法律の上に立つものなりと主張する者ありされど此議論は誤れるの說にして其前段の官吏は國家の機關なるが故に權利を有せずとは官吏と官廳とを混同して區別せざるの說にし其駁論の顧みるに足らざるは已に官吏及官廳の觀念を說明する所によりても明かなる如く官吏は人格者として國家に對する觀念なるか故に權利も義務も有するものなり論者の義務を有する者たるを論するが如き其思想の混亂を證すべきなり後段の國家は權利を認むる法律の上に立つものなるが故に官吏は國家に對して權利を有せずと論ずるも統治者が一旦法律を作り其法令に準據して行動する以上は其法令の存在する以上は其法令によりて一個人に屬する利益は之を權利と認むべく其利益を侵害したる場合に法令によりて訴願及行政訴訟を認めたる現行法に於ては其權利たるは瞭然として又辯明を要せざる所なり而して其權利には身上に關する權利と財產

に關する權利とに區別するを得べし以下項を別ちて之を論すべし

第一項　身上の權利

身上の權利

第一　位階勳等

位階勳等

位階は官中に於ける人々參內の席次を定むるが爲めに設けられ勳等は其國家に對する功績を表彰する爲めに設けられたるものにして官吏にのみ限られつるものにあらざれども官吏は其位地を有するより法規に準據して之を得るものなるが故に其得たる以上は之を權利として保有するを得るものなり

第二　職務の執行に際して特別の保護を享くるの權

特別保護を享くるの權利

官吏は其職務の執行に際して其執行を妨けられざるが爲め又其威嚴を保持せしむる必要よりして其職務を行ふに際りて之を抗拒し又は之を侮辱するものに對して刑法上の制裁を加へ其保護をなせり故に其保護は官吏の身上の利益にして之を侵害せられたるときは之を救濟するを主張し得べきを以て其權利なること亦疑なき所なり

第三　其地位の保障に對する權利

地位の保障に對する權利

官吏は國務を處理するものなるが故に其の學識經驗才能に於て其の德行に於て

優良の人たらざるべからず從て其地位たるや猥りに動かすべきものにあらずして强固にするの必要あるや論なし而して其の地位より猥りに付けられざる保障に就ては文官分限令及び其他特別法即ち小學校令施行規則第百二十二條乃至第百三十條の如きありて親任官秘書官の如き例外を除けば其の地位も保障せられたるものなり故に官吏は其の法規の範圍内に於ては其の地位を保有するの權を有するなり

第二項　財産上の權利

財産上の權利

俸給を受くるの權

第一　俸給を受くるの權

俸給の有無に關しては官吏たると否とに何等の關係を有せずして官吏にして俸給を受けざる者ありと雖も專任官吏にありては通常俸給の伴ふものなり而して

俸給の性質

其俸給の性質に就ては舊時の學者は私法上の權利なりと看做し官吏關係の公法上の關係なるを認めたる後に於ても此俸給權は尙私法上の權利と看做されたりと雖も誤謬の思想は遂に破れざるを得ずして今や又私法上の權利なりと主張するものあるを聽かざるなり嘗て臺灣高等法院判官たりし高野氏が大藏大臣に對して俸給請求に關する民事訴訟を提起せしも其管轄違なるの故を以て受理せざ

りしも此法理を表白したるなり俸給は公法上の關係に基きて發生するの權利なるが故に其必然の結果として俸給も亦公法上の權利なり俸給を私法上の權利なりと認めたりし學者は官吏の任命と同時に私法上の契約の締結せらるゝと看做せり即ち國家と國庫とは二個の別々の人格にして國家が其權力作用に依りて官吏を任命すると同時に國庫は之と私法上の契約を締結して體給を支拂ふの義務を約束するものなりとなしたるなりされど俸給の義務を負ふ國家も官吏を任命するの國家と同一の國家にして決して二個別々の人格にあらず又同一の人格が他の資格を以てするものにもあらず官吏を任命するは統治躰の主體たる國家と均しく義務を負ふも亦統治權の主體たる國家なり故に論者の見解の誤れるや知るべきなり

俸給か公法上の性質たるを明らかにするが爲めに往々俸給の性質を以て國家が其機關を適當に運轉せしむるの目的を以て其地位に相當の生活資料を支給するものにして官吏の利益を目的に支給するにあらずして國家の利益の爲めに支給せらるゝものなりと主張するものあり我公法學者中清水博士の如き其一人なりされど神を鎭靜し冷かに法理を覈ふれば其誤れるの說たるを知るを得べし即ち

總て權利は其公法上たると私法上たるを問はず利益を内容とするは權利の觀念を說明せるときに述べたる所なり即權利なりといふ以上は權利者の利益を保護するが爲めに認めらるゝものにして權利といへば其權利者の利益が之によりて保護せらるゝを其觀念の要素となす俸給が國家の利益の爲めに支給せらるゝとは俸給を權利たる性質に矛盾なる思想の表彰にあらずや又論者の說の如くんば同一の官吏に俸給の階段を設くるの理を說明する能はざるにあらずや故に論者の議論は到底之を維持するを得ざるなり

余輩が俸給を以て公法上の權利なりといふは其公法上の關係より生ずる權利なるが爲めにして國家自身の利益の爲めに與へらるゝが爲めに謂ふにあらざるなり而して其實質上の性質に就ては俸給も民法上の賃銀と異なる所なし之によりて官吏をして自己の職業となすを得せしめ其生活の經濟上の條件を充たすを得せしむるなり即國家が官吏の服務義務に對する反對給付なり

我國現行法により俸給の定め方を覈ふるに或は官によりて一定し或は勤務地によりて特別の加俸を支給し其他職務俸年功加俸等ありて各其支給の理由ありて本俸を補ふ爲め支給せらるゝなり

俸給は發令の翌日より資格の消滅したる月の終りまで毎月支給せらるゝを原則とす東京府の小學校教員の俸給は就職の當日より支結すとせるは一般に對する例外なりといふべし

今尚少しく俸給につきて研究せんに俸給は公法上の權利なるが故に之を私法上の債權の如く賣買讓渡及質入するを得ず何者現行法に於ては私法上の債權は右の行爲を認めたるも公法上に於ては之を認めざるを以てなり

俸給は一定の範圍即年三百圓以下の俸給は之を差押ふると得ず之れ我現行法の規定なり

俸給は之を辭するを得るや私法上に於ては權利は之を拋棄するを得るを原則とし又公法上に於ても議員の歲費は之を辭するを得る旨を明文を以て規定せるを以て亦疑を狹むの餘地なきも官吏の俸給は之を辭するを得るや疑問たり余輩は其明文なき以上は之を辭するを得ざると解するを以て正當なりと信ず一定の期間之を請求せざるときは權利消滅する旨を規定せるも之唯會計整理上の便宜の規定たるのみ

實費辨償を受くるの權

第二　實費辨償を受くるの權

俸給は其通常の服務義務に對する反對給付なること已に述べたるが如し故に官吏が公務の爲めに要する特別の費用は國家に對して辨償せしむるを要す其支給方法は或は年額又は月額を定め或は實際の費用のみを給することあり或は毎回一定の額を給するあり此權に屬する重なるものは旅費日當宿泊料食卓料交際費被服料筆墨費等なり

恩給を受くるの權

第三　恩給を受くるの權

恩給を受くるの權利も其性質は俸給に異なるなきも唯其異なる所は俸給は服務關係の繼續中にあると恩給は其消滅後にあると及權利主體が俸給の場合は常に官吏自身なるも恩給の場合は遺族なる場合あるの差あるのみ恩給を與ふの理由は官吏が其在職中全力を擧げて國家に奉ずる者なるを以て俸給以外に所得の淵源なきにより在職期間長き時は服務義務の消滅後に於て自己及遺族の生活維持の資料を貯ふるの余裕なきを以て國家は其在職中其全力を擧げて職務を盡さしめん爲に其在職中の服務義務の報酬として金錢を給付するの義務を負ふ者なり恩給の請求權は官吏關係の總ての消滅の場合に生ずるものにあらず官吏か自己の便宜により又は懲戒處分に因る消滅原因の場合は恩給を受くるの權は生せ

ざるなり

今我現行法に於ける恩給制の要點を擧ぐれば左の如し(官吏恩給法敎員退隱料)

一、恩給を受くるを得る者

國家に對して恩給を請求するを得るは判任官及判任待遇の官吏にして商業を行ふを得べき官吏にあらざる者

二、恩給を受くるの要件

在職滿十五年以上にして且年齡滿六十歲なるか又は創痍疾病の爲め職務に堪へざるか又は廢官廳若くは休職滿期なるが爲め退官したる者に給與せらるゝものにて其以外の事由にて退官したる者は請求の權なきものとす假令滿十五年に滿たざる場合と雖公務に爲めに創痍疾病に罹り職務に堪へざるが爲めに退官したるものには給與せられ又國務大臣は滿五年以上なるときは支給せらる

三、恩給年額

滿十五年以上十六年未滿は俸給年額二百四十分の六十を受け其後は一年每に二百四十分の一を加へ滿四十年に至りて止む

四、在職年數計算方法

就任の月より起算して退官の月を以て終る而して恩給を受くる者再び就任し滿一年以上在職して退官したる時は前後の年數を通算するものなり

五、恩給權の決定

恩給は三年以上請求せざるときは消滅時效に繫る恩給は本人の請求により本屬長官の證明し尙審査の上內閣總理大臣獨立の官廳として之を決定す公立學校敎員の場合は文部大臣又は府縣知事之を決定す

六、恩給額の標準

退官當時の俸給により恩給額を定め其再び就職したる場合に俸給前後異なる場合は之を比較して多きに從ひて支給す

七、恩給權の消滅及停止

死亡は請求權消滅の一原因にして重罪の刑に處せられ日本臣民の分限を失ひたるもの亦然り公權停止中のもの及判任官及判任待遇の任用を受け俸給を受くるものは恩給權停止せらる

第四　退官賜金

退官賜金を受くるの權

退官賜金の理由も恩給と同一なりと雖も是其將來の計畫を爲すを得ざるの間一時生活を維持せしむるの目的を以て其在職年數に應じて其退職當時半箇月俸額に在職年數を乘じたる額を一時に支給するものなり

遺族扶助料

第五　遺族扶助料

遺族扶助料も恩給と同じく官吏在職中は其子孫の爲めの計を爲すの餘裕なきを以て其死亡後に其子孫に對して其官吏の在職中の服務義務に對する反對給付なり而して其扶助料を受くるの遺族は其官吏生存するときは當然扶助すべき法律上の義務あるものに限るなり故に其義務關係消滅すべきときは扶助料の給與を受くのる權利も消滅すること亦論を俟たざる所なり例へば寡婦にして再婚し孤兒にして獨立の生計を營むの年齡に達したる場合の如き是れなり我現行制は官吏をして其在職中俸給百分の一を遺族扶助料の爲めとして國家に納付せしめ小學校教員は優待の一方便として市町村をして之を負擔せしめ以て遺族扶助料の基金とせり故に其性質は能く强制保險に相似たり此制度は官吏をして妻子の爲に憂ふることなく專心一意職務に從事せしめんが爲に設けられたるものなるにより之を受くるの權利も私法上の權利にあらずして公法上の權利なるは亦勿論なり

とす

一、扶助料を受くるの原因
判任官及其待遇にして在職十五年以上に渉り在職中死亡し又は恩給を受くものの死亡したるとき及在職十五年未滿なるも公務の爲め死亡したるとき但在職者にして死亡したるものが政府より恩給を受くべからざる官吏は此の限りにあらざるなり

二、扶助料を受くべき者
(イ)寡婦　夫の在職中に結婚したるもの
(ロ)孤兒　寡婦の扶助料を受くるものなき場合に之を受くるを得且其年齡滿二十年以下の未婚の者に限る又家名繼襲者を除くの外養子女は之を受くるを得ず又數多の孤兒中扶助料を給はるの順序を言へば家名繼襲者を先きにし其他の場合は男子を先きにし又年長者を先きにす例外として孤兒二十歲に滿つるも廢疾不具にして產業を營む能はず且他に之を給與するものなきに於ては扶助料三分の一を之に給與せらるゝなり
(ハ)父母祖父母　は扶助料を受くべき寡婦孤兒なき場合に於て扶助料を受く

ることを得其順序は父母より祖父母に及ぶなり

(二)兄弟姉妹　は特別の場合即滿二十歳未滿なるか又は廢疾不具にして之を給與するものなく且產業を營む能はざる場合に限り扶助料を受くることを得るものなり

三、扶助料の額

一般の場合には死亡官吏の受けたる又は受くべき恩給年額の三分の一に相當する額を受くるものなれども公務の爲めに受けたる創痍の爲めに死亡し又は非常の勤務に從事したるの故を以て發病死去し又は傳染病患者に接し該病毒に感染して死去し又は戰地に於て若くは公務執行中病氣に罹り死亡したるときは三分の二を受くるを得べきなり

四、扶助料を受くるの手續

遺族扶助料は三年以內に請求せざるときは時效によりて消滅するものなり而して其手續は請求書を地方長官に差出し地方長官は之を審查したる上に年額計算書を作りて證據書類を添付して內閣總理大臣に差出し內閣總理大臣は之を恩給局に下して審查せしめたる上之を決定するなり教員の場合は府地方長

官之を決定す

五、扶助料を受くる權の消滅及停止

(イ)寡婦の死亡及婚稼又は去家せしときは其翌月より消滅す

(ロ)孤兒の死亡及婚稼又は他家の養子女となり及年齡滿二十歲に達したるときは其翌月より消滅す

(ハ)父母祖父母の死亡又は去家したるときは其翌月より消滅す

(ニ)日本臣民の分限を失ひ又は重罪に處せれつるときは他に轉給す

(ホ)公權停止中は之を停止す

死亡賜金及一時救助金

第六　死亡賜金及一助救助金

文官在職中死亡したるときは其遺族に於て扶助料を受くるの權利の有無に關せず一時に數ヶ月分給付せらる之を死亡賜金といふ之れ遺族をして忽ちに生活の路を失ふの難を免れしめん爲めにして其性質は矢張遺族扶助料に異ならず現行法によれば高等官は其在職中なると休職中なるとを問はず在職最終年俸の三分の一を支給し判任官及公立學校の職員は三箇月俸を支給せらる

官吏在職十五年に滿たずして死亡し遺族にして扶助料を受けざるときは死亡賜

金の外に一助救助金を給與せらる其額は在職最終年額百分の一に在官年數を乘じたるものなり公立學校敎員亦同じ

- 官吏の權利
  - 身上の權利
    - 位階勳等權
    - 特別保護を享くる權
    - 地位の保障に對する權
  - 財產上の權利
    - 俸給を受くる權
    - 實費辨償を受くる權
    - 恩給を受くる權
    - 退官賜金を受くる權

第八款　官吏の義務

官吏の義務

官吏は或は官廳として或は其補助機關として國務を處理する公法上の服務義務を負ふものなり而して其義務の內容に就きては學者の見解を異にする所にして「レーム」氏は(一)職務履行の義務(二)職務上の秘密を保つの義務(三)品位を保つ義務の三大別をなし尚(一)の職務履行の義務を別ちて(イ)事實上の勞務給付の義務(ロ)職務を執行するの義務(ハ)官廳所在地在住の義務(ニ)適法なる上官の命令に服從する義

官吏の義務の本質

務の四に小別して之を論じたりしが後年進歩せる思想は之を學問的に彙類して忠實の義務服從義務の二となすに至れり蓋(イ)及(ハ)は必竟(ロ)の義務の當然の結果にして(ロ)も亦服從義務の履行の方法に過ぎず又(ニ)及(三)は忠實義務の內容たるに過ぎざるを以て余輩は官吏義務を斯くの如くに二大別なるを以て學問上至當なりを信ず何か故に學問的なりや乞ふ少しく辯明する所あらん

抑も義務は權利の對象たり其對象たる權利の本質は法律の認めたる利益を主張する意思の力なり故に權利の內容中實質は利益にして其形式は法律によりて主張し得べき意思の力なり而して任用關係によりて義務を負ふものは主として此意思の上に立つが利益の上に立つべきは理の當然なりといふを得べし故に其義務が具體的に意思の上に立つときは服從義務となり又其利益の上に立つとき即ち任用者の利益となるや否やを被任用者自己の裁量によるべきときは忠實の義務となるなり即權利の本質を意思と利益と區別し得べきが如く其對象たる義務の本質は服從と忠實とは劃然區別し得べきものたるを以て斯くの如く其本質により彙類して說明するは種々の義務を混亂して說明するに比して其學問的たるを主張するものなり

今左に項を別ちて其義務を說明すべし

第一項　服從の義務

服從の義務

官吏は國家の機關として國家の事務を整理する者なるが故に其行ふ意思は國家の意思なり故に國家の意思に從て行動せざるべからず而して其國家の意思は或は法規として或は處分として或は訓令又は服務命令として種々の形式を以て現はるゝを以て官吏は之に服從して行動するを要す之れ國家の機關として當然の結果なり國家の機關として上述の如き拘束を受くる官吏は國家に對する內部關係に於ても服從の義務を負ふは亦言を俟たざる所なり而して其服從の義務は國家に對して負ふの結果其國家機關たる上官が國家機關として要求する意思にも從はざるべからず故に服從義務は(一)職務を執行する義務(二)上官に對して從順なる義務に區別するを　べし

職務執行の義務

第一　職務執行の義務

官吏は其官職相當の國務を處理するの義務を負ふ是れ官吏義務の最も重なるものなり而して其職務執行の義務は官吏常に其官衙の所在地に住居して執務時間中官衙に出頭して勞務を提供し尙誠實に其職務の目的を達するが爲め全力を盡

し充分なる注意をなして之に從事せざるべからず故に官衙の所在地に住居する能はざる場合及出頭執務する事能はざるときは或は許可を受け又は其事由を屆出でざるべからず國家は事由によりては其缺席を不當と認め得べきときは之に責任を負はしてて義務を履行せしむる爲め法律上の或效果を歸せしむることあり上述する所は我現行法に於ては官吏服務規律第一條第六條及小學校令施行規則第百三十三條乃至第百三十七條に之を規定せられたり

從順の義務

第二　從順の義務

從順義務とは職務上の上官か其下級の官吏に對して行使する國家の意思即服務命令に遵由する官吏の義務を謂ふ官吏服務規律第一條に官吏は其職務につき本屬長官の命令を遵守すべしと之此義務を明言したるなり

訓令と服務命令

玆に本論に入るに先だち說明を要するは服務命令と訓令との區別之れなり從來の學者は多く之れを區別せざる所なりしも余は美濃部博士の論文に於て始めて此議論あるを見て暗夜に燈光を認めたる感ありたり即訓令は上級官廳か下級官廳に對する命令にして服務命令は上官が下官に對する命令にて兩者は官廳と官吏と異なかが如く全く別異の觀念なるを注意せざるべからず今玆に論ぜんとす

るは訓令にあらずして其官吏間の服務命令なりとす
服務命令は一般の法則に關するものあり或は個々に現實の場合に關するものあり一般的法則を定むる服務命令は例へば庶務規定の如き是れなり斯くの如き一般的の法則といへども服務命令は法規にあらざるが故に其個々の場合に於ける書類と又は口頭の命令との間に輕重の差異なきは尚法規と處分との輕重なきが如しされど處分は法規に違反するを得ざるの規定あるも個々の場合の服務命令は一般的の法則を定むる服務命令と其效力全く同一なる故に何時に於ても一般的の服務命令に違反するの個々の命令を發し得べしと謂はざるべからず

服從義務の界限

官吏は上官の服務命令に遵由するの義務あるは上述の如しと雖も其義務は今日の法治國に於ては絕對無限のものにあらずして一定の界限ありて其界限以外には之を命令するを得るものにあらず從て遵由の義務存在することとなし此界限を定むるは最も重要なる問題にして學說の紛々たる行政法學中難解の所たり今之に關する學說の一二を擧げ之を評論してより余輩の眞理とする所を說明すべし

絕對服從說

第一說　下級官吏は上級官吏の命令に對し絕對に服從の義務ありとの說
此說を主張する者は曰く上級官吏は其上官の監督を受くるの外自己の發した

る命令は下級官吏に對しては絕對的の拘束力を有し下級官吏は其命令を批判し憲法其他の法令に適合するや否やを見て其服從の拒否を決することを得ず何となれば上官は下官に對して常に優等の法規解釋權を有し上官の適法と認めたるものに對し下官は之を不適法なりと認むるを得ず否下官は之を適法と認めざるを得ざればなり今若し上官の命令にして下官に於て違法と認め其服從を拒み得るの自由を有すとせば權力は漸次下官に移り其效果は監督制度の組織を紊し終に行政統一の基礎破壞せらるゝに至るなりと

此說は一見論理の經路に於て缺くる所なく整然たるが如しと雖も是れ論者が監督權の作用にのみ重きを置きて立論せる結果にして官吏が上官の命令を受くると共に又法令にも準據して職務を執らざるべからざるを知らば其議論の價値も亦知らるべきにあらずや上官の命を輕んずべからざるは勿論なりと雖も違法の命令は上官より發したればとて適法となるを得ず而して官吏は總ての法令に準據して其職務を執るべきの結果違法事務を執行するの義務なく從て上官の命令に出づると雖も猶之を行ふを得ざるや明かなり即文面上直ちに違法なるとの明かなる場合の如き例之は此法律は沖繩縣及北海道には施行せ

ずとある場合に上官の命令なりとて之を沖繩縣及北海道に執行するが如きは其命令によりて執行したる官吏は上官の命令なればとて其責任を免るゝを得ず其他職務上の上官以外の者の命令の如き又自己の職務に屬せざる命令の如き即內務大臣が府縣知事に司法裁判事務を處理すべきを命し學校長が敎員に犯罪人の搜索及逮捕を命したりとて其府縣知事及び部下敎員は上官の命令なれとも其服從を强いらるべきにあらざるなり

斯くの如く上官にして其權限外の事に就て命令をなしたる場合は已に國家の機關たる上官の命令にあらずして一私人の命令なり從て官吏は一私人の命令に服從するの義務毫も存在せざればなり此點を於て本說の到底維持すべからざるや知るべきなり

形式に於て違法の場合は服從を要せずとの說

第二說　上官の命令が形式に於て違反するときは服從を要せざるも其內容に於てのみ法令に違反する場合は下官は之に服從せざるべからずとの說

此說は下級官吏の上級官吏の命令の審査權の範圍如何の問題によりて決せらるべきなり而して此說を主張するものは上官の命令に對する下級官吏の審査權は左の三點に及ぶべきものなりとせり

一、上官の命令が正當の形式を具備するや否や

二、上官の命令が其權限内の事項なりや否や

三、受命者たる下官の權限内の事項なりや否や

以上述ぶる三點中何つれを缺ぐとも官吏は上級官吏の命令に服從するの義務なく之を遵由したるときは之が責任を負はざるべからずと此は能く事理に適せざるが如きも詳らかに之を精竅すれば其正鵠を得たるものにあらざなり今其理由を左に畧述すべし

一、其第一要件たる上官の命令が正當の形式を具備するや否やを審査して其正當の形式を具備せしときは之に服從するを要するも其否らざるときは之を要せずといふと雖も形式が豫め一定する場合は論なきも上官の命令は多くの場合に於て形式の一定するもの法規なく爲めに便宜の方式によりて命令する場合多きを之を以て以て服從關係を定むるが如きは危險にして且不能の事なりといふべし

二、上官の命令の有效なる第二要件は上官の命令が其權限内の事項なるを要すと論ずと雖も其權限内の命令なるや否やは下級官吏の審査權に服すべきも

のにあらず即ち解釋權は上級官吏に歸屬すべきを以て從て其解釋は下級官吏を拘束すべきなり權限の解釋に就ても亦然り故に上級官吏が自己の權限なりとして下したる命令に對しては下級官吏は自己の主觀的見解を以て其命令を權限外なりとして服從を拒むを得ざるなり

三、上官の命令として有效なる第三の要件は其受命官吏の權限內なるを要すと故に其命令にして若しも其官吏の權限に屬せざるときは之を遵由し服從するの義務なしとされど此解釋は其範圍を狹小にしたるの議論にして即權限といへば曩きにも述べたるが如く外部に對して代用するの作用に止まるを以て其以外の場合に於て上級官吏の下す命令を說明する能はざるの缺點あり即ち上官の命令は多くは其下官の權限問題とは關係なくして單に事實上の作用に止まることあり即書類の整理を命じ諸種の事項の調査を命じ出張を命じ敎案の作製を命じ兒童の看護を命ずるが如き內部作用の事實關係に止まるを以て此場合は權限問題を以ては說明する能はざるを以て此說も又完全の說といふを得ず

斯くの如く第一第二の說は共に不完全なるを以て其眞理は之を他に求めざるべ

職務上の上官より職務に關して發したる命令にのみ服從義務ありとの説

からず而して美濃部博士の説は余輩の採りて以て規矩とすべきものなりと信ずるか故に博士の説を左に揭げて余輩の説明に代へんとす

三十八年中央大學行政法講義錄三百六十頁に曰く

余輩の信ずる所に依れば上官の命令が下級官吏を拘束する力を有するは唯左の二要件を必要とするのみ

一、其命令は職務上の上官より發したるものなるを要す　何人か職務上の上官なりやは官制に依りて定まり官吏は官制の規程に從ひて何人か自己の上官なりやを自ら判斷するの權利と義務とを有するなり職務上の上官にあらざれば服從命令を發するを得ず是れ疑ふべからざる點なり

二、上官の命令は職務に關するものならざるべからず　職務に關係なく命令者の一身上の利益の爲めにするもの又は受命者の私の生活に關する事項は如何なる場合に於ても服從命令の目的たることを得ず官吏の私の生活は官吏の義務に無關係なる問題にはあらす官吏は職務以外に於ても品位を保つの義務を有することは後に述ぶるが如しと雖も官吏の一身上の生活は服務命令を以ては之を强制するを得ざるなり

以上の二の要件を備ふる場合には上官の命令は原則として常に下級官吏を拘束するものなのり然れども此原則に對しては二の例外を認むることを要す

一、官吏は時として同時に二箇以上の上官を有して而し其多數の上官が其れ自身又上下の階級を有することあり斯くの如き場合に於ては官吏は總ての上官の命令に服從するを原則とすと雖も若し下級の官吏の命令が一層上級なる上官の命令に牴觸したる場合に於ては官吏は唯一層上級なる上官の命令に服從するの義務を負ふのみ上官の命令はそれ自身に於ては拘束力を有するものなれど尙其一層上級なる上官の命令に牴觸するによりて其拘束力を失ふものなり

二、官吏は時として其職務の一部又は全部に對して上級官吏の命令に服せざることあり即其職務の執行に當り自己獨立の判斷を以て之を處理する權を有し此點に於ける上官の命令は不法の干涉と看做さるゝものなり官吏が斯くの如き獨立の判斷權を有する場合は之を稱して職務上の獨立といふ

職務上の獨立を有するの最も明瞭なるは裁判官なり裁判官も又上官を有し其服務命令に服從するものなれども其本來の職務たる判決に關しては全く上官

の命令の下に立つことなし啻に裁判官のみならず行政官に於ても或は法の明文により或は職務當然の性質に基き斯くの如き職務上の獨立を有する者尠からず行政裁判官は明文を以て保護せらるゝと否とを問はず職務上の獨立を有するは疑を入れず其他會計檢査官學校の敎官等は會計の檢査學說の敎授に就ては上官の命に服從するものにあらざるは職務當然の性質上より生ずる當然の結果なりと

今回の大學紛擾の根源たる戸水博士の休職に對する抗議の如き文部大臣が此職務上の獨立權を無視したる不法の處置なるとの點にありて感情上の暴擧にはあらざるなり敎授の方法の如きは獨り大學に於てのみ獨立にあらずして小學校の敎授の如きも敎則の目的小學校の本旨に反せざる限りに於ては職務上の獨立權の範圍內なり校長といへども猥りに干涉すべきにあらざるなり地方の郡視學が其方法に關して猥りに干涉する如きは能く聞く所なるが之れ不法越權の行爲たるが故に玆に一言して置くのみ

第二項　忠實の義務

忠實の義務は法律上の義務なりや否やは學者間に議論の存する所にして或は單

に道德的のものなりと論するものありといへども官吏にして假令能く法律命令に準據し上官の命令に對して違反する所なきも其全力を盡さずして不注意粗漏に其職務を行ふときは官吏は其義務を盡したるものにあらずして法律上の責任を負ふの效果を發生するが故に官吏は法律上服從義務以外に忠實の義務ありといはざるべからざるのみならず其獨立存在は權利の內容に對する對象の論理の必然の結果たるべきは既に曩き說きたるが如し

忠實の義務が如何なる內容を有すかは一々具體的に論じ盡し得ざる所なりされど其本質上より考竅すれば職務を執行するに當りて身體上精神上の全力を擧げて公益即國家の利益に適合することを努むべきにあるは一點の疑なき所なりとす

斯くの如く其忠實の義務は全力を捧げて國家の利益に適合するを努むべきものなるが故に其利益を計るには其義務を積極的と消極的とに區別するを得べし其積極的の效果は努めて國家の利益に適合すべき作爲を爲すにあり消極的の效果は國家の不利益を來すべき行爲を避くるにあり而して其積極的方面に於ては一定の法則を以て豫め其限度を定めざるを普通とするも小學校敎員には小學校令

秘密を守る義務

施行規則第百三十三條を以て學校長及教育は教育に關する勅語を奉體し法律命令に從ひ誠實に其職務に服すべしと規定せり其他の官吏に對しては專ら消極的方面のみを規定せり忠實の義務より生ずる消極的効果の第一は秘密を守るの義務なり官吏は職務に關聯して聞知したる秘密を他人に漏すべからざるの義務を負ふなり而して其秘密に屬する事項なりや否やは法律上一定の標準なきが故に之を定むるには慣習及上官の意思表示によりて定まるべきものなりと信ず即ち之を書類に就きていへば親展書類の內容又は未だ發表せざる起案中の文書の內容及上官より秘密なりとして命ぜられたる事項の如き之れなり斯くの如き秘密を漏すは國家の不利益なるを以て官吏は其忠實の義務を負ふの當然の結果として之を守らざるべからず之を學校內部の事につきていへば職員の進退上の事懲戒の事生徒の懲戒の如き事につき未だ發表せざる以前は秘密に屬すべきにして之を漏洩するは忠實の義務に違反したるものとして懲戒を受けざるべからす現行法に於ては服務規律第四條及第五條に於て明文を以て之を規定せり而して其義務は其在職中なるのみならず其官吏關係消滅後に於ても尙存續するは一の例外たり而して其秘密を守るの義務の結果は假令裁判所に於て證人鑑定人として

召喚訊問せらるゝ場合と雖も本屬長官の許可を得たる件に付てのみ供述するを得故に其許可を得ざるときは證言を拒むも罪とならざるのみならず却て其義務あるものなり

品位を保つの義務

官吏は忠實の義務の消極的の結果として秘密を守るの外種々の行爲上の制限を受く今之を左に列擧すべし

一、官吏は職務の内外を問はず廉恥を重んじ貪汚の所爲あるべからず又威權を濫用せずして謹愼懇切ならざるべからず之れ學者の普通品位を保つの義務と稱する者なり(服務規律第三條)

其他の制限

二、官吏は共職務に關し慰勞謝儀其他何等の名義あるに拘はらず本屬長官の許可を得るにあらざれば他人の贈遺を受くるを得ず(同第八條)

三、官吏は許可を得ざれば營業會社の社長又は役員となるを得ず(同第七條)

四、官吏は天皇の裁可を得ずして外國の君主又は政府より勳章又は褒賞を受くるを得ざるは第八條第二項の規定する所なり

五、官吏は官廳の工事を請負ふ者其他政府より財産上の利益を受くる者と職務上の關係ある官吏は其者より饗應を受くるを得ず(同第九條)

六、官吏は職務の內外を問はず所屬官吏より贈遺を受くるを得ず(第十條)
七、官吏及其家族は許可を受くるにあらざれば直接と間接とを問はず商業を營むる得ず(同第十一條及小學校令施行規則百三十八條第二項)
八、官吏は取引所相塲會社の社員たるを得ざるのみならず直接にも間接にも相場商業に關係するを得ず(第十條施行規則百三十八條)
九、官吏は私立の郵船會社又は私立の鐵道會社より無賃乘船乘車切符を受くるを得ず(第十五條)
十、官吏は浪費して產を破り其分に應せざる負債をさすは其過失なり(同第十四條)
十一、官吏は許可を得ずして給料を得て他の事務を行ふを得ず(同第十三條及小學校施行規則第百三十八條)
以上述ぶる所は高等官判任官及俸給を得て公務を俸する者の一般に適用せらるるなり其他敎員には特別の制限あり即ち古き規則なれど今尙ほ效力を有して敎員を支配するは明治十四年六月文部省達十九號を以て發布せられたる小學校敎員心得なり而して其本文に曰く『小學校敎員心得別冊の通相定候條右旨趣に基き

懇篤敎誨を加へ敎員の本分を誤らしめざる樣可致此旨相達候事』とあり而して其達は府縣知事に對してなしたるもなるが故に其性質は即ち訓令なりとす其心得は今日は既に忘れ居る人なしとも限られざれば今左に其全文を掲げて以て記臆の再現に供すべし

小學校敎員心得

小學校敎員の良否は普通敎育の弛張に關し普通敎育の弛張は國家の隆替に係る其任たる重且大なりと謂ふべし今夫小學校敎員其人を得て普通敎育の目的を達し人々をして身を修め業に就かしむるにあらずんば何に由てか　尊王愛國の志氣を振起し風俗をして淳美ならしめ民生をして富厚ならしめ以て國家の安寧福祉を增進するを得んや小學敎員たる者深く此意を體すべきなり因て其恪守實踐すべき要欵を左に掲示す苟も小學校敎員の職にある者夙夜黽勉服膺して忽忘することと勿れ

一人を導きて良善ならしむるは多識ならしむるに比すれば更に緊要なりとす故に敎員たる者は殊に道德の敎育に力を用ひ生徒をして

皇室に忠にして國家を愛し父母に孝にして長上を敬し朋友に信にして卑幼を

慈し及自己を重んずる等凡て人倫の大道に通曉せしめ且常に己が身を以て之が模範となり生徒をして德性に薰染し善行に感化せしめんことを務むべし

一智心敎育の目的は專ら人々をして智識を廣め材能を長し以て其本分を盡すに適當ならしむるにあり豈徒に聲名を博取し奇功を貪求せしめんが爲ならんや故に敎員たる者は宜く此旨を體認し以て生徒智心上の敎育に從事すべし

一身體敎育は獨り體操のみに依著すべからず宜く常に校舍を淸潔にし光線温度の適宜及大氣の流通に注意し又生徒の健康を害すべき癖習に汚染する等を豫防し以て之に從事すべし

一陋吝の心志陋劣の思想の懷くべからざるは人々皆然りと雖も特に敎員たる者は自己の身上に於て最も謹で之を除去せざるべからず盡し幼童の智德を養成し身體を發育するの重任に膺り以て世の福祉を實行するの實效を奏するは固より鄙吝陋劣にして偷安貪利を事とする徒の敢て能くすべき所にあらざればなり

一學校管理上に缺くべからざる快活の氣象は心神萎靡せる人の能く具有すべき所にあらず又生徒敎授上に缺くべからざる許多の勞力は身體孱弱なる者の能く

寧耐すべき所にあらず是故に敎員たる者は宜く特に起居飲食等の常度を守り散欝及運動等の良規に循て其身心の健康を保全し以て其義務を盡すの地を做さんことを務むべし

一敎員たる者は唯小學校敎則中に掲ぐる所の學科に通ずるのみを以て足れりとせず博く敎則外の學科に涉らんことを要す苟も此の如くならざれば倏ち敎授上に破綻を生じて生徒の信憑を失ひ遂に其身を學校の上に置く能はざるに至るや必せり

一敎員たる者は常に整然たる秩序に由り學識を廣め以て其心志を練磨せんことを務むべし否らざれば決して敎授の實效を奏する根底を立つる能はず蓋し我練磨せざれるの心志を以て能く他人の心志を練磨し得るのものは未だ曾て之あらざるなり

一師範學校に於て嘗て練習せし所の敎育法は概其一樣子たるに過ぎざるなり故に敎員たる者は徒に之を踏襲するを以て足れりとせず宜く常に自ら其得失利病を考究取捨し以て之を活用せしことを務むべし

一人の心神及身體の組織作用に至りては敎員たる者最も深く意を留め講究と經

驗とに由て其原理實際に精通せんことを要すべし否らざれば假令孜々として敎育に從事するも遂に臆度妄作の弊を免かるゝ能はざるなり

一學校管理の事は之を敎授の事業に比すれば更に困難なりとす故に敎員たるものは常に人情世態を審かにし通義公道を辯じ且事を處するの方法務を理するの順序等を暗練せざるべからず

一校則は校內の秩序を整肅ならしむるに止まらず兼て生徒の德誼を勸誘するの要具たり故に敎員たるものは此旨趣を體認し以て之を執行せざるべからず

一熟練懇切黽勉の三者は亦敎育上に缺くべからざるの美事なり故に敎員たる者能く此三者を具備して其事に從ふときは獨敎授の實效を奏するを得べきのみならず又生徒をして不知不識此等の美事に感化し習慣自然の如くならしむるに至るべし

一學校を統率するは殊に剛毅　忍耐　威重　懇誠　勉勵等の諸德に由るべし蓋し剛毅にあらざれば難に勝る能はず忍耐にあらざれば久を持する能はず威重にあらざれば人を服する能はず懇誠にあらざれば衆を懷くる能はず勉勵にあらざれば事を成す能はず

一生徒若し黨派を生じ爭論を發する等の事あらば之を處置する極めて隱當詳密にして偏頗の弊なく苛刻の失なからんことを要す故に敎員たる者は常に寛厚の量を養ひ中正の見を持し就中政治及宗敎上に渉り執拗矯激の言論をなす等のことあるべからず

一人として善良の性行を有すべきは言を俟たずと雖も敎員たる者に至ては最善良の性行を有せざるべからず否らざるときは獨り幼童の德性を涵養し善行を誘掖すること能はざるのみならず却て其天賦を戕賊するに至るべし蓋し幼童の中心たる至虛至冲にして外物の爲めに感染せらるゝこと極めて鋭敏なればなり

一敎員たる者の品行を尙くし學識を廣め經驗を積むべきは亦其職業に對して盡すべきの務めと謂ふべし蓋品行を尙くするは其職業の品行を貴くする所以にして學識を廣め經驗を積むは其職業の光澤を增す所以なり

斯くの如く敎員は特別の服務規程あるが故に服務規律以外之を道守するの義務あり而して其義務に違反するときは懲戒の處分を受くるものとす其他敎員は明治二十八年四月二十七日小學校敎員私宅敎授及贈遺受領者に關する取締方につ

きて文部大臣は訓令を東京府知事に發し其他の地方長官及兩高等師範學校長には普通學務局長よりの通牒あるか故に之にも服せざるべからず今其取締旨趣を明かにせんが爲めに左に其全文を掲出すべし

小學校敎員私宅に於て敎授時間外に其生徒を敎授するときは生徒身心の發達を害するのみならず徒らに敎授の標準を高め生徒管理上偏愛の嫌疑を受くるに至り且敎授の準備を妨ぐること尠からざるべし又敎員小使等に於て生徒若くば父兄の贈遺を受くるが如きは是亦生徒間の感情を害し一般就學の妨と爲る等敎育上弊害尠からず候條特に公立小學校に在ては注意を加へ嚴重の取締をなすべし

其他三十五年七月文部省訓令第五號學校の風紀振作に關する件に職員にして生徒を使嗾煽動する如き行爲あるものに對しては其機を失せず相當措置して校規の振起を務むべき旨ありと雖も之れ忠實義務に違反したる場合の處分の方針を示したるものに過ぎずと信ず

小林歌吉氏は其著敎育法第二編第二部第五章第二節敎員の義務論に於て學務委員を辭するを得ざる義務、體罰に關する義務、議員となるを得ざるの義務等を掲げられたりと雖も是れ等は服務規則上の義務として掲出するは學問上稍疑はしき所あれば淺學不熟の獨斷を下すは余輩の本旨とする所には反すれども簡單に所見を左に開陳して其茲に特に掲ぐるの誤解たるを論ずべし

現行法上學務委員に關する規定は小學校令第六十二條にして其第四項には學務委員には市町村立小學校男敎員を加ふべしとありて學務委員の執行すべき事務の一部は國務なるが故に小學校敎員は其服務關係の開始と同時に學務委員を命ぜられて其職務を盡すべきの地位にあるものなりと信ず故に小林氏の如く之を辭するを得るや否やの義務を議論する餘地なきのみならず氏は市制及町村制第八條第六の場合には之を辭するを得ると論ぜるは其性質を誤れるの議論なりといふべし

次ぎに體罰に關する義務として論ぜるは是れ敎員の懲戒權の範圍を示したるまでにして特に斯かる義務を規定せるものにあらず若し氏の此例によれば法令によりて定めたる制限は悉く其義務として論ぜざるべからざるに非ずや氏も官吏の服務規律か敎員に適用せらるべきは承認せるが如し若し然りとせば服務規律第一條の法律命令に從ひて其職務を盡すべしとのことあるを知らざるものとい

はざるべからず若し又體罰論は敎育社會に於て重大なる事なるが故に特に論せしといはんか若然りとせば一言之を斷はらざりしは粗漏不親切なりとの評は免れざるべからざるものと斷言す

次ぎに氏は敎員は衆議院議員府縣會議員郡會議員となる能はざるの義務ありと掲げられたりされど抑義務なる觀念は權利の對象たり茲に義務ありといへば其反面に權利あるは明かなるの理なり然るに權利の所在は何處なるや氏も恐らく之れには明答を與ふる能はざるべし故に義務として然かも服務上の義務即國家に對する義務として論ぜられたるは此理を誤りたるものなりといふべし余輩の見解によれば是れ政治上の理由による議員の資格の制限にして反對に敎員の方面より見れば服務義務の結果より生ずる公權の制限にして決して義務其者にはあらざるなりと信じて疑はざるなり例に依りて本欵に述べたる所を左に圖によとて掲出すべし

- 官吏の義務
  - 服從の義務
    - 職務執行の義務
    - 從順の義務
  - 秘密を守るの義務

忠實の義務
品位を保つ義務
其他の制限

第九欵　官吏の責任

官吏の責任

官吏は國家の機關にして其職務を行ふに關して國家に對して種々の義務を負ふは既に述ぶるが如し而して若し官吏にして其義務を履行せざるときは法律上一定の效果を發生す之を責任といふ其責任は官吏か官吏法に違反したるときは之を官吏法上の責任といひ又其職務を執行するに際りて民事上の效果を發生するときは民事上の責任と稱し刑法上の效果を發生するときは之を刑事上の責任と稱す民事上及刑事上の責任は本來民法及刑法の範圍に屬すべきものなりと雖も其原因は共に官吏の職務上の行爲にして而して官吏の職務は行政法の範圍に屬すべき問題なるが故に其限度に於ては民事上及刑事上の責任も亦茲に論ずるの必要あり故に今左に項を別ちて之を論ずべし

第一項　官吏法上の責任

官吏法上の責任

官吏が其職務執行に際して其官吏法上の義務に違反したるときは其效果として

懲戒處分を受けざるべからず而して其懲戒處分は刑罰と同じく法規違背に對する制裁なりと雖も兩者は其本質を異にするを以て懲戒の性質を知らんとせば先づ其刑罰との區別を明かにするを要す

懲戒處分と刑罰との差異

懲戒處分は官吏法上の義務違反に對する制裁にして官吏法は官吏關係の秩序を維持するの法規なるを以て從て刑罰と懲戒は其基く權力に於て目的に於て及其原因に於て異なれり

一、懲戒處分と刑罰との其基く權力上の差異

刑罰は國家統治權に基く法規違反の制裁なるに反して懲戒處分は官吏に關する特別の服務關係に基く制裁なるの差ありて而して其の懲戒處分は臣民なるが爲めにあらずして官吏關係の開始によりて發生するものなるは前に論じたる生徒の服務關係と同一なりとす

二、懲戒處分と刑罰の目的上の差異

刑罰は國家公共の安寧秩序を維持するを目的とするも懲戒處分は專ら官吏關係の秩序を維持するの差あり

三、懲戒處分と刑罰の原因に於ける差異

刑罰の原因は法益侵害の所爲なるに反して懲戒處分は專ら官吏法上の服務義務違反の所爲なるの差あり

以上述ぶるが如く懲戒處分は刑罰と其性質を異にして生徒の服務關係に對する責任と全く同一なり而して生徒の責任に就ては已に第三編第三章第一節に於て詳論したる所の如きを以て彼を以て是に適用し得べきが故に更に改め論ずる必要なきを以て茲には懲戒すべき場合に關する現行法規と其方法と及其機關につきて略述すべし

一、懲戒すべき場合

文官に對し懲戒すべき場合は明治三十二年三月勅令第六十三號文官懲戒令に之を規定せり同令によるときは懲戒すべき場合を左の二とせり

（イ）職務上の義務に違反し職務を怠りたるとき

（ロ）職務の内外を問はず官職上の威嚴又は信用を失ふ所爲ありたるとき

小學校の教員に關しては小學校令第四十八條に同一の規定あり又其他公立學校職員の懲戒は明治卅二年七月勅令第三百四十九號を以て文官懲戒令を準用すべき規定あり余輩の教員は官吏なりとの見解によれば此等の規則は無用なりと信

ず之を以て之を見れば文官たる官吏と公立學校たる敎員と區別せるは明也されど余輩の敎員は官吏なりとの實質上の議論は之が爲に動かざる也

二、懲戒の方法

は文官懲戒令第三條に規定し小學校敎員の懲戒方法は小學校令第四十八條に規定せり左の如し

（イ）免官

（ロ）減俸

（ハ）譴責

是れなり而して免職を受けたる時の效果は二箇年間再び官職に就くを得ず又其情狀重きものは位記を返上せしむることあり減俸は一箇月以上一年以下年俸月割額又は月俸の三分の一以下を減ず譴責は公然の叱責にして公示す

三、懲戒の機關

懲戒處分は官吏の義務履行を强制するの方法なるを以て各官廳部內に懲戒委員會なるものを置きて審查して其本屬長官之を行ふものにして譴責は懲戒委員會の審查を經ずして本屬長官之を行ふ小學校敎員の場合は審查委員會の設けなき

を以て府縣知事之を專行するなり

第二項　刑事上の責任

刑事上の責任

官吏は其職務上の行爲によりて啻に懲戒處分を受くるのみならず其所爲か法益を違反するときは刑法上の責任を負はざるべからず官吏が職務上の所爲によりて刑事上の責任を負ふ場合の犯罪を職務犯と稱す

職務犯罪

職務犯罪は單純なる服務義務の違反のみにあらずして其職權の濫用によりて刑事法益を侵害したる場合の制裁なり而して其職務犯罪は官吏の權限內に於ての所爲ならざるべからず若し其權限の範圍外なるときは純然たる一私人の所爲なるを以て本論の範圍外なり

準職務犯罪

職務犯罪は斯くの如く官吏が國家の權力を不法に濫用したる行爲なるを以て官吏が職務上の行爲による犯罪にあらずして官吏たる身分か其犯罪を科し又は加重する場合は職務犯罪にあらずして準職務犯罪たり逮捕官吏か惡意を以て無罪者を逮捕監禁したる場合(刑法七八二)及裁判官か被告を曲庇陷害する目的にて不法の判決をなしたる場合(刑法八七二)はに於て前者は即職務犯罪に屬し官吏收賄罪監守盜の如きは後者即準職務犯罪なり

教員は兒童を看護監督する法律上の義務を負ふものなるが故に其結果として特殊の準職務犯あり得べし即其監督する兒童が刑法上の犯罪責任無能力者なる場合に於て其者が他人に對して犯罪行爲を爲すに當り故意に之を遮斷せざるときは他人の行爲なりとて其責任を免かるゝ能はずして不作爲犯罪行爲者として其被監督者の所爲に對する責任を負はざるべからず斯くの如く其監督者たる責任や重く或は之が爲めに犯罪に陷るものなきにあらざれば其位置にあるものは一應此理を知るは緊要の事なりと信ずるが故に今其概要を少しく論ずるは決して無益の業にあらざるなり

教員の其被監督者の所爲に對する責に任ずる不作爲犯の法理を知らんと欲せば不作爲犯の何者たる事及責任無能力者の如何なる者たるやを說明すれば其犯罪は明かなるべきを以て左に項を別ちて說明すべし

第一　不作爲犯

不作爲とは作爲に對する言葉にして消極の行爲にて即事物の進行を遮斷せざるの狀態をいふ例之は其被監督者が及物を以て人を斬らんとする場合に之を遮斷せざる如きは即不作爲の擧動なり而して其不作爲即消極行爲か犯罪となる場合

は其遮斷すべき法律上の義務ある場合ならざるべからず例之責任無能力者の親が其子の犯罪行爲をなすに當りて之を遮斷せざるが如き場合及責任無能力者たる兒童が犯罪行爲をなすに當りて其監督の任ある敎員が之を遮斷せざるが如き場合は其子の犯罪行爲及其被監督者たる兒童の犯罪行爲の責任を負ふ之を不作爲の犯罪といふ以上述ぶる所によりて不作爲犯の何者たるやは明かになりたるべきを以て次ぎに責任無能力者に就きて略述すべし

責任無能力者

第二　責任無能力者

責任無能力者の意義を述ぶるに先たち責任なる語の意義を明かにするの要あり責任といふ語は日本に於て之を三種に使用す第一は身體の動作と其本人とを連絡する精神上の關係即或外部の擧動ありたるときに其擧動は其本人に出でたりといふを得べき精神狀態をいふ第二は行爲より生ずべき法律上又德義上の制裁をいひ第三は義務といふ意味に於て是を使用せり而して茲に論ずる責任とは第一の意義に於て使用す而して身體の動作を目して責任あるの行爲となすには責任能力者の行爲たるを要し及責任條件を具ふるを要す故に責任無能力者の行爲は犯罪たる能はず而して其責任能力は精神の作用完全にして且其發育充分なる

責任條件

を要するが故に精神に故障ある者即狂者及瘖啞者及十二歳以下の幼者は絕對的無責任なり本論に於て狂者は範圍外なるを以て其研究は之を刑法に讓る瘖啞者及十二歳以下の幼者は其行爲に就ての責任を負はざるが故に其監督者たる敎員に於て之を負はざるべからず十二歳以上十六歳以下のものも相對的に即是非を辨別する能はざるときは無責任たるを以て此場合も亦然りとす

第三　責任條件

以上論述する如く瘖啞者及十二歳以下の幼者又は十二歳以上十六歳以下にして其所爲の是非を辨別する能はざるものゝ監督者たる敎員は其監督時間中に於て其被監督者たる兒童の責任を負ふと雖も常に然りといふにあらず其責任を負ふには責任條件を具へたる場合ならざるべからず責任條件とは何ぞ故意及過失に出でたる行爲ならざるべからず故に觀念と對象との齟齬せる錯誤の場合例之其被監督者たる兒童か石にて立木を打つならん意識する場合に他の人を打擊せし場合の如きは刑法七十七條第二項によりて無罪なり

故意とは犯罪の搆成要件及刑罰加重條件たる犯罪事實を認識して犯罪行爲を決心する意思の狀態にして例之兒童が人を傷くるを認識し之を遮斷せざる決心を

謂ふ故に兒童が犯罪行爲をなしたりとも斯くの如き認識と決心となくんば罪とはならざるなり而して又過失とは其認識するを要し且認識するを得る事實を認識せざるを謂ふ即犯罪事實を知るの義務ありて且之を知るを得るに拘はらず之を知らざる場合は刑法上の所謂過失にして此過失は法律規則に於て別に罪を定めたる場合に限りて犯罪となるなり

尚終りに一言すべきは責任能力及責任條件を欠如せるものを敎唆又は幇助して罪を犯さしめたるときは不作爲の場合とは異りて之れ恰も動物若くは器械を使用して罪を犯したると同じきが故に其責任は皆使用者之を負はざるべからず之を刑法上間接正犯といふ斯くの如き忌々しき事は勿論敎育社會にはあり得べからざることとなるも學問上不作爲犯の場合と似たる點あるを以て玆に一言したるのみなり

第三項　民事上の責任

民事上の責任

官吏の民事上の責任とは官吏の職務上の行爲によりて不法に第三者に損害を與へたる場合に於ける損害賠償をなすの責任にして其責任は官吏自ら負擔すべきものなりや又國家之を負擔すべきものなりやが本問の要點なりとす

官吏の第三者に對して加へたるときの民事上の責任

本項に於て論ずべきは職務上の行爲に依りて第三者に損害を與へたる場合なるが故に權限外の行爲によりて第三者に損害を與へたるときは是れ純然たる一私人の行爲にして民法の不法行爲の原則が完全に適用せらるべきが故に其範圍外なりとす

官吏の權限內の行爲に就ては更に之を私法上の行爲をなしたる場合と公法上の行爲をなしたる場合に區別して論ぜざるべからず

官吏が私法上の關係に於て國家を代表する場合に於ては其關係は全く民法の適用を受くべきを以て此時は民法の法人の機關か第三者に損害を與へたる場合と同じく國家自ら之を負擔すべきは疑ふべからざるの理なりとす

次ぎに公法上の關係に於て官吏が第三者に損害を加へたるときは其責に任すべきは何人なりやは現行の法令不備なるが故學者の議論百出する所なりと雖も之を一々論評するは專問行政法研究に讓り玆には只余輩の信ずる所を概論するに止めん

官吏の行爲は其權限內に於ては國家の行爲なり其行爲が國家の法令に違反せるものなることは其國家の行爲たるを妨げざるなり故に官吏が其權限內に於ける

官吏の國家に對する民事上の責任

公法上の行爲によりて第三者に損害を加へたる場合は之れ一私人としての官吏が加へたるにあらずして國家が之を加へたるなり從て其第三者に加へたる損害は待別に明文なき限りは國家之を賠償せざるべからず然るに反對論を主張するものは曰く官吏が故意又は過失によりて第三者に損害を加へたる場合は其行爲は官吏の國家機關としての行爲にあらずして一私人としての行爲なり即ち法人は其目的の範圍内に於てのみ行爲能力を有し又官吏に對する權限の委任も適法の範圍に於てなしたるものにして違法の委任あるなし故に其違法にして第三者に損害を加へたるときは之れ國家の行爲にあらざるを以て國家は損害を賠償するの義務なしと一應理あるが如きも其誤れるは一旦國家の行爲として有效なる行爲も控訴上告訴願取消等に無效となるを知るによりても明かなるにあらずや故に國家が官吏に權限を委任するときは同時に違法に其權限を行使する場合あるを包含するもの見るを至當とす故に違法の權限行使も前述の如く國家行爲にして其場合は第三者に對しては國家其損害を賠償せざるべからず

以上述べたる所は官吏が第三者に加へたる損害なり此外官吏は國家に對しても損害を加ふる場合あるべし此場合に於て官吏は國家に對して賠償の責任あるや

否やは別に之れ論せざるべからず而して此場合に於ても其權限外の行爲なるときは一私人か國家に損害を及ぼしたるものなるを以て賠償の責任あるは勿論なるも其權限內の行爲にありては其私法上の行爲たると公法上の行爲たるとを論せず民法上の適用を受くべきものにあらざるなり即國家と官吏の關係は特別の服從關係にして私法上の委任關係にあらざるを以て官吏は國家に對して損害を加へるときに於ても公法上の責任を負擔するまでにして民法の支配を受くべきものにあらざるが故に特別の明文なき場合に於ては其賠償責任を負ふべきものにあらざるなり

教員の兒童監督上より生ずる民事の責任

終りに教員の兒童監督の關係よりして茲に特に研究すべき問題あり即民法七百十二條に『未成年者が他人に損害を加へたる場合に於て其行爲の責任を辨識するに足るべき知能を具へざりしときは其行爲に付賠償の責に任せず』とありて同七百十四條に『前智二條の規定により無能力者に責任なき場合に於て之を監督すべき法定の義務ある者は其無能力者が第三者に加へたる損害を賠償する責に任ず但其監督者が其義務を怠らざりしときは此限りにあらずとありて同條第二項に又『監督義務者に代りて無能力者を監督するものも亦前項の責に任ず』とあるが故

に敎師の監督する兒童にして他人に損害を加へたる場合に其責任を辨識するの智能を具へざるものなるときは敎師は七百十四條第二項により其兒童の父母に代りて法定の監督義務者なるが故に其責に任ずべきものなりや之學問界に於ける一疑問たり而して又其未成年にして第三者に損害を加へたるときに其行爲の責任を辨識するに足るべき智能を具へざるときなる問題も民法中の一難問として詳解せられざる所なり余輩の見る所によれば行爲の責任を辨識するに足るべき智能を有せずとは行爲の是非善惡を辨識する程度に達せざるを意味するにあらずして行爲が原因となりて如何なる結果を自己に發生すべきやを辨識する程度に智能發達せざるを意味す即ち此行爲をなせば如何なる結果を發生すべきやを認識する能はざるをいふ而して其程度に發達せるや否やは事實問題にして法律に於て之を明定せず獨乙民法の如きは滿七年以下と明かに規定せるも我民法に於ては裁判官の認定すべき事實問題とせり

而して右の如き兒童を擔任するの敎員は其兒童が第三者に損害を加へたるときは其責に任すべきものなりと論ずる學者ありと雖も余輩は前に官吏の場合に於て論じたるが如く敎員か其兒童を監督するは國家に對する服務義務にして國家

の機關としての行爲にして且權限外の行爲にあらざるが故に其責任を負ふは國家にして敎員其者にあらざるなり何者此場合の敎員は國家機關にして外部に對しては人格を有するものにあらざればなり而して又國家に對しても服務關係に於ける公法上の義務なるを以て民法上の法人の機關か法人に對する如き賠償義務あるものにあらずして此場合は職務を怠りたる懲戒上の責任あるのみなるを論定して憚らざるなり

以上述ぶるが如き理由により余輩は小林歌吉氏の著敎育行政法論第二編第五章第八欵兒童監督上に於ける私法上の義務論に於て數千言を費やしたる議論の斷定として掲げられたる敎員は其損害賠償の責任ありとの議論は其立脚地に於ても又其結論に於ても之を否定するものなり

官吏の責任
- 官吏法上の責任
  - 譴責
  - 減俸
  - 免官
- 刑事の責任＝刑罰
- 民事上の責任＝損害賠償

第十款　官吏關係の消滅

官吏關係の消滅

官吏關係は官吏の死亡、刑罰の宣告、懲戒免官によりて消滅するの外或は官吏自身の意思により或は國家の意思によりて消滅す今後の二の場合につき少しく説明すべし

一、官吏自身の意思によりて消滅する場合

國家の官吏を任用するときは官吏の承諾を得べきは已に述べたるが如し故に官吏に其職務を辭するの權あるは又當然の事なりといふべし然るに學者或は辭職を聽許するや否やは國家の單意にして自由なり故に官吏には辭職の權なしと論ずるありと雖余輩の見る所によれば官吏關係は前屢々述ぶるが如くに其承諾によりて發生し且職務たるや全力を捧げて職務に從事すべき者なるが故に其意思に反し强制して職務に從事せしむるも其目的を達し得べきものにあらざるを以て官吏は其服務關係の消滅を請求するの權ありて此場合には國家は退辭を命ずの義務ありとするを至當なりと信ずされど國家は其都合によりて一時解職を猶豫するの權利を有する場合あり即特定の事務を執行すべきを命じたる場合に未

だ其終らざるとき又は懲戒すべき場合の如き是れなり

二、國家の意思によりて消滅する場合

國家の意思によりて官吏關係の消滅する場合は免官にして法の明文によりて官吏の意思に反し之を免官するを得ざる旨を定めたるものと否らざるものとあり而して明文によりて之を定めたるものゝ中に於ても裁判官の如きは其保障の完全なるものにして憲法第五十八條第二項に懲戒處分によるの外其職を免せらるゝことなきを規定し其會計檢査官行政裁判所評定官も亦法律によりて同樣に保障せられ其他の文官も文限令により懲戒其他一定の條件を具ふるにあらずんば其意に反して官職を免せらるゝことなし公立學校職員も小學校教員を除くの外亦同し小學校教員は小學校令施行規則第百二十六條乃至同百二十八條の外退職を命ぜらるゝことなしされど行政官吏は一定の場合には休職を命じ得べきものにして休職者一定時間の經過によりて當然退職となるものなるが故に間接には國家に任意に退職を命じ得べきものなり官吏中親任官　全權公使　秘書官は其地位を保障すべき明文なきものなるが故に文限令の規定によらずして免官し得べきものなりと謂はざるべからず是職務の當然の性質上然らざるべからざれば

なり

今官吏關係消滅の原因を左に圖說すべし

官吏關係の消滅原因
- 死亡
- 刑罰の宣告
- 懲戒免官
- 職に依る退官
- 休職期限の滿期

第三節　公共團體

第一欵　公共團體の觀念性質

公共團體の觀念

國家が行政權を行使するには自己直接の機關たる官廳に依ると共に國法により人格を有する自治團體を認めて之を自己の機關とし其團體に屬する行政は團體自ら之を行はしむ斯くの如く國家內の團體が自己の名に於て自己の意思により行政を行ふを自治行政といふ而して其國家內の團體は自己の名に於て自己の意

思により行政を行ふと雖も其行ふ所の行政は自己に屬する國家の行政にして團體は之を行ふを目的として其存在を認めらるゝものなるか故に其團體は其自治權を行ふに於ても絕對の意思の自由を有せざるは論を俟たざる所なり

公共團體は上述の如く國家內に存在する人格にして其團體に屬する國家の行政を行ふを目的として其存立を認めらるゝものなるを以て其行政即自治權を行ふに當りては國家の意思に違反するを得ず故に公共團體は國家の監督權に服すべきものなり

然れども其監督權は無制限なるにはあらず若し監督權にして無制限なるときは自治團體の意思の自由は存在するなく從て自治制度は其存在を失ふに至る故に其監督權は法規によりて一定の限界なかるべからず國家は其以外にありては公共團體の意思を制限する能はず此範圍內は即公共團體の自治權の存在する所たり以上述ぶる所により公共團體の定義を下せば左の如く云ふを得べし

公共團體の定義

公共團體とは國家の監督の下にありて法律により自己に屬する國務を自治權によりて處理するを目的として人格を有する團體なり

今此定義を分拆して其性質を擧ぐれば

公共團體の性質

第一　公共團體は公法上の人格を有する團體なり

團體とは人類の集合體を意味す而して公共團體は一定の土地の上にある人類の集合體にして公法上の人格を有するものなり公法上の人格の如何なるものなるやは已に人格を論じたる所に於て述べたり而して其特質は其團體が團體員に對して命令服從の權力關係の存ずる點なり此點は國家と相類似するも國家は固有の權力によりて命令し强制するも公共團體は國家の認定によりて其權力を有するの差あり茲に一言すべきは公共團體たる人格者と公益法人との差異なり公益法人は其目的は公益にありて相似たるが如きも之民法上の人格者にして命令强制の權力を有するものにあらず故に此點は大に注意すべきなり即敎育會の如き假令法人として人格を有する場合あるも之れ民法上の規定によりて認められたる私法上の人格者たるが故に命令强制の權力を有せず混同すべきものにあらざるなり

國家と公共團體の差異

公共團體たる公法人と公益法人の差異

第二　公共團體は自治行政を行ふ機關たる人格者なり

官廳との差異

公共團體は國務を處理する行政機關なり而して其官廳と異なるは彼は人格を有せざるも之は人格を有する差あり而して其人格を有するの結果其自治行政を爲

すは其差異の著しきものなり其自治行政の何者たるを解するには自治の意義を確定するを以て前提とせざるべからず而して其自治の定義に就ては學說の紛然たる所なるも茲に之を一々評論すべきにもあらざれば余輩は單刀直入的に余輩の信ずる所を述ぶるを以て充分なりと信ず

自治とは公共團體が其存立の目的とする自己に屬する國務を自己の意思によ
り自己の定めたる機關を以て處理するをいひ之れによりて行はるゝ行政を自治行政とはいふなり

自治とは斯くの如く公共團體が其意思によりて國務を處理するを謂ふものなるが故に其主體は公共團體それ自身なりとす此點は說明を要せざる所なる如きも學者或は自治とは被治者たる人民が其行政に參與するよりして其人民を以て主體となすの誤りたる說を吐く者あるを以て茲に之を明かにせんが爲めに述べたるのみなり

第三　公共團體は法律により自己に屬する國務を處理する義務を有し且之を處理するを以て其存立の目的とするものなり

公共團體の目的とする事務は其團體に屬する國家の事務にして國家が法律によ

公共團體の事務

り授けたるものなり故に其範圍は公共團體に關する法規によりて之を決定せざるべからず而して公共團體は其事務を行ふ義務を有し之を行ふを存立の目的とするものにして若之れを行はざるときは公共團體存在するなし而して其公共團體の事務は通常之を固有事務と委任事務の二種に區別す其區別の標準は公共團體が固有に有するると國家の委任のよるとの意義に解するものありと雖も是れ非なり公共團體は總て國法によりて其存在を認められ國法によりて自治權を與へられたるものなれば其事務は國家より授けられたるものにあらざるはなく初めより其公共團體に固有のものあるべきなし故に其區別の標準は他に求めずんばあるべからず予輩の見解によれば固有事務とは其公共團體の存立する目的に當然包含せらるゝものにして其以外に於て國家又他の公共團體の目的の爲めに特に委任せられたるは委任事務なりとす而して其公共團體の存立の目的に當然包含せらるゝ事務とは其團體の公共事務を謂ふ是に於て其公共事務と其他の事務を區別する標準として其事務の利益が其團體に歸屬するや否やによりて決定すべきものなり而して其利益が公共團體に屬する時は固有事務にして其國家に專屬する時は委任事務なりと斷言して誤なきを信ず

固有事務と委任事務

市町村に於て處理する敎育事務の性質

以上論ずる所により敎育に關し市町村に於て行ふ行政事務の何れの種類に屬するやも同じく其公共事務なるや否やによりて之を決せざるべからず市制第三十一條に市會の議決すべき事件の槪目左の如しと規定し其第二本文に曰く市費を以て支辨すべき事業但第七十四條に揭ぐる事業は此の限りにあらずとありて又町村制第三十三條に町村會の議決すべき事件の槪目中其第二本文に町村費を以て支辨すべき事業但第六十九條に揭ぐる事業は此限りにあらずとあり敎育に關する費用は小學校に關しては市町村の負擔たるや小學校令の明定する所なり然らば其敎育に關する事務は悉く公共團體の固有事務なるか又委任事務なるかは是學者間に議論の存ずる所にして敎育殊に義務敎育は元來國家自身の事務にして且强制して其設置維持を命ずる者にして市制七十四條町村制六十九條第三本文に國の行政府縣の行政にして市町村に屬するものとして市町村會の權限外に置けるものなるが故に敎育に關する事務は公共事務にあらずして悉く國家の事務なりとそれ果して然るか豈それ然らんや若し論者の說の如くんば地方學事通則第七條の市町村立學校長其の他校員學務委員及區長並其代理者等の執行する國の敎育事務は市制第三十一條第二本文町村制第三十三條第二本文に依るの限

りに在らずといふは無用の規定なりといはざるべからざるに至るべし故に余輩は此說に贊同するを拒むものなり余輩の所見によれば地方學事通則第七條並に小學令第六十條及第六十五條市制第三十一條第九本文町村制第三十三條第九本文と小學令第六條の間を貫通する法理を覈へたる結果敎育事務にして市町村及其他の公共團體其者に命じたる事務即學校の設立維持及其管理は公共團體に屬する固有事務にして其他の市町村長區長の執行する事務は國の行政事務なるを論定するものなり然り而して其場合に於ける市町村長は公共團體の機關としての地位にあらずして國家直接の機關としての地位に於て其事務を行使するものなるは已に前に述べたるが如し

公共團體の固有事務は又之を必要事務と隨意事務とに區別するを得べし必要事務とは法規を以て豫め其事務の種類性質を規定し公共團體をして其事務を行ふの義務を負はしむる者といふ例へば小學校令に於て小學校の設置維持を市町村の義務となしたるが如し斯くの如き場合は公共團體は自己の意思を以て其事務を行ふと否とを決定するの自由を有するものにあらず之に反して隨意事務とは公共團體に於て之を行ふと否とを判斷するの自由を有する事務をいふ

第四　公共團體は國家の監督の下にありて自治行政を執行するものなり

公共團體は其團體に屬する廣義の國務を處理するものなるが故に其監督權に服すべきは前に述べたるが如し而して公共團體に對する國家の監督權は其自治行政の執行に關して公共團體の意思の自由を制限するの命令權によりて著はる國家の官廳にして公共團體に對して監督權を行ふものを監督官廳といふ時として は國家は上級の公共團體の機關をして下級の公共團體の監督を行はしむること あり例之は府縣參事會が郡又は市町村に對する監督權を行ひ郡參事會か町村に對する監督權を行ふが如き是れなり此場合の府縣參事會郡參事會は公共團體の機關として之を行ふにあらずして國家の機關として之を行ふものなり何者監督權の主體は常に國家なればなり

監督官廳の公共團體に對する關係は上級官廳の下級官廳に對するとは之を區別せざるべからず上級官廳と下級官廳とは同じく國家の意思を發表する機關にして其統一を保つの必要よりして假令明文なき場合と雖も之を指揮し監督するを得べしと雖も公共團體は人格を有して獨立の意思を有するものなるが故に今日の法治國に於ては其臣民に對すると同じく法規の範圍內に於てのみ其意思を制

限し得るを原則とするが故に其監督權も亦必ず法規の範圍内に於てせざるべからず故に其法規の範圍外に於ては公共團體は國家に侵害せられざるの意思の自由を有して獨立の活動をなし得べきものなり

國家の公共團體に對する監督權の範圍

上述の如く公共團體に對する國家の監督權の範圍は一に法規によりて定まるものなるが故に茲に概括的に之を論ずるを得ざるなり即一に各公共團體に關する法規によりて其範圍は定まるなりされど公共團體は國家内の團體にして自己に屬する國務を處理する人格を有する機關なるを以て國家の法規に違反するを得ざるは勿論なり故に若し公共團體が國家の法規に違反するときは國家は之を矯正するを得ざるべからず此矯正するの權利は即監督權の最少限なり而して又公共團體は國務を處理するを其存立の目的とするものなるは先きに論じたるが如きを以て其公共團體にして其存立の目的たる事務を行はざる場合の如きは國家は之を强制するの權利を有せざるべからず此强制權も亦國家の監督權に包含せらるゝものなり故に國家の公共團體に對する監督權は左の數種の權利を包含するなり

一　公共團體の議決にして其目的を超越し又は法規に違反したる場合に之を取

消すの權

公共團體の目的は其團體に屬する公共事務を處理するものなるが故に其事務は其範圍を超越し又は法規に違反するを得ず故に若し違法越權の決議ありたるときは取消さるべきものとす即ち市町村會に於て市町村長又市町村立學校長の執行する教育事務に干渉的議決をなすが如きは越權の行爲なるを以て取消さるべきものなりとす

二　法規によりて公共團體の義務に屬する事務即必要事務を實行せざる場合に之を强制して執行せしむるの權

公共團體にして其必要事務を實行せざる場合は國家は代執行の方法により或は直接强制の方法によりて之を强制實行せしむるの方法によらざるべからず否らずんば國家の目的を達するを得ざるなり現今小學校令第六條には市町村は其區域内の學齡兒童を就學せしむるに足るべき尋常小學校を設置すべしと命せるに拘はらず之れが設置の義務を强制せざるが如きは法規を活用せざるものといはずして何ぞや三十一年三月三十一日東京府に對する文部大臣の訓令の如き又死法に近きの感あり論者或は財政を循として立論するあらん余輩亦之に對しても

大に異見を有し所謂財政論者の蒙を啓くべき根據ありといへども本著の目的の範圍外なるが故に尚機を見て發表するを期せん

三　公共團體の事務の行執を檢閲し及報告をなさしむるの權

監督權の實行は先づ其事務執行の實況を知るを以て第一の要件なりとす此目的の爲めに國家は其事務を或は檢閲し或は報告を徵するものとす斯くの如くにして始めて其監督權は行使せらるべきものなり

以上三種の權は國家の監督權に缺ぐべからざるの最少限度なり此限度以上に於ては監督權の範圍は公共團體の種類に應じて廣狹一ならずして各其特別の法規によりて決せらるゝものなり

公共團體の種類

第二款　公共團體の種類

公共團體とは國家の監督の下にありて法律により自己に屬する國務を自治權によりて處理するを目的として人格を有する團體にして其團體は其處理する事務の消極的に制限せらるゝと積極的に制限せらるゝとにより即其權限の一般なると特別なるとによりて之を普通公共團體及特別公共團體に區別するを得べく又

其公共團體が土地を以て其基礎となすと否とによりて領土公共團體(又は地方團體と稱す)と組合公共團體(公共組合)とに區別せらる府縣郡市町村は普通公共團體にして且地方團體なり水利組合商業會議所等は特別の組合公共團體なり學校組合の如き町村組合は特別の地方團體なりとす教育事務に關する公共團體は普通及特別の地方團體のみにして特別の公共組合は無關係なるを以て之を省畧して左に項を別ちて地方團體の組織教育に關する機關及事務を概論すべし

第一項　市町村

第一目　市町村の組織

市町村の組織

市町村は共に最下級の地方團體なりと雖も市と町村とは其事情を異にするが故に其制度も多少異れるの點あり今現行法によりて其異なれる要點を擧ぐれば左の如し

市と町村の差異

一　監督官廳を異にすること　即町村は第一次に郡長の監督を受け第二次に府縣知事の監督を受くるに反し市にありては第一次に府縣知事の監督を受くるの差あり

二　執行機關を異にすること　即町村にありては單獨の町村長を以て其執行機

關となすと雖も市にありては合議體の市參事會を以て其執行機關となすの差異あり

三　議決機關の組織を異にすること　市會議員は三級選擧の方法によるも町村會議員は二級選擧の方法によるの差あり

以上は市と町村の異なる所を擧げたるも市と町村とは共に地方團體なるが故に土地と人民とよりなれるは同一なりとす今其土地と人民との構成要素につきて述べんとす

區域

第一　市町村の區域　市町村の區域とは國家領土の一部内の市町村の構成要素の一にして市町村が其自治權を行使し得べき區域にして自治權は此區域の範圍内に於てのみ效力を有し又他の市町村の自治權の侵害を消極的に排除するの性質を有す

住民

第二　市町村の住民　市町村は特定の土地の上にある人民の集合體より成る故に市町村は前に述べたる土地と及人民を以て構成要素とす而して其集合體の一分子を住民といふ住民とは民法上の住所を有する者のみならず苟も其市町村の區域内に住居する以上は住民たり現今の實際に於ては假令住居の意思表示たる

寄留の屆出をなさずと雖も三箇月間市町村の區域內に滯留すれば市町村稅を課するを得べきを以て三箇月間滯留する以上は其引續き滯留する期間は其市町村の住民と見るを得べきなりと信ず而して其住民たるの資格に當然伴隨すべき權利は市町村の營造物及共有財產を使用し得べきことにして其義務は其負擔能力に應じて市町村費を負擔すべきこと是れなり

市町村住民の一部を公民といふ其資格を有するものは市町村會議員の選擧に與り名譽職に選擧せらるゝの權利及義務を有す今其公民たるの要件を擧ぐれば左の如し

一　帝國臣民たる男子なること

二　二年以上市町村の住民となり其市町村の負擔を分任すること

三　其市町村に於て地租を收め又は直接國稅二圓以上を納むること

四　滿二十五年以上にして一戶を構へ且禁治產の宣告を受けたる者にあらざる獨立のものたること

五　公費を以て救助を受けたる後二年を經過せざるものにあらざること

六　公權剝奪又は權公停止中の者にあらざること是れなり

第二目　市町村の機關

市町村の機關

市町村は公法上の人格として活動するものなるが故に其意思を決定する議決機關と及其意思を執行する執行機關の二種の機關を有す前者は合議體にして市にありては市會町村にありては町村會又は町村公民總會なり其執行機關は市にありては市參事會なる合議體にして町村にありては單獨制の町村長なり今其組織權限の大要を左に概論すべし

市町村會

第一　市町村會　市町村會の組織は前に述べたる如く市町村の公民の選擧によりて組織せらるゝ合議體にして其選擧の方法は等級選擧の方法に依る等級選擧とは納税額の多寡により公民全體を數個の階級に別ち各級同各額の租税を納むる者となし各階級に於て各其階級の利益を代表せしむ目的を以て各同數の議員を選出せしむ其等級の數は市は三級町村は特例なき限りは二級に區別す

市町村會の權限は市制第三十一條三十二條及町村制第三十三條三十四條に掲げたる概目は左の如し

一　市町村會は其市町村を代表し市町村制に準據して市町村に關する一切の事件並に從前特に委任せられ又は將來法律勅令に依りて委任せらるゝ事件を

議決すること
二　市町村條例及規則を設け並改正すること
三　市町村費を以て支辨すべき事業但市制七十四條町村制六十九條に掲げたる事務は之の限りにあらず
四　決算報告を認定する事
五　法律勅令に定むるものを除くの外使用料、手數料、市町村稅夫役現品の賦課徵收の法を定むる事
六　市町村有不動產の賣買交換讓與並質入書入をなす事
七　基本財產の處分に關する事
八　歲出入豫算を以て定むるものを除くの外新に義務の負擔を爲し及權利の棄却をなす事
九　市町村有の財產及營造物の管理方法を定むる事
十　市町村吏員の身元保證金を徵し並其金額を定むる事
十一　市町村に係る訴訟及和解に關する事
右の外市町村會は左の權限あり

一　市町村吏員の選擧を行ふ事
二　市町村の事務に關する書類及計算書を檢閲し及事務の管理議決の執行收支の正否を監査する事
三　市町村會は其市町村の公益に關する事件に付意見書を監督官廳に差出すことを得
四　監督官廳の諮詢あるときに意見を陳述する事
五　訴願を裁決する事
等なりされど其議案は執行機關之を提出すべきものにして市町村會は其權限を有せず

市參事會及町村長

第二　市參事會及町村長　市參事會は市長　市助役一名又は數名　名譽職參事會員若干名の三種の吏員を以て組織す名譽職參事會員は市會に於て市公民中より選擧し其任期は四箇年なり町村長は町村會に於て之を選擧す
市參事會及町村長は市町村の執行機關として市町村會の決定したる議決を執行し市町村の行政事務を擔任し及外部に對して市町村を代表するの權限を有す市參事會及町村長は市町村會の議決を執行するの義務を負ふのみにして自己の意

執行機關及其補助機關たる吏員の性質

見を以ては市町村の意見を決定し又は市町村會の議決を執行するの義務を拒むことを得ず唯市町村會の議決が權限を超え法規に違反し又は公益を害すると認めたる場合は其執行を停止して再議に付することを得而して若し市町村會が其議決を改めざるときは府縣參事會又は郡參事會の裁決を仰ぐべきものなり

市町村の執行機關は市參事會及町村長にして其他の吏員は其補助機關なり故に外部に對して市町村の機關として事務を處理する能はざるは尚官廳と其補助機關との關係の如し其外部に對する關係は上述の如しと雖も其內部の關係即其吏員が國家又は公共團體に對する關係は尚論ずべきものあるが故に左に其大要を概論すべし

市町村吏員の其市町村に對する關係は全く官吏の國家に對する關係と其實質上に於て異なるなしされど我現行法に於ては官吏と市町村の吏員たる公吏とは全然之を區別せるが故に官吏に關する規定は明文ある場合の外は之を適用するを得ざるなり

市町村の機關は或は其團體自身の吏員をして之に當らしむることあり又は國家の官吏をして之に當らしむることあれば又公共團體の吏員をして國家の行政機

關たらしむべき場合あるは屢々前に述べたるが如し故に公共團體の機關たると國家の行政機關たるとによりては其區別し得べからざるや明かなり例之府縣知事郡長及教員より出でたる學務委員は公共團體の執行機關なりと雖も之れによりて直ちに其公共團體の吏員なりと斷定し得べからざると共に市町村長は國家の行政機關たる場合ありと雖も之により官吏たるの性質を有するといふを得ず故に公吏と官吏の區別は其何れに對して服務義務を負ふやによりて決せざるべからず而して其服務義務は何れに對して負ふやを決するの標準は其選任權の存在する所にあるは已に官吏の性質を論ずる所によりて一言したる所なり即國家が選任したるときは國家に對して服務義務を負ふ所の官吏にして市町村の自治權によりて選任したる者は其市町村に對して服務義務を負ふ公吏なりといはざるべからず

専任職と名譽職

市町村の吏員には專任職と名譽職の區別あり名譽職とは專任職に對するの名稱にして吏員を以て其專職となさゞるものを謂ふ其名譽職の專任職と異なる要點を擧ぐれば左の如し

一　專任職は其俸職によりて生活上の資料を得る財源とする者なるが故に俸

給を支給するも名譽職は之を專職とせざる結果俸給を與へず

二　名譽職は法律上就任の義務あるも專任職は然らず

第三目　市町村の教育事務

市町村の教育事務

固有事務と委任事務

必要事務と隨意事務

市町村の事務の範圍は前目の市町村會の權限を論じたる所によりて既に明かなりと信ず而して其事務は之を固有事務と委任事務とに區別し得べく又其固有事務は更に必要事務と隨意事務に區別すべきことも已に述べたるが如し然り而して委任事務は特に市町村に委任せられたるものなるが故に市町村は之を行ふと否とを判斷する意思の自由を有するの餘地を存せず必ず之れを處理するの義務を有するものなるが故に委任事務は常に必要事務にして隨意事務は固有事務の範圍内に於てのみ存するなり我現行の市町村制に於ては國の行政事務は之を市町村自身に委任するなく市町村長の如き特定の吏員を指定して委任するの主義を採れるが故に現行法に於て教育に關して市町村長の管掌する事務は國の行政事務なることは地方學事通則第七條及小學校令第六十條に明文の存する所にして其市町村自身に屬する設立維持の事務は市町村の固有事務なるは已に論じたるが如きを以て教育に關する事務の範圍内に於ては委任事務存在するなしと信

ず然るに論者ありて曰く其市町村の教育事務は其存立の目的に包含せられたる公共の事務にあらずして國家の事務を市町村に委任したるものなるは其小學校令によりて始めて其義務を命ぜられたるによりても明かなるにあらずやと論者言ふことを止めよ小學令は其第六條に於て市町村は其區域内に於ける學齡兒童を就學せしむるに足る尋常小學校を設置すべしと規定せりと雖も其條文は教育事務の固有事務なると委任事務なるとを區別すべき標準となるべきものにあらずして義務教育を强制するの必要上其執行すべきや否やの選擇の餘地なき必要事務なるを示したるのみなり而して同第十四條には市町村は市町村又は其區の負擔を以て高等小學校を設置することを得とありて其設置すべきや否やは其市町村の自由の判斷に任すべき所謂隨意の事務なり其設置及廢止の場合に地方長官の認可を受くるが如きは之監督作用の結果にして其隨意事務たるを妨ぐる者にあらざるなり然り而して委任事務に隨意事務なきは前に述べたるが如きを以て高等小學校を設置するは市町村の委任事務にあらずして其固有事務たるは明かなる論理なりといふべし而して同じく教育に關する事務にして其市町村の區域内に於て執行すべき公共事務なるが故に其事務の本質に於て異なるなきは明

白なる理なりされば其一は固有事務にして一は委任事務なりとの議論は明かに其本質を看過したりとの譏は免るべからざるなり以上述べたる所により余輩は何づれも市町村の固有事務にして尋常小學校設置の義務は必要事務なるを明らかにしたるものにして高等小學校の設置は其の隨意事務なるを論定するものなり

小學校設置義務の性質

第一　小學校設置の事務　尋常小學校を設置するの事務は必要事務なるが故市町村は特定の條件を具備して其義務を免除せられざる限りは必ず之を設置するの義務あり故に若し市町村が其義務を拒むが如き場合ある時は强制豫算の方法によりて强制して其義務を履行せしむべきなり果して此法意は貫徹して活用せられつゝありや否や之れ本著の範圍外なるを以て其活用の事實論は之を省畧す

義務教育の延長論

序に玆に一言筆を辷らし置くは義務教育の延長論之れなり其議論は教育社會の輿論ともいふべきなれども余輩は其論に雷同するを肯んせざる者なり現今の四箇年制度に於ても其義務を履行する能はざるや論者も承認する所の如し而して其義務を延長すれば愈々其義務不履行は增長す履行せられざるの義務は義務なきと其實質に於て異なるなきのみならず其普及を妨ぐるの結果を生ずべきを以

て戰勝國なるが故に延長すべし歐洲と對等の義務年限の制度を設くべしといふが如きの論據は現制度を變更するの動機となす程の有力なるものにあらず論者の立論の根據とする國民の智德の程度を高むるが如きは必ずしも其義務延長を以て專一の手段たるものにあらず誘掖指導して進步せしむる隨意事務として充分なりと信ず徒らに義務延長を主張するが如きは義務の何者たるや及其結果の如何なる現象を生ずべきやを知らざるの議論なりといふべし延長論の根據は國民の智德の增進にあるべきが故に就學年限を論ずる所に於て議論するを至當とすと雖も事學校設置に關係し此設置義務は往々論者の看過して顧みざる所なるが故に殊更に予は今此義務の方面よりのみ論ずるも論者の議論の薄弱なるを暴露し得べきを以て單に此義務の方面より觀たる反對の意見を表白したるなり尙就學保護者の方面よりするも又同一の反對の意見を有するも冗長の議論は他日を期して發表の期あるべしされど讀者乞ふ余をして絕對的の維持論者と見るなからんことを予と雖も現今敎育の果實として市町村の進步と有司者の法規活用の狀態を觀ては又論者と同じく延長論を主張するを喜ぶものなり將して其期限の到來は何年後なるべきや括目精察して之を待たん哉

以上述べたる尋常小學校の設置及其就學兒童の委託事務は必要事務にして其他市町村は隨意事務として小學校令第十四條により高等小學校を設け又實業學校等を設くるを得るなり斯くの如くにして其公共の利益も增進して以て其存立義務たる目的を果し得べきなり而して其設置義務は尙小學校を論ずるに當りて詳說すべし

第二　敎育に關する管理權　市制第六十四條町村制第六十八條第二本文に市參事會又は町村長の職務の概目として市町村の設置に係る營造物を管理すべき旨を規定し又小學校令第六十條には市町村長又は町村學校組合長は市町村又は町村學校組合に屬する國の敎育事務を管掌し市町村立小學校を管理すとありて其小學校の管理と國の敎育事務とは明に區別せるが故に其管理權は市町村の機關としての職務なりといふべし然るに山田邦彥氏は其著學校行政法百四十七頁に於て管理權は國の行政事務なるを主張せらるゝも之れ明かに右の法條を誤解せるの議論といふべし若し氏の議論の如くんば小學校令なる勅令を以て法律を變更するの結果を生じ且小學校令第六十條に區別して規定したるの理を解する能はざるなり故に氏が命令にして法律を變更するとの議論を立て小學令第六十條

に國の教育事務と管理權とを區別せる理由を詳說せられざる限りは其誤れるの說なりと斷言するを憚からざるなり

管理權の範圍

上述の如く小學校の管理は市町村の機關たる市町村長の職務なり而して其管理權の範圍如何の問題は法規の明文なきが故に學校長と市町村長との間に權限爭などありと而して其權限爭をなすの間は尙學校長に勢力の萎靡せざるを意味するものにして所によりては學校長の管理權は市町村長の權限の爲めに侵入せられ蹂躪せらるゝありと聞く其果して事實なるや否や玆に於て敢て問ふの限りにあらず予は斯道の爲め現行法の法理を硏究して先輩の敎を乞はんのみ然り而して其管理權の範圍を論ずるには先づ管理なる法律上の意義を探究するの必要あり而して其管理といふ言葉は私法にも公法にもありて民法に於ては物の保存並に利用改良及び時には處分行爲をも包含する場合あり市町村制第四章には市町村有財產の管理とありて其第八十二條には凡市町村有財產は全市町村の爲めに之を管理し及共用するものとすとあり而して不用品の拂下の如き處分行爲は一の保存方法なるが故に其管理權とは小學校なる營造物件の保管維持使用の制限許可手數料の徵收及或場合の處分行爲なりと論定するを得べし而して其管理方

法を定むるは市町村會の權限に屬するは前に述べたるが如くなるを以て市町村長は其規則に從ひて管理せざるべからず又學校長は敎則の目的に從ひて之を使用し得べきは勿論なるも其使用するに當りては其管理規則の制限を受くべきは勿論なり其敎則に從ひて定めたる使用方法に對しては市町村長即管理者の容喙を許すべきにあらざるなり

以上述たる所によりて管理の內容を擧ぐれば

一　營造物の目的を達する爲めに之を保存維持するの權

二　保存維持に必要なる費用の負擔

三　個人の使用權を制限し之れを許可すること

四　使用に因り特別の利益を受くるものより使用料其他の報償を懲收すること是れなり而して其管理權は國法によりて種々の制限を受くるは勿論なりとす

終りに臨みて一言すべきは小學校令施行規則第十九條第四十一條第四十三條第四十八條第百六十四條第百八十條に管理者の職務權限の規定なり是れ前に述ぶる市町村長の管理權と如何なる關係を有すべきか之れ等の條文によれば或は敎科目の時數を增減し學級の編成變更の屆出又は補習科の敎科目の決定及其敎授

日及教授時間の決定教員の諸給與の決定及意見を述ぶること若しくば授業料の免除等の如き或は之を管理權の一種たる使用權の作用なりと見るべきか若し然りとせば悉く市町村會の議決を經ざるべからざるの結果となるべしと雖も施行規則の精神は否らざるもの丶如く實際も亦然り故に予輩は疑問を懷きつ丶此場合の管理者は矢張國の行政機關としての市町村長の別名にして其職務の內容が只管理行爲に類似せる國の行政事務なりと論定して世の敎へを乞はんとす兎角法文の規定の曖昧なるは明かなる事實とす

第二項　市町村內の區及町村組合

市町村內の區は單に行政の便宜の爲めに設けたる區劃たるに過ぎざることあり斯くの如きは固より人格を有せざるは勿論なるが故に其機關存在するなしされど市制第五章第四十三條の特別に財產を有し又は營造物を設け其區限り特別の費用を負擔する區は公法上の人格を有するものなり故に予輩は淸水博士の私法人說に反對なりとす而して其人格を有する區は府縣參事會又は郡參事會の認可を受けたる市町村條例により其區の爲めに特に區會を設くるを得此區會は其區の機關にして其權限は區の財產及營造物に關する事務に限れり

町市村內の區

町村組合

郡

郡の機關

郡參事會と市參事會の差異

町村組合とは二個以上の町村か其公共事務の一部又は全部を共同處分する爲めに設けたる町村の組合團體にして人格を有する公法人なり而して其町村組合には町村事務の全部を擧げて組合事務となす場合もあれば其共通公共事務の一部に限るあり町村學校組合(學事通則第一條)の如き是れなり而して其組合の組織事務管理の方法及費用支辨の方法は組合規約を以て之を定むるものなり

第三項　郡

郡は一面に於ては官治行政を行ふ行政區劃たると共に町村と府縣の中間に位する地方團體なり而して其自治權は市町村に比すれば遙かに狹小にして其團體の機關も只議決機關のみ其專有のものにして執行機關は國家機關たる郡長を以て之に充て其職務の執行も上級官廳の指揮命令を受け監督も市町村の如く法律によりて制限せらるゝなり

郡の議決機關は郡會及郡參事會にして執行機關は單獨の郡長なり而して其機關中郡參事會は市參事會とは全く其性質を異にし即市に於ては執行機關たるに反して郡參事會は純然たる議決機關にして其權限は郡會の委任を受けたる事項を議決し又は臨時急施を要し郡會を召集する暇なき場合に郡會に代りて議決する

等にして郡會の權限を補充するの性質を有するものなり

郡長の權限

又其執行機關たる郡長の權限も市町村とは異なりて郡會又は郡參事會の議決を要すべき事項の外は總て郡長に於て之を專決處分するの權限を有するなり

郡の教育事務

郡の教育に關する事務は市町村に於けると異なるなく郡に屬する教育上の營造物の設立維持管理をなすにあり而して其特有の事務は小學校令第五十三條に依りて町村又は町村學校組合に相當の補助をなすべき事なりとす

第四項　府縣

府縣

府縣は最上級の地方團體にして其組織權限は略郡に相均し而して其教育に關する事務は中學校令高等女學校令第二條第三條によりて中學校高等女學校及師範學校令第三條第四條によりて師範學校を設置維持並に管理するの義務あり其他府縣の費用を以て設置したる學校を維持し管理し及小學校令第五十四條によりて郡又は市に對して相當の補助をなさゞるべからず終りに臨みて一言すべきは郡又は府縣に於ては小學校令中學校令高等女學校令師範學校令其實業學校令等によりて種々の事務ありてと雖も以上述べたる事務の外は悉く官治の行政作用にして地方團體の自治權に基く行政にあらざるは注意を要す點なりとす

第四節　營造物

第一欵　營造物の觀念及性質

營造物の觀念

國家は其行政の目的を達するが爲めに或は其機關たる官廳又は公共團體によると共に其行政權の發動として行政の目的を達するの方法として臣民に經濟上又は精神上の利益を供給し其報償として臣民に特定の義務を命ずる作用をなすことあり是れ營造物に關する行政なり而して其營造物の觀念に就きては學說の一致せざる所にして種々の定義を下すと雖も今余輩の信ず所を左に揭げん

營造物の定義

營造物とは物及び人又は物のみを以て之を組織し命令權を行使せず繼續して直接公共の利用に供せらるゝ設備にして官廳又は公共團體の意思表示によりて成立するものをいふ

而して其設備は一私人と雖も之をなし得べきも之れ前にいふ行政法上の營造物にあらず從て本論の範圍外たり此定義を分拆して其性質を左に說明すべし

營造物の性質

第一　營造物は人及物又は物のみを以て組織せられたる設備なり

人及物を以て組織せられたるは學校病院郵便電信等にして物のみによりて組織せられたるは公園道路橋梁等なり而して其の人は官廳及其の補助機關たる官吏其他雇傭契約によりて國務に對して特定の義務を負ふものなりとす

第二　營造物は法律上の決定權を有するものにあらず

是れ官廳及公共團體と異なる所にして營造物其の物は事實作用たる行政行爲を行ふに止まりて官廳の如く法律上の決定權を有するものにあらざるなり小學校に於て在籍兒童の保護者に出席せしむべき通知をなすが如き之れ一の行政行爲にして而も命令權の行使なるが故に小學校は官廳なりとは是れ山田邦彦氏の主張なりと雖も余輩は其の說は二個の點に於て否定するものなり氏は其通知を命令權の行使即ち處分命令なりとなすなりと雖も通知は一の勸誘に止まりて其の處分命令にあらざるは保護者が其通知に應じて一定の行爲をなさゞるも法律上の效果を發生するなきによりても明かなるにあらずや假令百歩を讓りて其の命令權の行使なりと雖も其の學校の命令にあらずして其の學校なる營造物を組織する學校長なる官廳の名に於て行使せられたるが故に氏の說は到底維持する能はざるを知るべし

第三　營造物は繼續して直接に公共の用に供せらるべき設備なり

營造物の觀念には繼續して公共の用に供せらるゝ意味す故に一時軍艦の觀覽を許さるゝも一時營造物に變ずるにあらず而して其の公共の利用は直接ならざるべからず故に要塞砲臺官衙の如き間接に利用に供せらるゝは營造物にあらざるなり

第四　營造物の成立には國家又は公共團體の意思表示あるを要す

營造物の國家の行政手段としての設備の成立は國家又は公共團體の意思表示によるものとす而して其の意思表は一定の形式あるなし如何なる方法によるも只其の開設を表示すれば可なり此の時よりして行政作用はなし得るものなり開校式等の如き儀式は其の成立とは何等の關係なきものなり斯くの如く國家又は公共團體が意思表示をなしたる以上は其の所有權か一私人に所屬する場合に於ても尚營造物たるを得るなり假令ば代用私立小學校を認定するときは其の時よりして行政上の營造物となるなり

第二款　營造物の種類

營造物の種類

營造物は其所屬する主體に依りて國家の營造物又は公共團體の營造物に區別し得べく又其手段とする行政の實質によりて之を區別すれば經濟上に關する營造物即鐵道電信電話道路の如きあり又衞生上に關する病院公園の如きもあれば精神發育上に關する學校の如きあり以下學校なる營造物に關して論述すべし

第三款　學校の意義

學校の性質

學校の法律上の性質に關しては行政學者の見解の殆んど一致する所なるも獨山田邦彥氏は獨特の異見を其著學校行政法に於て主張せらる氏の說は敎育社會に於ける重鎭なりと信ずるが故に玆に氏の說を評論したる後に余輩の信ずる所の定義を揭ぐべし氏は其學校行政法二十一頁に於て營造物の定義を揭げ之を分拆してより學校の性質は營造物の性質と相一致せざるが故に營造物にあらずとの論證として義務敎育を論じて曰はく「義務敎育に於ては申すまでもなく一方には就學を强制し他の一方には其入學の場所即學校の設備を强制致すこの點は他の

營造物と云ものと全く其趣旨を異に致してをりますと論じ又曰く其義務學校は公衆の利益に供する意味からではなくて國家の目的の爲めにするが主である直接であるなぜなれば若し公衆即一人〱の爲めとならば就學の事も敎則の事も又學校設置の事も自由任意で澤山なので結局國家敎育義務敎育といふことは先其根本らか不用となり干渉とか强制とかいふ事も丸で無意味のものとなるからであるそれ故義務敎育場たる小學校は到底個人の方から着眼した所の直接に公衆の利益に借用するといふ觀念とは一致しないと意氣冲天を衝破せんとするの熾んなる議論なりと雖も余輩は其誤れを指摘して其說の維持すべからざる所以を示さん

氏は就學を强制し設置を强制するが故に他の營造物と其趣きを異にすと主張するも設備を强制し及使用を强制するときは營造物の觀念に反するとの法令もなくんば學說もあるなし若し氏の如んば道路の開設を町村に命じたるときは氏は其道路を營造物にあらずと主張するの勇氣あるや否や又其利用を强制するか否やは其利用の形式にして營造物たる觀念に毫も損益する所にあらず故に其設置利用の强制は決し營造物たるの觀念を動かし得べきものにあらず余輩の見る所

によれば直接に公衆の利益になる事は即國家の利益にして公衆の利益と國家の利益は分離すべからざる不可分のものなるが故に國家は自己の目的を達する方便として敎則を設け學校の設置を命ずるものにして其干涉强制は國家の利益の爲めなると共に個人の利益たり故に營造物の設營は之を國家の方面より見れば國家の利益といふべく之を個人の方面より見れば直接公衆の利用に供したるものと謂ふを得べし故に直接公共の利用に供するといふ觀念と學校の觀念とは氏の主張する如く相齟齬するものにあらざるなり

次に氏は營造物は命令權を行使せざるを要件とする旨を論じてより學校に於ては保護者に出席の命令及之に伴ふ制裁は國家の命令權の行使にあらざるや否や法令の明文を一見せばまさか校長の出鱈目私の催促とは申されまい更に進んで兒童若くば親どもから修身科の敎へを受くるは否たから耶蘇の說敎と代へて欲しいだの習字の時間を多くして體操は廢めて吳れなどゝ敎則などに對して色々勝手な註文が出來るかといふに諸君は其答を聞くを馬鹿〳〵しく思はれる程であろーそも〳〵此敎則は國家の命令で此命令は學校長敎員が其職權を以て其生徒なる兒童其父兄たる保護者に執行し適用するわけのものでは御ざらぬかと論

じてより其後斷に至りて學者の定義の多い中には私の此反面の觀念と符合するものがないでもないがとの遁辭を設けて攻擊を僻けんとせられつるも兎角以上の議論は予輩の首肯する能はざるのみならず何故に氏にして斯くの如きの議論をなせしを疑ふものなり

氏は學校の保護者に出席の命令及之に伴ふ制裁は國家の命令權の行使にあらざるや否や法令の明文を一見せばマサカ校長の出席目の催促とは申されまいと論せりと雖も余輩は日本國法中に學校か保護者に對して出席の命令をなし之に伴ふ制裁あるを知らず是恐くば氏が小學校令施行規則第九十二條の法理を誤解せるの結果なるべし同條に曰く在學兒童にして正當の事由なく引續き七日間缺席したるときは關係學校長は遲滯なく其保護者に對し兒童をして出席せしむべき旨を通知し尙引續き七日間以上出席せしめざるときは其旨を關係市町村長に報告すべしとありて次ぎの第九十三條には市町村長に於て前二條の規定により報告を受けたるときは關係兒童の保護者に對し其兒童の就學又は出席を督促すべしとありて其第二項には前項の規定により二回以上の督促を爲すも仍就學又は出席せしめざるときは市町村長は監督官廳に報告すべしとあり又次の第九十四

條には郡長又は府縣知事に於て前條第二項の規定に依り報告を受けたるときは關係兒童の保護者に對し其兒童の就學又は出席を督促すべしとありて學校長の通知市町村長の督促は是れ行政行爲中の命令にもあらざれば處分にもあらずして其處分行爲の準備行爲たる勸誘に外ならず何者學校長の通知及市町村長の督促は假令之れに違反するも官廳の處分に對する强制手段たる代執行强制罸直接强制たる法律上の效果を發生すべきものにあらずして單に市町村長又は監督官廳に報告する準備行爲に止まればなり故に其通知の命令權の行使にあらざるや明かなり又氏は敎則か國家の命令にして學校長及敎員か保護者又は兒童に對して執行し適用するか故に學校は營造物にあらずと余の見る所にては學校長及敎員は現行法上保護者に對して敎則を執行し適用すべきものにあらず然るに氏が斯くの如き議論をなせるは是れ我日本國の法令の解釋にあらずして華胥の國の法文を見たるにあらざらんか其學校長及敎員が生徒に對して敎則を執行し又適用するが故に營造物にあらずして官廳なりとは余りも大早計の議論にして鹿を見て山を見ざるの議論にはあらざるか若し氏の如くんば病院の醫師が國の法令に遵據して治療をなし又は公園の管理者が國家の命令を使用者に執行するが如

き場合は其病院及公園を營造物にあらずして官廳なりといはざるべからざるに至る豈天下斯くの如きの理あらんや

氏は上述の論據により學校の營造物にあらざるを駁撃せんとして却て自己の誤謬の點を暴露せしものといふべし故に氏の學校は營造物にあらずとの議論は從來の觀念を左右し得べきものにあらざるなり而して氏は次ぎに自己の說を主張して曰く公立小學校といふは一定の技術を以て普通教育上に關はる國家の意思を施行する所であつて其根據は今の小學校令である小學校令第一條の目的を達するには凡左の手續を盡さねばならぬとして

一　小學校令の施行規則に於ける教則及編成に關はる實施をなすこと

二　其實施を爲すため規則の明文通り教員は兒童の教育を擔任し學校長は之を統督する事

三　其教育及統督は一々その規則の明文通りに行ひ其範圍內に於ての外は學校長教員共に自己の意見若くば技能即ち行政語に所謂自由の裁量を加ふべからざる事

四　公立小學校兒童及其保護者は學校長教員が其職權を以てする教訓若くば督

促等の命令に違反するを得ず而して此命令は即小學校令たる國家の命令に基くものにして主觀上國家の權力の行使に外ならざる事

の四項を掲げ尙論じて曰く以上要するに小學校は法令によつて組立てられた國の行政機關の一つで其機關を組立てる職員が國家の委任による職權を以て活動するものであつて彼の通例の營造物などゝは其性質が違て居て又其の營造物といふ普通の觀念ではよく分らないのみならず强て純粹の營造物であると說明した所が何の利益もないそこで其仕事の性質上から吟味して見るに他の行政官廳といふものとさして異なる所がないゆへに之を一の敎育行政官廳といふ次第であると論せらるゝと雖も其誤れるは前に論せし所のみにて充分なれども先輩に對する禮として又斯の社會に重きをなせる氏の議論なるが故に玆に重複を顧みず反複余輩の異見を論述して氏及大方の敎を乞はん氏の第一第二に掲げたるは國家の機關か國務を處理するを述べたるものにして營造物も又行政手段たる設備なるが故に其活動か畢竟國務なるは勿論にして其營造物を組織するは或は物のみなる場合あるも又物及人より組織せらるゝ場合の學校の如きもありて其人は或は雇備契約により或は國家に特別の服務義務を負ふ官吏にして而も尙官廳

たる場合もあるが故に國家機關たる人と及物を以て組織する營造物か國家を處理するは當然にして之が爲めに營造物たるの觀念に反するものにあらず其第三に掲げたるは之れ人格を有する公共團體と區別せんとするの意なるを知り且つ營造物の觀念に反するとの趣旨にもあらざるべきを以て敢て異論を狹まずと雖も第四に掲げたる事は前に述べたるが如く敎訓若しくば通知は行政行爲たる命令又は處分命令にあらざるなり故に予輩の見る所によれば學校の觀念は行政官廳といふ觀念とは相一致するものにあらずして營造物たるの普通の觀念學說に一致するものたるを信ず然るに氏が通例の營造物などとは其性質が違て居て又其營造物といふ觀念ではよく分からないといへるは畢竟氏が營造物其物の性質を了解せざるに坐するのみ余輩は學校の性質は營造物と同一なりと信ずるが故に普通の見解と同じく左の如く定義を下すものなり

學校の定義

學校とは人及物を以て組織し法律上の決定權を有せずして繼續して敎育の爲めに直接に公衆の利用に供する設備にして國家又は公共團體に屬するものなり

左に之を分拆說明すべし

第一　學校は人及物を以て組織したる設備なり　學校を組織する人は官吏にして官廳たる大學總長及學校長又は其の補助機關たる敎授助敎授敎諭助敎諭訓導準訓導及書記官書記舍監と稱する官吏と及び雇傭契約による使丁門監等よりなるなり學者敎員の官吏たるは恰く唱道する所なるも學校長たる統督者を官廳たるを主張するは余を以て初めとす余は先きに官廳の觀念を說明する場合に於て述べる理由により其の誤らざるを確信するものなりと雖も淺學誤りなきを保せず乞ふ高敎の勞を吝まれざらんことを次ぎに其の營造物を組織する物的要件は校地校舍を始めとし器具器械圖書等悉く其の內に包含せらるべきものとす

第二　學校は法律上の決定權を有せざるものなり　是れ學校は官廳と同じく國務を處理するものなるも其官廳の如く法律上の決定權を有するものあらず即ち其行爲は行政法上の效果を生ずるものにあらざるなりされど玆に少しく辨論し置くは其組織せる學校長の行爲と學校の活動とは之を區別せざるべからざると是れなり學校長は官廳なるが故に法律上の效果を發生する行爲をなし得るも學校は否らず然るに學校長が此權あるを見て學校は直ちに官廳なりとは早計も甚だしきものなり若し論者の說の如くんば官廳か市町村の管理を受くるとの奇怪

千萬の論結を見るべけばなり故に學校長の官廳たる地位に於て處理する事務と營造物其物が處理する事實行爲とは觀念上之を區別せざるべからざるなり之れ學校長が官廳として處理する事務が公共團體の管理行爲の範圍外に屬する所以なりとす

第三　學校は繼續して直接に公共の利用に供せらるべき設備なり　繼續なる觀念は其要素にあらずと雖も其常素たるは疑ひなき事實なり而して其利用に供するに於て競爭試驗を行ひ或は授業料を徵收し又は强制して利用せしむが如きは是れ其形式にして敢て直接公共の利用に供するとの觀念に反するものにあらざるなり

第四　營造物たる學校は國家又は共公團體に屬するものにして其意思表示によりて成立する設備なり　玆に學校は國家又は公共體團に屬するものなりと謂はば或は驚く人もあらん是れ學校には私人に屬するもありされど其の私人に屬する私立學校は行政法上謂ふ營造物にあらざるべきを意味する爲めなり而して其の此處に屬するといひて所有といはざるは假令其の所有權は私人にあるも其の國家又は公共團體の認定による代用學校の如きは其の所屬する營造物といふを

得べければなり而して其成立は國家又は公共團體の意思によりて始まるは一般の營造物に異なるなし

第四款　學校の種類

學校の種類

學校は種々の標準によりて之を種々に區別するを得べし其設立維持の主體によりて之を區別すれば其國家によりて設立維持せらるるを官立學校といひ公共團體の設立維持するを公立學校と稱し其設立維持か私人に係るを私立學校と稱す私立學校は營造物にあらざるも其取締は一の行政行爲なりとす其詳細は後に至りて論述すべし而して其官立學校には帝國大學を除くの外文部省所轄のものと其他の行政官廳及宮內省所轄のものとあり文部省所轄の官立學校を特に文部省直轄學校と稱す今現行制度によりて官立學校の所屬及種類を擧ぐれば左の如し

第一　文部省直轄諸學校　廿六年八月勅令第八十六號

種目	校數
一　高等師範學校	三
二　札幌農學校	一

三　盛岡高等農林學校　一
四　高等商業學校　四
五　高等學校　八
六　醫學專門學校　五
七　高等工業學校　四
八　外國語學校　一
九　美術學校　一
十　音樂學校　一
十一　盲啞學校　一
第二　敎育總監部所轄の諸學校　一
一　陸軍士官學校　一
二　陸軍幼年學校　一
三　陸軍戸山學校　一
四　陸軍砲工學校　一
五　陸軍野戰砲兵射擊學校　一

六　陸軍要塞砲兵射擊學校　一
七　陸軍騎兵實施學校　一
第三　參謀本部所轄學校　一
一　陸軍大學校　一
第四　陸軍省所轄學校　一
一　陸軍經理學校　一
二　陸軍砲兵工科學校　一
三　陸軍々醫學校　一
四　陸軍獸醫學校　一
第五　海軍省所轄學校　一
一　海軍大學校（陸軍大學校と所轄の趣を異にす注意を要す後に之を論ず）
二　海軍兵學校　一
三　海軍機關學校　一
四　海軍々醫學校　一
五　海軍砲術練習所　一

六　海軍水雷術練習所　一
七　海軍［機關］術練習所　一
八　海軍主計官練習所　一
九　海軍造船工練習所　一
十　海軍看護術練習所　一
第六　遞信省所轄學校　一
一　商船學校　一
第七　農商務省所轄の學校　一
一　水產講習所　一
二　蠶業講習所　二
三　畜牛結核病檢查員養成所　一
四　馬匹去勢術練習所　一
第八　內務省所轄の學校　一
一　神宮皇學館　一
二　臺灣諸學校　若干

次ぎに公立學校には其設立維持の主體の異なるによりて府縣立市町村立町村組立等の名稱によりて各種の學校を區別せらる宮內省所轄の學校は學習院及華族女學校の二校にして宮內省の經費によりて經營せらるゝ官立の一種なり以上揭げたる內に於て文部省直轄學校公立學校及帝國大學並に私立學校の取締は所謂形式上の敎育行政に屬して文部省に於て其關係の事務を處理するも其他は所屬する所に於て之を處理するを以て敎育行政を說くものは文部省所轄の敎育を論ずるに止まるも實質に於て敢て異なるなきを以て余は形式上の敎育行政を說きたる後に特種敎育として他のものも之を概論せんと欲す

次ぎに文部省に屬する學校に於ても其目的の異なるにより普通系統に屬する學校及特別系統に屬する學校に區別するを得べく普通系統に屬する學校は又其學科の程度により小學校中學校及高等女學校高等學校帝國大學に區別し得べく又其特別系統に屬する學校は師範學校實業學校醫藥學校專門學校に區別するを得べし今之を便利の爲め圖解すれば左の如し

- 文部省所屬學校
  - 普通統系の學校—帝國大學—高等學校—中學學校—小學校
    - 高等女學校—小學校
  - 特別系統の學校
    - 高等師範學校
      - 師範學校—小學校
      - 中學校
    - 實業學校
      - 工業學校
      - 農業學校
      - 商業學校
        - 蠶業學校
        - 山林學校
        - 水産學校
      - 商船學校
      - 實業補習學校
    - 專門學校
      - 醫學校
      - 藥學校
      - 外國語學校
      - 美術學校
      - 音樂學校

第五款　學校の利用

學校の利用

學校は敎育の爲めに公衆の利用に供する設備なるが故に公衆は敎育に關する利

益を受くるが爲めに之を利用するを得べきなり而して利用するに於て一定の資格を要し或は行政機關の許可を受くるが如きは公衆の利用たるを妨ぐるものにあらざるなり今左に其利用の開始及其法律上の效果利用關係の消滅其利用の報償等につき項を分ちて説明すべし

學校利用關係の開始

第一　學校利用關係の開始　學校は繼續して一般人民に精神上の利益を與ふるを以て目的とす而して其利益を受くるもはの其利用關係に立つを前提とす之によりて個人は其利用すべき地位につき且特別の服務義務を負ふものとす而して其關係の開始には官廳の特別の許可行爲を必要とするもあれば又利用を强制するの形式もあり即尋常小學校の利用は學齡兒童の保護者に對して强制する所にして其他は悉く許可行爲によりて開始せらるゝものなりされど利用を强制する場合に於て其特別關係の生するには其就學義務を履行し始めたるときにあるは已に先きに論じたるが如し

學校利用關係の法律上の效果

第二　學校利用關係の法律上の效果　個人は學校利用關係の開始によりて其の營造物を利用するの權利を有す而して其の內容は國家の法規及學校長の定むる規程によりて定まるものとす而して又國家は自己の行政の目的を達するが爲め

臣民に一定の利益を供する結果として其の利益を享けんとして利用關係に立つものは其の營造物に關する權力に服するは尙官吏が其服務義務に服する關係と同一なりとす即ち學校を利用する生徒の位置にあるものは特別の意思表示によりて國家の法規を遵奉すると共に營造物に關する管理規則及校長の定たる校規に服せざるべからず

利用者の報償義務

第三　學校利用者の報償義務　學校は屢々述ぶるが如く其國家自身の利益なると共に其利用者も特別の利益を享くるを以て其特別經費を報償するは理の至當なるものとす其報償は民法上の契約による給付にあらずして公法上の權力關係に基く手數料なり而して學校に於ける手數料は之を授業料と稱す其授業料は之を徵收するを原則とするも行政の目的上之を徵收せざることを得即道路橋梁及尋常小學校に於て之を徵收せざるを原則とするが如し

授業料の性質

而して其手數料たる授業料は國家の權力作用によりて賦課徵收せらるゝ公法上の義務にして此點に於て民法上の債務と異なり又其特別經費の報償たる點に於て租稅と異なる即租稅は一般經費に充つるが爲めに臣民の負擔力に應じて賦課徵收せらるゝものなるが故に兩者は一般經費に充つると特別經費に充つるの差異あるのみならずして一

は負擔力に應じて徴收するも一は否らざるの差異ありとす學者或は行爲の爲めに利益を受くる特別の報酬なるや否やによりて區別せんとする論者ありと雖も是余輩の採らざる所なり以上の如く授業料は民法上の債務にあらずして公法上の義務ながる故に其義務を履行せざるときは司法裁判所に起訴して請求すべきにあらずして國税徴收方法たる行政處分に對する强制手段を以て履行せしむべきものとす而して其消滅時效も民法の消滅時效と異り特別の規定によるべきなり其詳細は各論に至りて論述すべし

利用關係の消滅

第四　學校利用關係の消滅　學校利用關係の消滅は利用者本人の卒業死亡及び其學校の廢止によりて消滅するは勿論其他本人の意思及學校長の權限によりて其關係を絶つを得べし其本人の意思とは退校願にして其自由なるを原則とするも尋常小學校に於ては其就學義務履行の效果として他の尋常小學校に轉ずるにあらざれば消滅せずされど病氣其他貧困の理由により就學の猶豫免除せられたる場合は消滅すべきものなり然れども其關係は官吏の場合と同じく國家機關たる學校長の許可行爲によりて效力を生ずるものなり

次ぎに學校長の權限によりて消滅する場合は行政法規又は校則によりて退校放

校等の處分をなしたるとき是れなり學校長は法規又は校則により之を處分し得るも尋常小學校に於ては懲戒をなすの外其權限なし其詳細は各論に至りて說明すべし

第五編　教育に關する行政行爲

第一章　總論

教育に關する行政行爲

行政とは曩きに論じたるが如く立法及憲法上の大權の下にありて行政機關の權限に委任せらたる國家の作用にして其一部分は單に事實上の作用たるに止まるものあり一部分は法律上の關係を發生するものあり其單に事實上の作用たるに止まるものは行政各部に亘りて其大部を占むると雖も其は法律上の關係を生せざるを以て是は茲に謂ふ行政行爲の範圍外なりとす而して其行政作用にして法律上の關係を發生するを行政行爲と稱す其行政行爲には單に行政機關の內部に於てのみ效果を發生する作用と行政機關が外部即他の人格者に對して行ふ作用との二者とに區別するを得べし前者は上級官廳より下級官廳に發する訓令及上官より下官に發する服務命令にして後者は行政命令行政處分又は公法上契約として表はるゝなり

第二章　外部に對する行政行爲

第一節　行政命令

第一款　總論

本節に於て論ずる行政命令とは學者の行政法規とも稱するものにして廣く行政の準則たる法律を包含せざるは勿論勅令をも含まざるものにして其準則たる法律勅令の下にありて行政機關の發する命令に止まるものなり而して其命令權は行政機關の固有の者にはあらずして他の委任によりて之を行使するものなり憲法第九條には「天皇は命令を發し又は發せしむとありて」天皇は行政命令を發する權限を委任附與するを得るのみならず明文はなしと雖も法律も亦委任を以て行政命令を發する權限を附與するを得るものとす而して又行政機關は其委任によりて自己の權限に屬する事項を更に下級の行政機關に委任する事を得るものと信ず斯くの如く行政機關は或は君主の委任により或は法律の委任によりて行政命令を發するを得るものにして固有に其權限を有するものにあらざるを以て此

點よりいふときは悉く委任命令といはざるべからずと雖も普通に委任命令といふは單に法律の委任によりて發する命令をのみ斯くは稱するなり

行政命令の效力

次ぎに其の行政命令の效力を敍せんに行政機關の發する命令は啻に法律に牴觸するを得ざるのみならず勅令にも違反するを得ず若し此れ等の法規に違反するとは其の監督者より取消さるゝか又は其の廢止を强制せらるゝの運命を有するものなりされど此れ等命令は其監督者より取消し又は自ら廢止せられざる限りは假令憲法々律及び勅令に違反すればとて其の權利を侵害せられ又は利益を害せられたるとの理由によりて行政訴訟又は訴願を提起し得べきものにあらず訴願又は訴訟は處分に對するものにして命令に對するものにあらざればなり

第二款　行政命令の種類

行政命令の種類

憲法第九條第十條及法律の委任によりて行政機關の發する命令は其實質上左の如く區別するを得べし

第一　法律勅令の執行命令

執行命令

執行命令とは法規の準則を一定の時及場所に於て實施する手續を定むるものな

り而して其執行命令は法律勅令に違反するを得ざるのみならず法律勅令以外の新規定をも設くるを得ざるなり其命令は畢竟法律勅令の細則に過ぎざるが故に其根本の法令の消滅する場合に於て其消滅するは勿論なりとす今教育に關する執行命令の例を擧ぐれば小學校令施行規則中學校高等女學校令施行規則等之なり玆に一言し置くべきは其施行規則中には後に論ずる權限命令及獨立命令をも包含するを注意せざるべからざることこれなり

獨立命令

第二　獨立命令

獨立命令とは憲法第九條の公共の安寧秩序を保持し及臣民の幸福を增進する爲め必要なる命令を發せしむと規定せられたる區域に屬する命令にして教育に關するときは後段臣民の幸福を增進する爲めに發するものを主とす今現行法規中に於て其例を索むれば小學校令施行規則中に定めたる教則の如き其著しきものなり

權限命令

第三　權限命令

權限命令とは學者之を組織命令とも稱し憲法第十條に基く命令にして行政機關が之を發するときは其君主の委任によるべきは明かなる理なり我教育に關する

現行法規中小學校令施行施行規則に於ては第九條乃至第二十四條及第八十條乃至第九十七條同第九十八條乃至百十四條の如く行政機關が下級行政機關の權限を定めたるが如きは即ち權限命令に屬す而して此權限命令は憲法第十條に基くの結果其效力は法律と雖も廢止變更するを得ざること是れなり

第四　委任命令

委任命令とは憲法上法律を以て規定すべき事項を法律の委任により行政機關をして規定せしむる場合の命令をいふ此委任命令を認むべきや否やに就ては議論の存する所なるも余輩は法律が其大綱を規定し其細目を命令に讓もる法律を以て定むると同一に歸するが故に其委任の範圍を犯さず大權事項の範圍を犯さゞる範圍に於て執行命令獨立命令以外に委任命令を發するを得るは何等差支なきことにして憲法違反にあらずと信ず我現行法の實際に見るも此見解を採用せりされど敎育に關する法規中には憲法上の委任命令即法律にて規定すべき事項を勅令に委任せられたる場合は存するも行政命令中には存せざるが如し

以上論述したる命令の分類は是其實質上の區別にして其效力を異にするを以て茲に之を論じたるのみ實際法令として發布せらるゝに於ては斯くの如く區別せ

ざるを例とす故に一の命令中には第一より第四に至るまで悉く包含するもあれば又其一若しく二を包含するもありて其實質によりて之を區別するの外なし而して公布の方法及施行期限は明治十九年勅令第一號公文式明治十六年大政官布告第十四號官報到達日數明治三十六年勅令第百九十六號地方官廳の發する命令公布式によりて定まるものにして今之を左に概說すべし

行政命令の公布方法

第一　行政命令公布の方法　公文式第六條及第七條によれば閣令及省令は年月日を記入し內閣總理大臣又は主任大臣之を署名すとありて同第十條には凡法律命令は官報を以て公布する旨を規定せり故に閣令省令は年月日を記入して署名したる上官報を以て公布するを要す而して府縣令郡令及島廳令は地方官廳の發する命令公布式第一條によりて其の府縣令郡令島廳令なるを明記し地方長官郡長島司之れに署名し公布の年月日を記入し同日之を公布すべしとありて其の方法は其の定むる所によるとして制限せざるも概公報を發行して公布するを例とせり

行政命令の施行期限

第二　行政命令の施行期限　公文式第十條によれば命令は官報各府縣到達日數の後ちを以て施行の期限となすとありて而して其官報到達日數は十六年十四號

布達によりて定まれりされど公文式第十一條乃至第十三條には其の除外例を規定せるを以て其の規定によりて施行期限を定めざるべからず而して府縣令道廳令島廳令郡令は公布後七日を經て之れを施行すとありて郡役所島廳及市町村役場戸長場の島嶼なるときは其起算點を其到達の日とせり

第二節　行政處分

第一款　總論

行政處分

行政處分と行政命令及公法上の契約との差異

行政處分とは行政機關が法規即法律命令の範圍内に於て特定の事件につきて之を規律する目的を以て發する國家の片面的意思表示なり其特定の事件を規律する目的に於て發する點に於て一般の事物の關係を規定する命令と異なり國家の片面的意思ある點に於て公法上の契約と異なるなり而して其行政處分は法規の範圍内に於て發するものなるが故に法律に違反するを得ざるは勿論勅令及其他の命令にも違反するを得ず而して特定の事件につきて規律するものなるの結果命令の如く一定の形式を具へて一定の區域内に於て何人も認知するを得ん方法

によりて之を公布するを要するものにあらずして其處分を受けしものに對し便宜の方法によりて告知するを以て足れりとす

第二款　行政處分の種類

行政處分の種類

行政處分は其觀察の立脚點の異なるにより之を種々に區別するを得べし而して其種類は敎育行政に關せざるものも尠からざるを以て其無關係の分は分類上殆んど名稱を揭ぐるに止め置き玆には只敎育行政に關係するものゝみを說明すべし

依法處分と裁量處分

第一　處分を決定する狀態より觀たる分類　法規に對して處分を決定する狀態より行政處分を分類するときは依法處分と裁量處分とに之を區別するを得べし而して其區別の效果は行政訴訟提起の場合に現はる即法政訴訟は依法處分によりて權利を侵害せられたる場合に提起するを許さるゝも裁量處分の場合には訴願の目的とはなり得るも行政訴訟の目的とはなり得ざればなり監督官廳が就學及出席の督責をなし又は免除をなすが如き若しくは敎員の免除狀を褫奪し懲戒處分をなすが如きは依法處分にして就學の猶豫をなし小學校令施行規則百二十

七條によりて敎員の特別處分をなすが如きは裁量處分なりとす

第二　處分を受くるもの丶要求に係ると否とによりても處分を分類するを得べし

甲　臣民の要求による處分

認可

(イ)認可　認可とは私人又は公共團體が法律上有效なる行爲をなさんが爲官廳の承認を要求する場合に之を承認する處分をいふ而して其認可を受くべき行爲は後に述ぶる許可の如く一般に禁止せられたるにあらずして只其認可を受けざるときは其行爲は之を爲すも法律上の效果を發生せざるものなり斯くの如く認可と許可とは其差異あるも法令の明文上に於ては之を混同する場合あるを注意せざるべからず小學校令第十五條の市町村立高等小學校の設置廳止に知事の認可を受くるが如き又同第廿三條により小學校の敎科目の加除に付知事の認可を受くるが如き立法の精神は此等の行爲は妄に爲さしむべからざるにあり小學校令施行規則百三十七條には市町村立小學校長及敎員は當該學校所在の市町村に居住すべしと命令せるが故に其市町村立以外に居住するは之を禁止せるものと見ざるべからず斯くの如き場所に其市町村以外に居住を

許すは次ぎに述ぶる許可ならざるべからず然るに但書に監督官廳の認可を受けたるときは之れ限りにあらずとは是れ先きに述ぶる認可と許可とを混同せるものなり故に其の文字のみを以て其の性質を混同せざらんことを要す畢竟斯の如きは立法の粗漏といはざるべからず

許可

(ロ)許可　許可とは法が一般に對して禁止せる行爲を特定の場合に於て其禁止を解除するの處分にして之を免許ともいふ而して其立法の精神は此等の行爲を一般に許すときは社會に危害を及ぼし又は公益を害するの虞ありとする行爲なれども亦絶對的に之を禁止するの必要なきを以て特定の場合には之を許して特定の監督をなすを利益とするなり其許可を與ふるの要件は其行爲の法規等に依り一般に禁止あるを要し且其例外は又法規によりて規定せられたる場合なるを要す小學校令施行規則第百四十七條の府縣知事の處分の如き其他就學の猶豫免除をなすが如きは監督官廳の認可を受けてなすべき許可にして教員の資格の免許も又許可の處分なりとす

特許

(ハ)特許　特許は發明其他公益上の理由により特定人に獨占的公法上の私權を附與するものにして專賣特許　採掘の特許　漁業權の免許等の如き之れなり

敎育行政の區域に於ては此處分は存在せざるを以て其說明は玆に之を省畧す

裁決

(ニ)裁決　裁決とは一定の行政處分に對し不服のものをして其處分の覆審を求めしめ官廳が之に對して下す所の處分にして小學校第五十條により府縣知事のなしたる處分に不服あるものが文部大臣に訴願したる場合に文部大臣が下す處分は即裁決なり

決定

(ホ)決定　決定は行政處分に關して臣民間の爭につき之を決定する處分なり敎育行政の區域には存在せざるなり

受理及却下

(ヘ)受理及却下　受理とは屆出其他公法上の行爲を官廳に於て承認するの處分にして却下とは之に反して官廳が承認せざるの意思を表示すの處分なり

公證

(ト)公證　公證とは國家が或事實の正確なるを證明するの處分なり

手數料の賦課

(チ)手數料の賦課　是又私人が國家の行爲を要求する場合に於て手數料を賦課するは一の行政處分なりとす

登錄

(リ)登錄　登錄とは一定の事實に對して法律上の效果を附與するの處分なり乙臣民の要求を要せずして發する處分

指定及認定

(イ)指定又は認定　法令に於て直接に或事實を指定せずして之を行政官廳に委

任することあり其處分を指定又は認定と稱す例へば中學校令第二條第二項の文部大臣の認定の如き是れなり其他臣民の要求によらざる處分には公共組合の設立加入を命令するの處分租税の賦課拘留科料過料及次欵に明說する强制手段等の別あり

第三欵　强制手段

强制手段とは國家が臣民をして公法上の義務を履行せしむる爲め用ふる手段にして直接に臣民の身體又は財產に對して制限を加ふるものなり而して其手段には司法上の强制手段と行政上の强制手段の區別あり司法上の强制手段は法規違反に對する刑罰にして行政上の强制手段とは行政處分に對し其效力を發生せしむるが爲めの保障にして一個人が行政處分に對し不順若くは抵抗に依り處分の目的を達する能はざるときに之を用ふるものなり抑國家は私人とは異り自己の權力によりて直接に臣民を强制して其行爲不行爲を要求するを得之れ即强制手段にして臣民の身體財產に對して制限を加ふるものなるが故に法律によるにあらざれば之をなす能はざるなり現行法上行政處分に對する强制手段の重なる

規定は行政執行法なりとす今之に屬する强制手段は代執行强制罰直接强制なりとす而して此等の强制手段を用ふるには行政執行法第五條第二項によりて豫め戒告するにあらざれば之をなすを得ずされど急迫の場合に代執行の處分をなすには戒告を省く旨を規定せり學者或は此戒告をも强制手段なりと論ずるありと雖も之れ誤れるの見解にて余輩の意見は戒告は强制手段の準備行爲にして强制手段其者にはあらずと信ず今左に强制手段の種類を掲げて説明すべし

代執行

第一　代執行　代執行とは處分を命ぜられたる者にして之を履せざる場合に行政官廳自ら之を行ふか又は第三者をして之を行はしめて其費用を其者より追徵するの處分なり斯くの如く代執行は他人代りて之を行ふ者なるが故に處分の目的にして不作爲なるとき又は處分を受けたる自身にあらざれば之を行ふを得ざるとき及處分を受けたるものにして無資力なるときは之を用ふるを得ざるなり故に此手段は多く警察行政の區域に存するものにして敎育に關する行政に於ては殆んど之を用ふる場合なし

强制罰

第二　强制罰　强制罰又は執行罰とは代執行を用ふること能はざる場合に用ふる手段にして卽他人の爲すこと能はざる者なるとき又は不行爲を强制するとき

刑罰との差異

は行政執行法施行令第四條により各省大臣は二十五圓以下道廳府縣長官は十圓其他の行政官廳に於ては二圓以下の過料の處分をなすを得而して其性質は刑罰にあらずして兩者は其目的を異にし刑罰は刑罰法規に掲げたる有責違法の行爲に對する制裁なるも强制罰は單に行爲不行爲を强制する爲めに用ふる手段にして其履行するまでは刑罰の如く一事不再理の原則に從ふを要せずして幾度も之を科するを得るのみならず其强制の目的物消滅する場合は處分を遵守せざるも又之を科するを得ざるなり如斯刑罰と强制罰は其性質を異にするものなるが故に兩者を併科するも妨げなきものとす今敎育行政に關する區域に於て用ふべき場合を說明せんに小學校令施行規則第九十四條により兒童の保護者に就學又は出席の督促の行爲をなしたる場合に之に應ぜざるときには郡長は二圓以下の過料に處して尙其義務を履行せしめ得べく道廳府縣長官は十圓以下の過料に處して其義務履行を强制し得べし斯くの如くにして尙其義務を履行せざるときは幾度も之を處分するを得べし故に就學の猶豫免除の理由存在せざる限りは就學出席の督促は充分に行はるべきものなり然るに之を行はざるは行政官廳の怠慢といはずして何ぞや然るに敎育者中には義務敎育の制裁なきを嘆じて其督責規定

のみ乞ふ敎育者たるもの又之を了し監督官廳をして此手段によりて其督促を仰がば何ぞ制定を主張するものあり之れ畢竟本規定の存在するを知らざるに坐するの又何ぞ制度なきを嘆ずるに及ばんや

直接强制

第三　直接强制　直接强制とは代執行又は强制罰によりて處分の目的を達する能はざる場合又は急迫の場合には私人の身體財産に對して强制を加ふるの手段なりとす即代執行又は强制罰により目的を達する能はざる場合に身體の自由を制限し財産を沒收するが如き是れなりとす

第三節　公法上の契約

公法上の契約

公法上の契約又は行政契約は行政命令又は行政處分と同じく外部に對して行政機關が國家の意思を表示する作用なりと雖も前二者は國家の片面的行爲なるに反して行政契約は双面的行爲なるの差あり而して其性質に關しては嘗て任官の性質を論ずる場合に於て評論したるを以て本節にては更に之を論せず而して其種類は歸化及任官是なり

本章に論じたる所を例に依りて左に圖解すべし

外部に對する行政行爲

- 行政命令
  - 種類
    - 執行命令
    - 獨立命令
    - 權限命令
    - 委任命令
  - 公布の方法
  - 施行期限
- 處分
  - 處分を決定する狀態より觀たる分類
    - 依法處分
    - 裁量處分
  - 處分を受くるものの要求に係ると否とによる分類
    - 臣民の要求に對する處分
      - 認可
      - 許可
      - 特許
      - 裁決
      - 決定
      - 受理及却下
      - 公證
      - 手數料の賦課
      - 登錄
    - 臣民の要求せずして發する處分
      - 指定又は認定
      - 强制手段
        - 代執行
        - 强制罰
        - 直接强制
      - 租稅の賦課等
- 公法上の契約
  - 歸化
  - 仕官

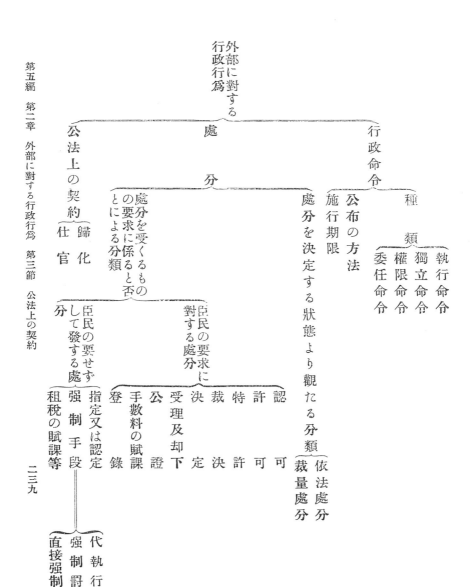

第三章　內部に對する行政行爲

内部に對する行政行爲

行政行爲中には其內部即行政機關の間及其他特定の公法上の服從義務を負ふものに對してのみ效力を發生するものあり而して其行政機關の間のみに行はるゝ行政行爲には上級官廳より下級官廳に對する指揮權の發動として現はるゝ訓令及指令と上官が下官に對して有する官吏の服從義務の作用として行はるゝ服務命令にして其特定の服從義務を有するものに對して行はるゝは服從命令にして普通は校規學則等の形式を以て存す而して其訓令及指令につきては第三編第二章第一節第六欵官廳の統一を論せし所に於て說明せしを以て玆に其說明は之を省き服務命令につき少しく論ずべし

指令訓令

服務命令

上官より下級吏官に對する服務命令は下級官吏の服從義務の結果として行はるるものにして其訓令と異なるは彼は官廳間の行政行爲なるも是は官吏間の行政行爲なるの差異あり而して其命令は受命者の職務に關係して職務上の上官より發せられたる者ならざる可らず然り而して其職務上の上官が其服務命令を發するには法律命令に違反するを得ざるは勿論上級官廳の訓令にも違反するを得ず

故に法律命令訓令の設定變更等により牴觸を生ずる場合は服務命令は其效力を失ふものなり其服務命令は行政命令の如く一般の事物を規律する處務細則として發することを得べく又行政處分の如く特定の事物を規律する爲めにも發するを得べくして其間には輕重の差なきを以て後者を以て前者を廢止變更するを得と論定せざるべからず

特定の服從義務を有するものに對する服從命令は上級官吏が下級官吏に對する命令と毫も異なるなし即ち學校長が學生々徒兒童に對して發する校規なる命令は勿論個々の命令は皆之に屬す

以上論ずる服務命令及服從命令は服從義務の結果なるが故に之に違反するときは懲戒處分を受くるものなりとす

第四章　行政上の救濟手段

第一節　總論

國家は或は法規により或は行政處分によりて臣民の自由及利益を制限すること

を得故に其法規又は處分によりて臣民の利益權利を違法又は不當に侵害する場合あり斯る場合に於て臣民をして國家に對して其命令又は處分に付再考を求めしむるは立憲政體の本旨に適するのみならず行政監督上亦必要なりといはざるべから斯くの如き方法を行政上の救濟手段といふ其手段は法規に對すると處分に對するとに區別するを得べし

第二節　法規に對する救濟手段

法規に對する救濟手段

法規に對する救濟手段とは即其法規の規定する所が臣民の利益に反する場合に之が救濟を求むるの方法にして現行の制度に於ては只憲法第三十條による請願權あるのみ其請願を理由ありとして國家が自ら法規を改正する場合は格別然らずんば國民は國家の絕對無限の權力によりて如何なる法令と雖も其存在中は之に服從せざるべからず之れ即惡法も亦法なりとの原則ある所以なりされど國家が立法する所以は社會の幸福を保全發展することを以て目的とするなれば宜しく其意向に鑑みて之を制定せざる可らず於是乎臣民には請願權を與へ其欲する所を言はしむ其欲する所を言はしむるのみにして其採否は國家自ら決定する所に

して臣民の如何ともする能はざる所なり臣民は唯請願するを得る權利を有するのみにして國家は一定の機關をして之を受領せしむるの義務を負はしむるに止まるなり

第三節　處分に對する救濟手段

第一款　總論

處分に對する救濟手段

處分は法規者範圍内に於て活動せざるべからず臣民は故なく法規に於て保障せられたる利益權利を侵害せらるゝ者にあらず故に若し處分にして法令を無視し法規の範圍を逸して臣民の豫期せざる服從義務を課するが如き場合は勿論假令法令の範圍内に於てする處分と雖も痛く臣民の利益を害するが如き場合は國家は其處分に關して利害の關係あるものにして之れが救濟を求めしむる方法を設くること必要なり現行法上行政訴願行政訴訟あるは之れが爲めなり

第二款　訴願

第一項　訴願の性質

訴願の性質

訴願とは行政官廳の處分に對し其處分が違法又は不當にして自己の利益を侵害せられたりと思推したる特定の場合て於て行政官廳に對して其處分の覆審を求むるの權利なり今之を分析して左に說明すべし

第一　訴願は行政處分に對して提起すべきものなり　訴願は行政官廳の處分に對して提起するものなるが故に行政官廳の發する法規命令及勅令に對しては訴願をなすを得ず而して其訴願提起の目的とする處分は前に述べたる如く裁量處分のみに對するを本則とすと雖も我現行法は依法處分の場合も其目的とする場合あり此點は行政訴訟法と異なる所以にして行政訴訟は依法處分のみを其目的とす

第二　訴願は違法又は不當の行政處分により權利又は利益を侵害せられたる場合に提起す　訴願は行政處分の不當にして臣民の利益を侵害したる場合に提起するを原則とすと雖も現行法は違法の行政處分によりて權利又は利益を侵害せ

られたる場合も之を提起するを得るなり

第三　訴願は法律上特定の場合に覆審を求むるものとす　國によりては不當の行政處分によりて利益を侵害せられたるときは常に訴願を提起するを得る概括主義を採るあるも我現行の訴願法は列擧主義を採用せるを以て其列擧せられたる特定の場合に於てのみ訴願を提起し得るものなり行政官廳が違法又は不當の處分によりて臣民の權利々益を侵害したる特定の場合に覆審を求むるの方法なり覆審とは當該行政處分に對して再審を請ひ其是認すべきは是認し又は取消變更すべきは其取消變更の決定を求むるの行爲なり故に其處分を取消變更すると否とは素より審議の結果如何に關するものにして訴願人は必ず取消變更するを求むる權利ありといふを得ず其要求は其處分の覆審にあるなり

第二項　訴願事項

訴願事項

訴願を提起するには我國は其事項を列擧主義によりて定めたるにより行政官廳の行政處分によりて權利々益を侵害せられたる場合に於ても現行法上列擧せられたる場合に限るものとす訴願法第一條により訴願事項を擧ぐれば左の如し

一　租税及手數料の賦課に關する件

二　租税の滯納處分に關する件
三　營業免許の許否又は取消に關する件
四　水利及土切に關する件
五　土地官民有區分に關する件
六　地方警察に關する件
七　右に掲げたるもの丶外特に法律命令によりて訴願を許したる事項
右第七號により敎育行政の區域に於て訴願を許したる場合を掲ぐれば左の如し
一　小學校令第五十條に依り文部大臣に訴願する場合
二　私立學校令第十條により私立學校の閉鎖を命せられたるときは同第十二條により訴願法により訴願をなすを得
本款を終るに臨んで一言すべきは訴願法第一條第一により手數料の賦課に關しては原則として訴願を提起し得べきを以て明治二十九年二月勅令第五號によらざる場合は勿論其他授業料の賦課徵收に關し違法又は不當の行政處分により權利々益を侵害せられたりと思推するときは常に訴願を提起し得るものといはざるべからず

第三項　訴願の手續

訴願は文書を以て提起すべきを原則とし行政官廳に於て必要と認むる場合の外は口頭審問をなさずして文書に依りて裁決す而して訴願を提起する官廳は處分をなしたる上級官廳に對するを普通とするも各省大臣の處分に關しては其省に提起するものとす之れ其上級官廳なるものなければなり而して其上級官廳に對して提起する場合に於ても裁決をなしたる官廳に説明をなさしむるの必要上其官廳を經由して提起すべきなり以上述ぶるが如く特定の場合には訴願の提起を許すと雖も若し其訴願にして一定の期限なくんば行政處分によりて生じたる權利は常に不確定の狀態にあるを免れず故に行政處分をして確定の狀態に置かんとせば其提起に一定の期限を設くるの必要あり故に訴願法に於ても法律勅令に別段の規定なき以上は其提起の期限は處分を受けたる後六十日と規定せり故に其以後は行政處分は已に確定せるを以て又之を提起するを得ず訴願は行政處分の違法又は不當にして利益權利を侵害したる場合なりと思惟したる場合に提起すべきものなるも其侵害したるや否やは訴願を受理せる官廳の決定したる場合に確定すべきを以て其以前は前の處分は訴願提起の爲めに其效力を妨げらるゝ

ものにあらざるなりされど行政廳は其職權により又は訴願人の願によりて處分の執行を停止するを得るなり

第四項　訴願裁決の效力

訴願裁決の效力

訴願の裁決は單に下級官廳に向て取消變更等の訓令にあらずして當然取消の效果を生ずるものなり之を喚言せば行政處分を命ずるにあらずして自ら行政處分をなすものなり而して其處分は實質上左の數種に區別するを得べし

卻下の裁決

第一　卻下の裁決　卻下の裁決は原處分が訴願によりて再審を求むべからざるを決定する處分なり故に其卻下の處分に不服なるときは更に其行政官廳を經由して上級官廳に訴願するを得るなり

是認の裁決

第二　是認の裁決　是認の裁決は下級官廳の處分を是認する處受にして下級官廳は羈束の效力を受くべきものなるが故に下級官廳は自己の意思によりて隨意に之を變更し又は取消すことを得ず

取消の裁決

第三　取消の裁決　取消の裁決は行政處分をして效力を失はしむるものなりされど此處分は訴願を提起したる特定の處分を取消すに止まりて其處分に屬する效力は將來生ずることとなしと雖も下級官廳が他の事件に付て同一の處分をなす

を得べきは勿論同一の事件に就ても再び取消を受くるの危險を冒して同一處分をなすは法律上何等妨げなきこととなりとす

變更の裁決

第四　變更の裁決　變更の裁決は下級官廳の處分の全部又は一部を取消して上級官廳の處分を以て之に代ゆるものなり其一部を取消したる場合に於て取消されざる部分に對しては是認の裁決と同一の效力を生じ變更せられたる部下と共に上級官廳の處分しとて效力を有するものなり

第四節　行政訴訟

第一款　行政訴訟の性質

行政訴訟の性質

行政訴訟とは行政官廳の處分に對して其處分が違法にして權利を侵害せられたりと思惟したる特定の場合に其救濟を行政裁判所に求むるの方法なり

第一　行政訴訟は行政裁判所に對して裁判を求むるものなり　裁判とは當事者間の法律關係を裁決する爲めに當事者の參與によりて行はるゝを原則とす之れ他の處分と異なる點にして行政訴訟の提起者と行政訴訟の目的たる處分をなし

たる行政官廳と共に裁判に參與して喚言すれば處分を受けたる訴訟提起者原告となり官廳被告となりて對審の上行政裁判所當事者間の爭を確定するものなり

第二　行政訴訟は行政處分に對して提起するものなり　行政訴訟は訴願と同じく行政處分に對して提起するものなりと雖も其處分は依法處分の場合の場合にのみ生ずべきものにして裁量處分の範圍に於て其不當なるを理由としては之を提起するを得ざるものとす

第三　行政訴訟は違法處分により權利を侵害せられたりと思推する場合に提起するものなり　法治國に於ては行政官廳が處分を爲すに當りては法か豫め臣民に對して命じたる範圍外に出づる能はざるものにして若し其範圍を越ゆるときは是れ即違法の處分なりされど其違法たるや否やは國家の決定すべきものなるを以て臣民は違法なりとして之が遵由を拒むを得ざるも國家の機關たる行政官廳を組織するは自然人なるが故に時に法の解釋を誤るなきを保せざるを以て特定の場合に違法の處分によりて權利を侵害したると思推し得べき場合に裁判を求むるを得せしめたり行政訴訟及訴願は此點に於て其趣旨を同じくすと雖も訴願は違法處分によりて權利を侵害せられたる場合及不當の處分によりて利益を

侵害せられたる場合にも提起し得べきは前に述べたる如きも行政訴訟は只違法の處分により權利を侵害せられたる場合に限るの差異あり

第四　行政訴訟は特定の場合に裁判を求むるものなり　訴願と同じく國によりては行政訴訟も概括主義を採用するなきにあらざるも我國は列擧主義によりて其訴訟を提起し得べき場合を法律上限定せり

行政訴訟事項

第二款　行政訴訟事項

現行行政裁判法は其第十五條によりて行政裁判所は法律勅令により行政裁判所に出訴をなしたる事件を審理すと規定し又明治二十三年法律百六號に其事項を限定せり而して其項目を案すれば訴願事項と大同小異にして只海關稅の附加及地方警察に關する件を除きたるのみ其除外したるは理由の存する處なるも本著には關係少きを以て茲に其說明を省きて其項目を左に掲ぐれば

一　租稅及び手數料の賦課に關する件但海關稅を除く

二　租稅の滯納處分に關する件

三　營業免許の許可又は取消に關する件

四　水利及土木に關する件
五　土地の官民有區分の査定に關する件
六　其他法律勅令に於て特に訴訟を許したる事件

是れなり而して其行政訴訟法以外に於て敎育に關する行政の處分に對し行政訴訟を提起し得べきは明治二十五年四月勅令第三十二號學校職員退隱料又は遺族扶助料に關し權利を障害せられたる者の救正方並府縣立師範學校及公立中學校の學校長敎員舍監書記並市町村立小學校正敎員の退隱料又は遺族扶助料に關し行政上の處分により權利を障害せられたりとする者は一箇年以内に行政裁判所に出訴することを得但下の事件に關しては文部大臣若くは府縣知事の裁定は終審確定の者とすと規定せり而して除外せる事件とは(一)傷害疾病の原因及其輕重(二)職務に堪ゆると否らざると此二件を掲げたり官立學校の職員及敎育行政官廳及其補助機關たる官吏の同權利に關しては又文官退隱料遺族扶助料に關する規定に同趣旨の條文あり

第三款　行政訴訟の手續

行政訴訟の手續

行政訴訟の手續は其本體に於て民事の訴訟と殆んど同じく就中裁判公開の原則口頭審理の原則擧證の責任に關する原則等は全く同一なり而して其行政訴訟法は當事者の請求によりて開始する者にして其判決も當事者の要求したる以外に及ぶを得ざるを以て行政訴訟をなすものは必ず一定の要求をなさゞるべからず行政訴訟も訴願と同一の趣旨によりて其出訴の期限を定めたり而して其期間は訴願と同じく原則として處分の日より六十日なりとす

行政訴訟の提起も訴願と同じく處分の執行を停止せず唯當事者の要求により又は裁判所の職權によりて其效力を停止するを得べきのみなり

我現行法上行政訴訟の提起に關し重要なる一の原則は行政訴訟を提起するには先づ地方行政官廳に對して訴願し其裁決を經たる後にあらざれば提起する能はざること是れなりされど各省大臣の處分又は内閣の主管官廳又は最高地方行政官廳の處分に對しては直ちに行政訴訟を提起するを得るなり而して各省又は内閣に對して訴願をなし其裁決を經たるものは其裁決に對しては行政訴訟を提起するを得ざるなり

第四款　行政裁判所の組織

行政裁判所の組織

行政裁判所とは行政裁判を行ふ特定の機關にして長官及評定官を以て組織す而して其資格は年齢滿三十歳以上にして五年以上高等行政官又は裁判官たる職を奉じたる者より内閣總理大臣の上奏によりて任命し原則として司法裁判官と同じく獨立の地位を有すされど兼任のものは本官が斯くの如き地位を有するにあらざれば其保障確實なりといふべからず而して其行政裁判官は司法裁判官と同じく職務上の獨立權を有するものにして其判決をなすに於ては何人の指揮命令をも受くることとなし是れ其訴願と異なる重要なる點の一なり我現行法によれば行政裁判所は合議體の官廳にして五人以上の裁判官の列席合議を要す其判決は過半數に依りて決定するものなるが故に其合議に與るものは必ず奇數なるを要す

第五款　行政裁判の效力

行政裁判の效力

行政裁判の判決は其係爭事件に關して不可變更の效力を以て訴訟當事者を拘束

するものなり而して其效力の範圍内に於ては同一の事項が再び訴訟に係はりたるときは當事者は其既判事項たるの抗辯をなすを得べく同一事項が再び官廳の干渉を受くるときは一事不再理を主張するを得るを以て其事項に關しては最終の確定力を以て決定せらるゝなり

斯くの如く行政訴訟の效力は不可變更の效力を有する點に於ても訴願と異なるものなり訴願の效力は前に述べたるか如く前の處分を取消變更したる場合に於ては下級官廳は之に拘束せられ自己の意思を以て最早之を動かすを得ずと雖も裁決をなしたる官廳又は其上級官廳は普通の行政處分と同じく之を取消し又は變更するを得るものとするを原則とするも行政訴訟の判決は假令法規に違反することが後に明かなるに至りても一旦確定したる以上は其事件に關しては最早絕對的に動すべからざるものとすされど其不可變更の效力の及ぶ範圍は唯其爭に關する事件にのみに止まるものにして他の事件に關しては全く其理由を同一にするも之が爲めに影響を被むるものにあらず又其效力は一方に於ては單に訴訟當事者及參加人のみを拘束するものにして其他の第三者は假令同一の處分を受けたる場合に於ても其判決によりて其效力を妨けらるゝものにあらざるなり

左に本章に述べたる所を圖解す

行政上の救濟手段
- 法規に對する救濟手段——請願
- 處分に對する救濟手段
  - 訴願
    - 性質
    - 訴願事項
    - 手續
    - 裁決の效力
      - 却下
      - 是認
      - 取消
      - 變更
  - 行政訴訟
    - 性質
    - 行政訴訟事項
    - 手續
    - 行政裁所の組織
    - 裁判の效力不可變更

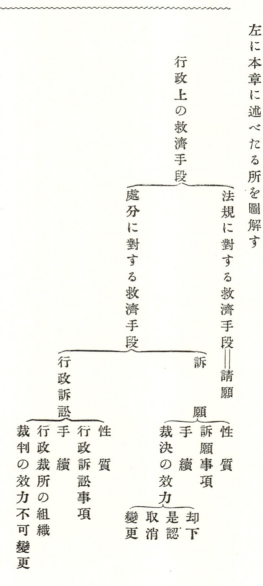

中巻各論

第一編　普通教育

第一章　小學校

第一節　總論

學校敎育の沿革

敎育に關する行政は往昔應神天皇の御宇に文學渡來せし頃より修學を勸められたるを始めとし天智天皇の時には學校をも設置せしめられ玉朝時代に至りては敎育の道熾にして一般に普及し來りしと雖物遷り星變り時勢は一變して武家の世となりては敎育の事は僧侶の手に歸し專ら一私人の事業となりしが德川時代に至りて幕府の奬勵により再び隆盛に趣き社會の中流より進みて寒村僻地に及び古への學問といへば漢學和文に限られたるも德川時代に至りては卑近にして實際的なる智識を授くるに至りて明治敎育の基礎を作れりされど當時は幕府は幕府諸藩は諸藩各自に其學校を管理するのみにして全國劃一の制度とてはなくし

て區々不規則の狀態なりしが明治四年に始めて文部省を創設のして全國の敎育事務を總管し各種學校の事務を管掌するに至れり斯くの如くにして翌五年八月には學制を頒布せられて帝國敎育の基礎を立てられ小學校敎育の根底も此に始めて確定するに至れり斯くて實施の結果學制の規定する所は餘りに形式に過ぎ地方の實際に適切ならざる點尠からざりしを以て充分に之を勵行する能はざりしを以て明治十二年九月には學制を廢して敎育令を布き政府は只大綱をのみ規定し實際施設の細事は多く之を地方に委ぬるに至れり而して其制度は人民の誤解と所謂自由主義の輸入とによりて敎育を施設するとせざるとは人民の自由なりとの意に誤解したる爲め次第に進步し來りし小學校の事業も一時頹弛の狀態に陷りしを以て政府は之を默示する能はざるより明治十三年十二月に至りて改正敎育令を發布して敎育令を廢止せり斯くて改正敎育令によりて小學校敎育は經營し來りしが十八年に至りて敎育令の改正ありしもそは只發布せられたるのみにして何等の實施なき中に十八年十二月に大政官廢止せられて新に內閣の組織ありしを以て森有禮文部大臣に任じ翌十九年四月に十八年制定の敎育令を廢して新に小學校令及其細則を發布せらる之れによりて政府は督責勵行甚だ努め來

りしが明治二十二年に市町村制の制定ありて地方自治の制度行はるゝに至りて茲に又小學校令の改正をも必要とするに至りて明治廿三年十月に勅令第二百十五號を以て小學校令及其細則の改定ありて其翌年に文部省令を以て小學校敎則大綱發布せられ又其他の細目も漸次發布せられたり斯くて其小學校令は爾來十餘年間實施せられたりしが時勢は進歩して暫くも停止せず文化の進歩に伴ひて其敎科目に關し又就學義務の確定年限の確一及授業科の徵收等現狀に後れたる點あるよりして明治三十三年に小學校令同施行規則の改正發布を見るに至り其一部は同年九月より實施せられ他の一部は翌三十四年四月一日より實施せられて今日に至れるものにして現今の小學敎育に關する行政は之によりて施行せらるゝなり之より此制度を基礎として小學校に關する各部行政を論述すべし

第二節　目的

敎育は人の智能を啓發し德器を成就する所以にしてその智德を進むるは各人の自己に對する責任にして又父母たる者の子に對する本分なると共に國家は之によりて興廢し消長すべきは前屢々述べたるが如し故に今日の國家は其敎育を個

人の自由に放任せずして或は自ら之を設營し或は公共團體をして之が設營を命じて其必要に應ぜんとす然りと雖も國民には財力體力智力に等差ありて平等一様に其智德を進むる能はざるの狀態にあるが故に其間に等級段階を設けて各其力に應じて或は之を强制し或は之を奬勵す其最初等にして一般國民の智德を增進すべく設けたるを小學校と稱す故に其小學校の目的も又國家の國民を敎育するの目的に添はずんばある可らず即我小學校令第一條に於て小學校は兒童身體の發達に留意して道德敎育國民敎育の基礎並其生活に必須なる普通の智識技能を授くるを以て本旨とすと規定して其目的を明かにせり從て小學校に於て兒童を敎育するには專ら此三點即第一に其身體の發育に留意すると第二に道德敎育國民敎育の基礎を確定すると第三に國民生活に必須なる普通の智識技能を授くるの方面に進めざるべからざるは今更に論を俟たざる所なり然り而して其目的を達する方法として敎則を定めて各敎科により其目的を達する法則を規定し學年休業日及式日を定めて一定期間の敎育時間を示して其間に於て一定の目的に到達せしめ或は設備の準則を定めて之に據らしめ一定の資格ある人をして其任に當らしむる等小學校に關する法令は多く其目的を達する方便としての規矩準

縄なりといふべし然るに師範學校の卒業生等或はヘルバルト流義により教育の目的は品性陶冶にありとなし又今日發達し來りたる社會教育學派の教授を受けたる者は教育の目的は社會生活にたづさはりて成功すべき人を養成するにありなど唱へて或は法令に明定せられたる目的及其目的に達する方便を無視して强て新らしき事を始めんとする傾きあるは滔々皆然り其勇氣や愛すべしと雖其學説と法令の如何なる關係に於て存在するやを知らざる寧憐むべきなり之れ師範教育の今日の實際の然らしむる所にして大に改良を要すべくも今日の所は又教員たるもの自ら之を研究して識別したる上に其法令の範圍内に於て其目的を達する方便として自ら修めたる學説を應用すべきものたるを知るにあらずんば或は責任問題起り口を塞がれ首を刎られるの危險あるべきを以て大に注意せずんばあるべからず之れ今日の青年教育者の陷り易きの通弊なるを以て先きに述べたるにも拘はらず又玆に一言したるのみ

第三節　種　類

小學校は其設置者によりて官立公立私立の區別をなし得べく即兩高等師範學校

小學校令の適用を受けざる小學校

の附屬小學校は官立の小學校にして宮內省所管の學習院及華族女學校の初等科も又之に屬せしめ得べく公立小學校は府縣師範學校に附屬する小學校及市町村の設置せる小學校之に屬し私人の設置せるを私立小學校と稱す而して此種類中市町村立小學校及私立小學校は小學校令の規定によりて設置する所なるも其他は各其規則に依るべきものにして小學校令及施行規則の關り知る所にあらざるは小學校令第二條第三項によりても明かなる所なりとす

又小學校は其學級編制法の如何によりて單級學校多級學校半日學校の區別をなし得べきも之小學校の編制を論ずる場合に於て更に詳論すべし

以上論ずる如く小學校は其設置者の資格により學級編制の方法により其兒童の性格により之を區別するを得べきも其最大切なるは其敎科の程度による區別にして我法令による程度の區別は尋常小學校及高等小學校の二段にして兩者は各分立するを本體とすと雖も其設置の經濟上の實際により尋常小學校と高等小學校との敎科を一校に於て授くるを得べきを認めたり此の如く併置したる學校を尋常高等小學校と稱す而して其尋常高等小學校は一校なりと雖も其尋常小學校の敎科を授くべき部分に對しては尋常小學校の規定を適用し高等小學校の敎科

を授くる部分に對しては高等小學校の規定を適用すべき者とすされど文部大臣に於て別段の規定を設けたる場合は之限りにあらずとの除外例を我小學校令第三條但書は規定せり此程度による小學校の區別の法律的實用は尋常小學校の教科を修むるは一般國民の義務にして一方に於て學齡兒童の就學を强制すると同時に市町村には其區域內の學齡兒童を收容するに足るの學校の設置をなすの義務を負はせりと雖も高等小學校は其入學も設置も各自の自由にして法令は只たに之を保護監督するの差異ありとす

小學校令第五條には幼稚園盲啞學校其他の小學校に類する各種學校の規定に關しては本令中別段の規定あるものゝ外文部大臣之を定むとあるが故に現行法上に於ては是又一種の小學校と見るを得べし

第四節　設置及廢止

設置の義務

國家は國民に義務敎育を受くべきを强制するが故に其敎育場たる學校を設置せざるべからず而して其設置は自ら之をなすことあるも市町村をして其事務として設置せしむるの義務を負はしむるを原則とせり而して其義務の性質は市町村

の教育事務を論じたる場合に之を述べたるを以て玆には只其義務履行の方法を現行法によりて論述すべし即ち小學校令第六條は市町村は其區域内の學齡兒童を就學せしむるに足るべき尋常小學校を設置すべしとして其市町村の義務たるを明かにし若し市にして其資力尋常小學校設置に關する費用の負擔に堪へざると府縣知事が認めたるときは府縣は相當の補助をなすべきものとす而して其府縣知事が其認定をなすには一定の條件を要す即府縣參事會の意見を聞き文部大臣の指揮を受くべきことと之れなり之れ小學校令第五十四條の明定する所なりとす

如斯市は其區域内の學齡兒童を就學せしむるに足るべき尋常小學校を設置するの義務を有し若し其義務を履行するの資力なきときは府縣の補助を仰ぎても之を設置すべき者なりと雖も從前校舍の數著しく少くして遽かに其設置をなすには住民の負擔に一時激增するを以て其財源を涸渴するのみならず市町村稅の賦課には一定の制限もあるべく其他又特別の事情あるを以て府縣知事は市立尋常小學校の設置又は其一部の設備を猶豫して市内の私立小學校を以て之を代用せしむることを得せしめたり而して其私立小學校を代用せんとするときは市は其

設立者と協議を遂け小學校令施行規則第百八十七條の事由を具して府縣知事の認可を受げざるべからず其代用すべき私立小學校は施行規則第百八十九條によれば敎授上管理上衛生上適當なる設備を具へ成績佳良のものならざるべからず如斯市は何づれかの方法によりて其義務を遂行せざるべからざるものなり而して其代用期間は四ヶ年なりと雖其不利なり認むるときは監督官廳は其代用の許可を取消し得べし又施行規則第百九十一條第百九十二條の場合は設立者は市町村の承認を得又其代用を止むるときにも監督官廳の認可を受くるを要す

町村にして其資力尋常小學校設置に關する費用の負擔に堪へざるときは郡長は小學校令第七條及地方學事通則第一條により町村小學校組合を設けしめ又は一町村に於て就學せしむへき兒童の數一尋常小學校を構成するに足らざるとき又は適當の通學路程内に於て一尋常小學校を構成するに足るべき數を得る能はざるとき若くは町村の一部にして上述の事由あるときは郡長は其町村をして他の町村と學校組合を設けしめ又は其町村をして就學せしむべき兒童の全部若くは一部の敎育事務を他町村町村學校組合又は其區に委託せしむるを要す而して其他町村町村學校組合又は區は學事通則第四條に依り其委託に應ずるを要す町村

學校組合の一部にして上述の事情あるときも郡長は小學校令第八條第三項により其區域の兒童の全部又は一部の敎育事務を他町村町村學校組合又は其區に委託せしむべきなり如斯郡長が町村學校組合を設けしめ又は兒童敎育事務の委託をなさしむるときは關係町村、町村學校組合、及區の意見を聞きたる上に府縣知事の認可を受くべきものとす其關係町村、町村組合及其區の意見を聞き府縣知事の認可を受けしむるは之れ郡長の處分をして無謀に出でしめずして鄭重ならしむるの趣旨に外ならず

町村にして其資力尋常小學校設置に關する費用の負擔に堪へず又は一町村に於て就學せしむべき兒童の數一尋常小學校を構成するに足らず若くは適當の通學路程內に於て一尋常小學校を構成するに足るべき數を得る能はざるとき町村學校組合を設け敎育事務の委託をなすを得ざるときは郡長は郡參事會の意見を聞き府縣知事の指揮を受けて郡は町村又は町村學校組合に相當の補助をなさゞるべからず郡にして其負擔に堪へざるときは府縣は其補助をなすを要すべきも府縣知事に於て之をなすを得ざると認めたるときは其町村又は町村學校組合をして尋常小學校の設置又は兒童敎育事務の委託に關する義務を免れしむるを得せ

學校設置の義務に關して市と町村の差異

しめたり

町村又は町村學校組合に於ても亦市と同じく其區域內の私立小學校をして代用せしむるを得せしめたり

以上述ぶる所によりて之を觀れば市と町村又は町村學校組合とは其義務履行の上に於て町村に於ては義務を免除せらるゝの場合ありと雖も市に於て之れなきの差ありこれ都會と田舍の事情の然らしむる所にして立法者は市に於ては如斯事情なしと認めたればなり然るに却て市に於て反對の現象を顯出するは抑何故ぞや

上述の如く市町村は尋常小學校を設置するの義務ありと雖も其校數及位置は市にありては府縣知事に於て市の意見を聞きて之を定め町村にありては郡長に於て町村又は町村學校組合の意見を聞きて之を定め府縣知事の認可を受くべきものとす

市町村は市町村又は其區の負擔を以て尋常小學校設置の義務を履行し尙餘裕あるときは府縣知事の認可を受けて更に程度の高き高等小學校をも設置するを得べし町村は數町村の協議により郡長の認可を得て町村學校組合を受け高等小學

校を設くるを得而して郡長が其認可をなすときは小學校令第十四條によりて府縣知事の指揮を受けざるべからず幼稚園盲啞學校其他小學校に類する各種の學校を設くときも此例によるべきものとす然り而して之等の學校は小學校に附屬せしむるを得べし

國家は其國民の義務敎育を强制すると共に市町村に其敎育場たる尋常小學校を設置するの義務を負擔せしめて以て國民は此處に於て其義務を盡すを本體とするが故に公立學校に代用する私立學校を除くの外は學齡兒童にして未だ義務敎育を了へざる者を私立學校に入學せしむるを許さゞるも私立學校令第八條は其例外を設け小學校令第三十六條但書により市町村長の認可を受けたる場合にのみ就學義務履行の效力を有す如斯私立學校は行政法上所謂營造物にはあらざるも其學齡兒童の義務履行に關係せるを以て其保護の爲め取締の爲めの規定を設けられたるなり而して其私立學校を設置せんとする者は其設置者に於て府縣知事の認可を受けその廢止の場合は府縣知事に屆出づべきなり尚其詳細は第五編餘論に至りて論述すべし

町村に於て町村學校組合を設け又は市町村に於て學校を設置する場合に監督官

廳の認可を受けたるときは其組合を解き又は學校を廢止する場合も同じく其認可を受けたる官廳の認可を受くべきものなり

第五節　教育期限

第一款　修業年限

國家が公共團體をして學校を設置せしめて其國民の教育を受けしむるは自己存在の條件として其國民の智德を增進するにありて世界に對して其程度の高きを望むべきなるも如斯は是れ一時に望むべきにあらずして其國民の狀態を覈へ列國競爭場裡の間に於ける國民智德の現狀及將來を慮りて其年限を定めざるべからず我國に於ては尋常小學校の修業年限即義務教育の年限を土地の狀況により三箇年四箇年に區別し來りしと雖も改正小學校令は之れを四箇年と改正せり四箇年の義務教育を歐洲諸國に比較して短く且言語文字の學習亦困難なるの事情ありと雖も之れを國度民情に覈へ現狀に於ては四箇年を以て我慢せざるべからざると認めたればなり余輩も此見解には大體贊成するものなるは前已に述べた

るが如し然るに又延長論者なるもの現はれ出でゝ熾んに氣焔を吐くと雖も余輩は義務の性質に考へ今日の狀態に於ては到程遽かに其延長を許すべきものにあらざるを一言し置くのみ如斯にして義務敎育の完全に普及せる曉に及んでそゞろに義務延長の準備を計畫せざるべからず

高等小學校の修業年限は從來は三箇年若くは四箇年にして同一の敎科を授くる制なりしが改正令に於ては二箇年三箇年四箇年の修業年限の制を設けて各修業年限に應じて其敎科を斟酌するすを許されたり是れ學制の系統上又土地人民の實際に適應せしめんとする趣旨に外ならざるなり故に義務敎育の設備整へたる曉には先づ尋常小學校に二箇年修業の高等小學校を併置するを以て義務敎育年限延長の準備として又市町村有の資力に考へて適當の處置なりといふを得べし

第二款　學年學期及敎授時間附式日

學年

前欵に論じたるが如く小學校に於ては或一定期間に於て其敎科を修了すべきを豫定せり而して其全敎科を修了するに至るまでの間を學年に區分し四月一日より翌年三月卅一日までを一學年とせり其一學年を又數個の學期に分ちて敎授の

學期

進度を觀るに適はしめたり而して其學期は現行法上府縣知事の定むる制にて概

教授時數

之を三學期に區分せり而して其每週の教授時間數は施行規則第四號表により土地の狀況によりては施行規則十八條十九條の範圍內に於て府縣知事の認可を受けて之を增減するを得せしめ其每日の教授始終の時刻は府縣知事之を定むと雖も夏季冬季休業日の前後各二十日以內に於ては學校に於て每日の教授時數を減じ各教科目の教授時數を斟酌するを得せしめたり

教授日數

前述の如く小學校に於ては每週の教授時數教授始終の時刻等の制限ありと雖も

休業日

教授日數を限定せざるときは無意味となるべきを以て小學校令第二十七條には小學校の休業日は日曜日を除く外每年九十日を超ゆることを得ずとして教授すべき日數の範圍を示せりされど農業地方等に於て特別の事情の爲め九十日以上休業せざるべからざるの止むを得ざる事情あるときは府縣知事に於て文部大臣の認可を受けて之を九十日以上に增加するを得べきなり

傳染病の流行する場合に於て其地方の交通を遮斷するが如き場合にも休業日に制限せられて學校を開きて兒童の交通をなさしむるが如きは其慢延を助くるが如きを以て如斯場合及非常變災ある場合にも開校するときは危險甚しきを以て

式日

此の場合は監督官廳に於て九十日の制限に拘はらずして臨時に閉鎖を命ずべきなり其事情にして危迫なる場合は監督官廳の命令を俟つべきにあらざるが故に市町村立小學校に在りては管理者私立小學校にありては設立者に於て之を閉鎖して直ちに監督官廳に開申すべきなり

小學校令施行規則第廿七條には小學校の休業日の種類を掲げてより夏季冬季の休業日及學年末休業日の日數は土地の事情によりて異なるべきを以て府縣知事を以て之を定めしむることゝせり

九十日の休業日の中には三大節の祝日も包含せるより第廿八條には其儀式擧行の次第を規定せり其式の次第は條文に明かなるが故に其説明は玆に之を省略して祝日の要旨を述べて尚余輩の希望を論せんとす

三大節の祝日の儀式は或は改暦を祝し或は皇祖皇宗の遺德を仰ぎ或は元首の御降誕を祝し併せて國家の安寧を祝し尚寶祚の無窮を祈りて我萬國に比類なき國體の尊嚴と歴代の皇室の恩澤とを念頭に印象せしめ勅語の趣旨を服膺せしむるにあるべきを以て其儀式の擧行は之を壯嚴にするを要す

如斯趣旨に於て行はるべき儀式は獨り職員兒童のみ集りて之を擧行するに止ま

らず國民一般をして之に參列せしめて以て前述の趣旨を貫徹するの制度を設けられむことを希望に堪へざるなり

現今直ちに之を望むべきにあらざるを以て學校の職員は二十四年文部省令第五條の精神により學事關係員卒業生兒童の父母兄弟等可成多くを參列せしめて兒童は勿論其參列員の多數の思想界にも國家的觀念を扶植するを努めざるべからず

第六節 小學校の教科及編制

第一款 教科及教則

教科

教科とは國民教育の材料として用ゐらるゝ所の學科の種目にして其種目の如何によりて小學校の目的を達するに於て非常の影響を受くべきを以て之に關して は大に研究を要すべきものとす現行法は從來の經驗に鑑み徒らに學科の數多きは兒童の負擔重くして其得る所の智識は却て散漫に失し確實なるを得ざるの憂あるよりして教科目の數は成るべく減少し兒童心身の發育に應じて適切の教授

尋常小學校の敎科目

をなし力を必須の科目に集注せしめ務めて日常生活の用に資せしめんことを期し正敎科を修身國語算術體操の四科目とし土地の狀況により隨意科目として圖畫唱歌手工の一科目又は數科目を加へ女兒の爲めには裁縫を加ふることを得せしめたり

高等小學校の敎科目

高等小學校の敎科目は修身國語算術日本歷史地理理科圖畫唱歌體操の九科目を正敎科とし二箇年の高等小學校に於ては理科唱歌の一科目又は二科目を缺き又は手工を加ふることを得修業年限三箇年以上の高等小學校に於ては男兒の爲めに手工農業商業の一科目若は數科目を加へて兒童に其數科目中の一科目を學習せしむるを得せしめ又修業年限三箇年以上の高等小學校に於ては唱歌を缺き又女子の爲めに加ふるを得せしめ修業年限四箇年の高等小學校に於ては英語を加ふるを得せしめたり如斯正敎科以外に加設する學科は之を隨意科目と爲すを得せしめたり而して此等の敎科目を加除するときは管理者又は設立者に於て府縣知事の認可を受けしむべきものとせり小學校に於ては如斯にして敎科目定まれりと雖各兒童の身體の情況により學習する能はざる敎科目もあるべきを以て其時は之を課せざることを得るなり

補習科の教科目

補習科は元來市町村の資力尋常小學校に高等小學校を併置するに堪へず又通常の教授時間内に於て學習する能はざる兒童をして既修の學科を練習補充せしめて其學習せる所を一層實用に適應せしむべきものなるを以て其土地の事情に適應する教科を選定するを要すべきが故に其教科目は府縣知事の認可を受けて管理者又は設立者に於て之を定むべきものとせり而して其教科目は管理者又は設立者に於て之を隨意科目となすを得せしめたり

教則の性質

小學校令は其第一條に於て其教育の目的を確定し其目的を達するの材料として教科目を定め其各教科目によりて大目的を達するの手段として各教科目によりて達すべき小目的を文部大臣に定めしめたり之を教則といふ故に教則とは各教科の目的と程度順序等を示したるの規定なるが故に教育者が各教科を教授するには先づ其教則の示す所によりて其大目的たる小學校の目的を達するを期せざるべからず

今其規定を案ずるに小學校令施行規則第一章第一節に教則と題し其第一條には各教科によりて兒童を教育するに於ての方法を示して各教科を教授するの方針を明かにし第二條以下に於て各教科の要旨順序等を明かにして第十條以下に於

て尋常小學校に於て用ふべき漢字の範圍及各學年の敎授の程度及每週の敎授時數に就て規定せり其條文を一讀すれば別に解釋の必要なきを以て之が說明を省きて玆に敎授細目と修業卒業の認定に就て少しく論せざるべからず

敎授細目の性質

小學校令施行規則第廿一條に曰く學校長は其小學校に於て敎授すべき各敎科目の敎授細目を定むべしと規定せり其敎授細目とは法定の敎材を敎則及二十四年一月文部省訓令第五號二十七年八月同上第六號二十六年八月合上第九號等の規定に遵ひて其敎則に揭げたる目的を達する順序及一定時期の分量程度を定むべき規定にして其內容は敎科用圖書により又其他其土地の事情を選擇して定むべきものにして必ず敎科用圖書の範圍に局限せらるべきものにあらずと信ず而して其編成の方法は或は職員會に於てなし或は各學年擔任に於てし若くは校長會に於てするは妨げざる所なるも此等は未だ其學校に於て依るべき敎授細目にあらずして敎授細目案にして內部の作用に過ぎず其法令上敎授細目として效力を有するには校長之を其當該學校の敎授細目とすべきの決定をなしたるときにありとす如斯にして定められたる敎授細目は各擔任敎員を拘束するの效力を有するものにして各擔任敎員は此敎授細目によりて其範圍內に於て自己の考案を以

敎授細目の效力

敎案の性質

て敎授すべきものなり若し之に違反するときは失張他の法令に違背したると同一の責任を負はざるべからず然るに現今の實際は之を規定する校長此の如きの意を用ひず之に遵據すべきの敎員之を顧慮せざるの感あり之兩者の怠慢の結果と謂はずんばあるべからずされど各擔任敎員が其敎授細目に違背せざる範圍に於て偶發の事項の敎材等を選擇して敎授するは行政法上何等の差支なきのみならず斯道の爲め希望すべき事なりとす

玆に敎授細目を叙したる序に行政法上より觀たる敎案に就きて一言せんと欲す敎案とは實際敎授をなすに於ての準備事務として敎授細目により其範圍內に於て敎材を運用するの方法手段を豫め編成したる者なり而して其內容如何の議論は敎育學の範圍內に屬するものにして本論の範圍外なるを以て玆には之を論せず其敎案に就ては小學校令及施行規則には何等の規定なしと雖も府縣によりては或は其府縣令を以て敎案を編制すべきを規定し或は全く放任せるなり其府縣令又は訓令等によりて其編制を命せられたる場合に之を編制せざるときは其者と共に其統督者たる校長も職務怠慢の廉を以て處分を受けざるべからずされど其何等の規定もなく且學校の校規にも敎案を作製すべき規定なきときは論外な

るも若し校規に其作製すべきを規定し且形式等をも一定せる場合に其形式に遵ひて作製せざるときは校長の命じたる服務規程に違背したる廉により責任を負ふべきは前者と毫も異なるなし即ち責任の點に於ては兩者輕重の差異なきものとす尙玆に一言論ずべきは敎案檢閱の法律上の性質之れなり抑も行政法上檢閱の行はるゝは多く書類監督の方法として事前になすと事後に行ふとあり敎案の檢閱も同じく統督の手段として行はるゝものにして其事前にすると事後なるとは校規の規定如何によりて定まるべきものにして事前に於てするを隱當とすべく實際も多く亦然り

敎案檢閱の法律上の性質

小學校に於て各學年の修了若は全敎科の卒業を認むるには從來定期の試驗を執行して考査し來りしと雖も心身の發達充分ならざる兒童をして競爭心に驅られて試驗前一時に過度の勉强をなし是れが爲めに往々心身の發育を害するのみならず試驗の爲めにのみ勉强するの陋習を馴致するを避けんが爲めに現行法に於ては其試驗を用ふることなく兒童平素の成績を考査して認定すべきものとせり然りと雖も平素の成績考査の方法として從來の試驗方法を同じく口答又は筆答の方法によるは敢て差支なきことなりと信ず

修業卒業の認定

第二欵　教科用圖書

教科用圖書とは教員が兒童を教育して教則及小學校令第一條の目的を達する爲めの材料たり小學校教育に從事するものは其教育の材料としては之を用ふるを要すと雖も此以外の材料を用ふるを得ざるの意にあらずして教員が實際教授をなすに於ては此材料に加ふるに其土地の事情に適應するの材料即筋肉を附し精神を加ふるにあらずんば其目的を達するを得べきにあらざるなり故に教師が教壇に立ちて教鞭を採るに當りては決して教科用圖書に束縛せらるべきにあらずされど府縣令以下校規によりて必ず教科用圖書に依るべきの規定あるときは素より論外なりとす

上述の如き性質を有する教科用圖書は從來は個人の自由編纂により文部大臣は教則の旨趣に適合するや否やを檢定し其の檢定したるものより各府縣知事は審査委員會をして審査せしめて之を採用し來りしが其經驗上種々の弊害なりしより明治三十六年勅令第七十四號を以て教科用圖書は文部省に於て著作權を有するものとして其獨占的事業となせり文部省の著作權を有する圖書同一教科目に

關し數種あるときは其中に就き府縣知事をして之を採定せしむるを現行法の規定とす

又文部大臣は修身日本歴史地理の教科用圖書及國語讀本を除き其他の教科用圖書に限り文部省に於て著作權を有するもの及文部大臣の檢定したるものに付府縣知事をして之を採定せしむることを得とあるが故に前顯以外の教科目は文部大臣に於て個人の著作權を認むるを得べきものなりとす然るに施行規則第五十三條には前顯の教科以外に算術圖書を加へたるが故に個人の著作權を有し得べきは其以外のものに限れといふべし

施行規則第五十三條第一項但書によれば體操裁縫手工理科及尋常小學校の唱歌に關しては兒童に使用せしむべき圖書を採定することを得ず又國語書き方算術圖畵の教科用圖書は學校長に於て兒童に使用せしめざることを得とあり是前段の教科目は教科の性質上兒童に一定の用書を使用せしめざる方得策とし後段の科目は土地の事情及教師の技量によりて教科用圖書を使用せざるを得策と認めたればなり教科用圖書に關して採定の手續罰則及飜刻發行規則等の規定あるも條文を一讀すれば其意明かなるべきを以て其說明は玆に之を省くべし

第三欵　編制

編制

小學校の編制とは其學校を如何に組織すべきやを定めたるなり其全校兒童を一學級に編制せるを單級小學校とし二學級以上に編制するを多級小學校と稱す而して其組織餘り大に過ぐるときは管理周到ならず訓育又懇篤なる能はざるは自然の理なるを以て國家は其法令を以て豫め其教育の力の及ぶべき範圍を限定せり即施行規則第廿九條には小學校の學級數は正教科の教授時間内に教授する補習科を除きたる外十二學級以下とし特別の事情あるときは府縣知事の認可を受けて其制限によらざることを得とせり府縣知事の認可をなすに當りては文部大臣の指揮を受くべきものとす又特別の事情により分教場を設くる時は一分教場の學級數を二學級以下として十二學級の制限外となすを得せしめたり余輩は本規定に絶對的反對を唱ふるものにあらずと雖も現今及將來の公共團體の財力に鑑み且優良なる小學校長をして其手腕を振はしむるには其制限の無意味にして且教育の改進を阻害すの感なくんばあらず故に將來此制限の解除を希望せるものなり

一學校の學級數の制限

一學級の兒童數の制限

學校の編制は上述の如くにして又其學級の編制にも一定の制限あり即一人の敎師の敎授力の及ぶ界限を尋常小學校にありては七十人高等小學校にありては六十人を本體とし特別の事情ある場合に十人まで超過するを許せり學級編制の手續に關し種々の制限あるも條文を一讀するときは自ら明かなるべし

二部敎授

玆に一言論ずべきは二部敎授の事是れなりとす二部敎授とは(一)一學級每に本科正敎員一人を置くこと能はざるとき(二)兒童を同時に容るゝに足るべき校舍の設けなきとき(三)兒童の就學上又は敎授上特別の必要あるときに於て午前午後の二部に分ちて敎授することにて其效驗の通常の方法に比して幾分の差等は免かるべからざるも今日就學の普及せざる地方に於ては尋常初年級に於て此方法によりて其普及を計りそゞろに設備の完備を計るは至當の處置なりと信ず

上述の如くにして學級を編制したるときは其各級に一人の本科正敎員を配置すべきものとすされど其本科正敎員を得難きときは二學級每に本科正敎員一人及准敎員一人を置きて正敎員の指揮を受けて兒童を敎授すべきものとす特別の事情あるときは前述の制限によらずして尙准敎員をして補助敎授をなさしむるを得二部敎授の場合は前後二學級每に本科正敎員一人を置くを常例とする旨規定

せり

教員の配置

施行規則第三十六條には六學級以上の小學校に於ては學校長の擔任する教授を補助する爲め正教員一人若は准教員一人を置くことを得とあるが故に此場合は學級數以外に一人を配置し得べきものとす小學校に於ては右の如くに敎員を配置したる外に適宜專科正敎員を配置し得べきものとす其學級編制の手續は施行規則四十條及四十一條に規定せるを以て就て見るべし

第七節　設備

設備

小學校を設置して國民敎育の實效を奏し小學校令第一條の目的を達するには其敎育する場所の設備をして充分ならしめざるべからず其場所の設備は校舍校地具體操場を設くるを要す而して其設備に關する規程は文部大臣に於て定むる校則に基き土地の情況を慮りて府縣知事之を定むべきものとす

小學校の設備は上述の如く小學校令第一條の目的を達するの要件を具備するを要するが故に國家は市町村及私立學校の設立者に對して其目的を達する要件を具備するの要求をなせり其要求とは何ぞ能く道德上の妨害を避け衞生に適し且

經濟的にして教授をなすに充分にして通學上便宜の場所に於て上述の要求を充たさんことを要すべきなり今左に現行法につき各要求を區別して論ずべし

道德上の要求

一　道德的の要求　自然は境遇を制し境遇の人を制するは歷史の敎ふる所にして又事實の證明する所たり故に國民の道德敎育國民敎育の基礎を確立すべき小學校は道德上嫌忌すべき場所を避けて高尙壯大の氣象を涵養すべき閑雅の場所を選定して之を設置すべきなり之施行規則第六十四條第二項にも規定する所なり

衞生上の要求

二　衞生上の要求　小學校は兒童の身體の發育に留意するを要するが故に設備をなすには種々の方面に於て此の要求に應せざるべからず即ち其校地は學校の規模に適應せる面積を有し開豁乾燥にして衞生に適し且危險なる場所に接近するを避け校地內には善良なる飮料水を供給する設備をなし又下水渠を設け校舍の構造又衞生上の注意を加へて設備すべきを以て施行規則第六十七條乃至第七十二條には詳細に其準則を規定せるを以て府縣知事は特別の事情なき限りは之によりて設備規程を設けて市町村をして之によりて小學校を設けしめざるべからず校具を設備するに於ても又衞生に適するを要すべきを以て現行法は施行規

則第七十四條によりて兒童用机及腰掛の寸法は第八號表に依り兒童の身長に適應せんことを要すと規定せり

經濟上の要求

三　經濟的要求　小學校令施行規則第六十七條によれば校舍の建築は質朴堅牢ならんことを要すべく規定せり是れ正しく徒らに虛飾に流るゝの弊を塞ぎ以て經濟的の要求に應じて市町村住民の負擔を輕減せんとするの趣旨に外ならざるなり

教授上の要求

四　教授上及管理上の要求　教授上の要求を充たす爲めには校地は喧鬧にして教授に妨ある場所を避け體操場は方形若くは之れに類する形狀にして適當の面積を有し校舍は授業上管理上便利にして各學級に應ずる通常教室並に教員室特別教室を設くるを要し必要ある場合には講堂兒童控所宿直室湯沸所小使室物置等を設くべきなり而して其學級毎に設くる教室の構造も又衞生上に便にすると共に教授管理上に便にする爲めに第六十九條には詳細に之れが規定を設けたり第七十三條には小學校に備ふべき圖書及校具の規定を設けたり是れ又教授上管理上の要求に應ずる爲めの設備に外ならず又小學校教員の爲めに土地の情況により住宅を設くるは主として教員優待等其他特別の事情もあるなれど管理上よ

りいふも可及的に其設備を望まずんばあるべからず

便宜上の要求

五　便宜上の要求　小學校の設備は以上の要求に應ぜざるべからずと雖ども如何に絶好の場所なりと雖も兒童の通學し得べからざる所は其用を充たす能はざるを以て本項の要求即兒童通學の便利をも稽へざるべからず

小學校の校舎を新築し又は增築改築し若くは市町村立高等小學校及私立小學校の校地を選定し又は變更せんとするときは市町村町村學校組合又は設立者に於て前述の要求を充すを得べきや否やの監督上府縣知事の認可を受けしむべきものとす尋常小學校の校地の選定は小學校令第九條によりて府縣知事又は郡長之を定むを以て玆には高等小學校の校地のみを規定せるなり

從來の規定によりて設置せる小學校にして其新築改築校具の新調等に際するにあらざれば適用し難きときは其時を待て之に依るべきものとす

小學校を設くるには前述の要求に應じて設備をなすべきものなりと雖も土地の情況により到底本章の規定に依り難き場合は府縣知事は文部大臣の認可を受けて特別規定を設くるを得とせり若然らずんば其位置の良からざる爲め又其他一二の要求に應ずる能はざるが爲め遂に小學校を設くる能はずして國民敎育を全

く荒廢せしむるが如き憂あるを以てなり施行規則第七十九條に曰く本章の規定は補習科の設備に關して之を適用せずと是れ補習科は前に論じたるが如くに通常教授時間内に於て學習する能はざる兒童を正教科の教師を轉用して教育すべきを本旨とすればなり

就學義務の性質

第八節　就學義務

第一款　就學義務の性質

子弟の教育は其父兄のその子弟に對する責任にして元來は一個人の私事に屬すと雖も國家は其國民の智德の如何によりて興廢し消長すべきを以て國家は其國民を保護して自己の生存發達を期する爲め之に對して或程度の教育を受けしむるを强制するを得べきは國家固有權力の發動として可能且至當の事なりといふべし斯くの如く國家は其權力の發動として國民に或程度の教育を受くべきを命じたるが故に臣民は之に服從し就學せしめ教育を受けしむるの義務を履行せざるべからず而して其義務は對等關係にある私法上の義務にあらずして不對等關

係の公法上の作爲義務たり從て民法上の義務に對して優先權を有するは小學校令三十五條の尋常小學校の敎科を修了せざる學齡兒童を雇傭するものは其雇傭によりて兒童の就學を妨ぐるを得ずとの條文によるも明かなり而して又義務の發生には債務の發生の如くに法律行爲又は不法行爲等の如く何等の意思を表示することなくして或事實の發生即學齡期に到達すると同時に發生する義務にして其不履行に對しては直ちに罰金又自由刑を科して制裁を加ふるの制度もあれど我國は他の行政規則と同じく特別の處分即督促を加はしめ其處分に服せざる場合に於てのみ其處分を强制裁するの手段として强制罰直接强制の手段を用ふべきなり其詳細の手續につきては尙後に至りて論ずべし

第二款　就學義務者

就學義務者

就學義務の主體に就きては學者或は學齡兒童及其兒童の保護者の兩人なりと論ずるものあり其根據とする所は若し法文の文字に拘泥して其義務者を保護者のみとするときは保護者は其義務を履行せんとするも其兒童しにて之を肯んぜざるときは其義務の性質上代理履行をなし得べきにあらざるを以て亦如何ともす

べき由なきにあらずや故に其義務は兩者に負擔せしめて其履行の完全を期するを以て義務敎育の本旨に適ふものなりと一應尤もなるが如きも論者の議論は一面に學齡兒童の保護者は就學の始期より終期に至るまで學齡兒童を就學せしむるの義務を負ふとの法文を無視し且民法八百七十九條同九百二十一條の規定によりて兒童の親に對する義務によりて就學を强制せらるべきを知らざる淺薄の議論なるを免かれざるなり故に論者の議論の誤れるは多くを論せずして明かなる所なりとす

又小林歌吉氏は其著敎育行政法第二百十五頁就學義務の主體として論じて曰く就學義務の本體は或身體的行爲なり或行爲を要する義務は之を負ふ者に於て能力あることを要すること一般の原則なり(中略)本問題の場合は他人是に代りて履行し得べき義務にあらず從て之を無能力者たる兒童に負はしむるを得ず云々氏は身體的義務即作爲の義務は能力あるを一般の原則とする旨を論せるが其能力とは如何なる能力を謂へるか論者或は民法上の行爲能力を指せるなるべし抑民法上の行爲能力なるものは其法律行爲を爲す場合に於て之を保護し又は家庭の平和を安寧にせん目的にて設けたる制度にして私法關係にして本問題の如き公

法上の行爲に適用し得べきにあらざるなり故に氏の作爲の義務は之を負ふ者に於て能力者たらざるべからざるとの議論の誤れるは明かなり若し氏の議論の如くんば民法上の無能力にして官廳よりの召喚ありしときも之に應ずるの義務なしといはざるべからず氏は之に對しても尚其義務なしとの答辯をなし得るの勇氣あるや否や予輩の見る所に依れば就學の義務は兒童及其保護者の兩者に對して負擔せしめ能はざるの理なしと雖も其保護者に義務を負はしむれば兒童は民法第八百七十九條及同第九百二十一條によりて其就學を强制し得べきを以て特に兒童に義務を負はしむるの必要なく又就學の義務の如きは此方法によりて强制するを條理に適せるものと信ず故に余輩の議論は小林氏と其結論を同じくするも其の理由を異にするものといふべし今左に其義務者を法文に依りて説明すべし

小學校令第三十二條第二項は就學せしむべき義務者は兒童の保護者なるべきを規定し其第三項に兒童の保護者と稱するは學齢兒童に對し親權を行ふ者又は親權を行ふ者なきときは其後見人を謂ふとあり其親權者及び後見人を民法の規定によりて左に説明すべし

親權者

親權を行ふ者を茲に說明するに當りて先づ其性質を少しく論ずるは敢て無益の贅辨にもあらずと信ずるが故に左に之を概論してより其親權者たるべき者を說明すべし

往昔未開の時代にありては洋の東西を論せずして其生存の必要上一家の團結を鞏固ならしめん爲めに家長の權利即戶主權のみ行はれたりしが個人の權利思想發達するに及びては戶主權漸く縮少するに至れり之れと同時に未成年者の子の獨立して生存發達するまで其保護監督の必要上親權者なる者を認むるに至れり之れ子を愛するは親に如くはなく故に未成年者の保護を完ふせんとせば戶主權の强きよりは親權を認めて之に監督保護せしむるを以て人情に適し且國家生存上必要なる事に屬すればなり故に親權を行ふ者は親たる身分を有するもののみに屬するの權利なり而して其親たる以上は其戶主たると家族たると又實父母たると養父母たると又繼父母若は嫡母たるとを問はざるなりされど一家に同一の權利を行使する者二人あるときは一家の統率上不都合なるを以て父母共に存在するときは母に對して夫權を有する父のみ其親權を行ひ母は之を行はざるものとす父が知れざるとき死亡したるとき又は家を去りたるとき若は親權を行ふ能

はざるときに母之を行ふべき旨を民法第八百七十七條第二項に規定せり親權は家籍を同ふする親の權なり故に例令同居するも其家籍を異にするときは親權を行ふを得ず而して其親權は子に對する權利にして其嫡出子たると庶子たると私生子たると又其實子たると養子たるとを選はず苟も子たるの身分を有する以上は其家にある親の親權に服すべきなりされど其親權は專ら子の利益を保護するの目的より認められたるものなれば子が成年に達し獨立して生計を營む以上は親權を認むるの必要なきを以て民法八百七十七條は子は其家にある父の親權に服す但獨立の生計を立つる成年者は此限りにあらずと規定せりされど繼父母嫡母の親權を行ふ場合は少しく事情を異にするを以て後見人と同じく特定の場合には親族會の同意を得べきの制限を受くべきものとす

後見の性質及後見人

以上述ぶる所により親權の性質及其親權者の如何なる身分を有する者なるやは明かなれりと信ずるが故に以下少しく後見の性質及其開始並に其選任につきて概說すべし抑後見人の起源は戶主が年齡身體又は精神上の狀態よりして自ら戶主權を行ふこと能はず又は獨立して法律上の行爲をなすこと能はざる場合に之を保護し之に代りて其權利を行ひ義務を盡さしむる爲めに置きたる代理人より

起りしが家族制度衰へたるに及んでは後見人は獨戸主にのみ附するにあらずして家族にも之を附するの必要生ずるに至れり即戸主權漸く縮少し親權之に代りたる今日の時代に於ても親權を有するものなき未成年者及親權者の保護を受くる能はざる成年にして心神錯亂の常況にある禁治産者には後見人を附して之を保護するを現行の制度とす之れ即後見人とは親權者の一變體と見るを得べきなり

後見の開始

上述の如き後見人は公益上より認めたる制度なるが故に後見は當事者の任意によりて開始するを得ず當事者の意思の如何に拘はらずして一定の原因發生する場合は直ちに後見開始すべきものなり民法第九百條によれば其場合左の如し

第一　未成年者に對して親權を行ふものなきとき又は親權を行ふものが管理權を有せざるとき

第二　禁治産の宣告ありたるとき　後見人は親權に服せざる未成年者禁治産者を保護監督する爲めに設けたる機關にして未成年者の後見人禁治産者の後見人に區別するを得べし而して其後見人たるべき人を選任するには之を三種に區別するを得べし

指定後見人

第一　指定後見人　指定後見人は未成年者に付てのみ任せらるべき者にして民法第九百一條によれば未成年者に對して最後に親權特に管理權を行ふ者が遺言を以て指定する者が指定後見人なり民法八百九十九條によれば親權を行ふ母は財產の管理を辭するを得るが故に九百一條第二項には親權を行ふ父の生前に於て母が豫め財產の管理を辭するときは父は前項の規定により後見人の指定をなすことを得と規定して最後に親權を行ふ者との例外を規定せり

法定後見人

第二　法定後見人　未成年者の場合に指定後見人存する場合には法定後見人の就任なく指定後見人なきときに法定後見人就任す禁治產者には指定後見人なる者なきを以て第一に法定後見人就任す禁治產者の場合の法定後見人は本論に無關係なるを以て之を省略す　未成年者の指定後見人なきときの法定後見人の順位は戶主其第一順位者たり

撰定後見人

第三　選定後見人　指定後見人及法定後見人なき場合に親族會に於て選任したる後見人なり

以上の選任方法によりて就任すべき後見人は未成年者及禁治產者を保護監督すべきものなるを以て自ら完全なる能力を有し且充分信用ある者にして又其任に

就學の强制

堪へ得る者ならざるべからざるを以て我民法は九百七條及九百八條に於て後見人たる義務を免除すべき者と及後見不能力者を規定せり就て參照すべし兒童が學齢期に達したるときは其就學の始期より終期に至るまでは其兒童の保護者たる親權者又は後見人は小學校令第三十二條により其被保護者たる兒童を就學せしむる義務を負擔す保護者が其義務を履行せざるときは小學校令施行規則第九十一條乃至九十四條の規定によりて督促の處分をなし尙其處分に服せざるときは其義務を履行せしむる爲めに行政執行法により强行制罰及直接强制の手段を用ふるを得べし故に現行の就學義務規定の制裁なきを憾むが如きは此法理を解せざるものといふべし

小學校令によりて此就學義務を負へる保護者は民法八百七十九條及九百二十一條の規定によりて兒童の監督及敎育をなすの權利義務の效力によりて之を就學せしむべきなり若しも兒童にして之を肯んせざるときは民法第八百八十二條の規定に隨ひ絕對的なる親權の效力により必要なる範圍内に於て自ら其子を懲戒するの權力を用ひて之を就學せしむべきなり而して兒童は之に服從するの義務あるべきを以て從て就學せざるべからざるを以て特に小學校令に於て之に義務

を負擔せしむるに及ばざるなり

第三欵　就學義務の發生

就學義務の發生

就學の始期につきては國民の發達國情に從ひ諸國の制度を異にする所なり我現行制度は小學校令第三十二條第一項に兒童の滿六歳に達したる翌日より滿十四歳に至る八箇年を以て學齡とし其の第二項には學齡兒童の學齡に達したる日以後に於ける最初の學年の始めを以て就學の始期とし第三項には兒童保護者は就學の始期より終期に至る迄學齡兒童を就學せしむる義務を負ふとあるを以て其就學義務は就學の始期に至れば直ちに發生するものにして他に何等の意思表示を要するものにあらざるなり論者或は就學義務の發生期を小學校令施行規則第八十二條の市町村長の入學せしむべ期日の通知あるによりて發生すと論ずるあるも余輩の見る所によれば之其已に發生したる義務履行の時期を告知したる迄にして義務の發生には無關係なりと信ず其發生したる義務は如何なる手續によりて履行すべきか之れ次欵に於て論ぜんとする所なり本欵を終るに臨みて一言すべきは年齡の計算は從來は明治六年第三十六號布告によりて計算し來りしも

年齢の計算方法

明治三十五年十二月法律第五十號以て年齢計算方發布せられてよりは年齢は出生の日より起算すべきなり而して其計算には民法百四十三條の規定を準用せられたるを以て學齢の計算も勿論之に依らざるべからず而して其民法第百四十三條の規定によれば期間を定むるに週月又は年を以てしたるときは暦に從ひて之を算出し週月又は年の始めより期間を起算せざるときは其期間は最後の週月又は年に於て其起算日に應當する日の前日を以て滿了し若月又は年を以て期間を定めたる場合に於て最後の月に應當日なきときは其月の末日を以て滿期日とすべき旨を規定せり

就學義務の履行

上述の如く學齢の始期後は其兒童の保護者は就學せしむるの義務を負はせりと雖も其始期に達せざる兒童を小學校に入學せしむるは其兒童の心身の發達を害すべきを以て小學校令第卅七條に之を禁止する旨を規定せり其學齢兒童の終期後に至るも尙義務敎育を了へざるときに尙在學せしむるは其任意して敢て禁止する所にあらざるも校舍狹隘にして他の學齢兒童を就學せしむる能はざるときは退學を命ずるを得と解するを穩當と信ず

第四款　就學義務の履行

市町村長は國家の機關として施行規則第八十條及第八十一條によりて其區域內に於て學齡の始期に達すべき兒童を調査して施行規則九號表の樣式に從ひ學齡簿を編製し同第八十二條及八十三條によりて兒童の保護者及び關係學校長に通知をなしたるときは兒童の保護者は就學せしめて其の義務を履行すべきものとす斯くの如く兒童が就學したるときは尋常小學校長は施行規則等十號表の樣式によりて學籍簿を編制して義務履行中の在學を明かにし且つ其每日義務履行の狀況を知る爲めに第九十條によりて出席簿を作りて出席欠席を明かにし若し在學兒童にして正當の事由なく欠席したるときは關係學校長は其の保護者に兒童を出席せしむべきを通知すべきなり此の通知は處分命令にあらずして戒告たるは已に述べたるが如し而して其の通知したるに拘はらず仍引續き七日以上出席せざるとき又は施行規則八十三條により市町村長より通知を受けたる兒童にして入學期日後七日以內に其の小學校に入學せざるものあるときは其學校長は其旨を關係市町村長に報告し市町村長は第九十三條によりて兒童の保護者に對し

て其就學又は出席を督促し其督促二回以上に及ぶも尚就學又は出席せざるときは市町村長は之を監督官廳に報告し監督官廳たる郡長又は知事にして此報告を受けたるときは又自ら關係兒童の保護者に就學若くは出席を督促する處分をなすべきなり其處分に服せざるときは行政執行法により其作爲義務なるを以て直ちに强制罰又直接强制の手段によりても其義務を履行せしむべきなり

學齡兒童の保護者は前述の如く市町村立の尋常小學校又は之に代用する私立小學校に入學せしむべきを本體とすと雖も敎育は如斯局限するの必要なきを以て小學校令第三十六條但書により市町村長の認可を受け家庭又は其他に於て施行規則第八十六條八十七條の規定に從ひ尋常小學校の修科を修めしむることを得又同條第二項には官立又は府縣立學校に於て尋常小學校の敎科を授くべき部分は兒童就學に關しては市町村立小學校と同視すと規定し施行規則第八十八條には上述の如き當然入學せしむべき學校以外の學校に入學せしめて尋常小學校の敎科を修めんとするときは兒童の保護者は其學校の管理者又は學校長の承認書を添へて市町村長に其旨を屆出でゝ其學校に於て義務を履行するを得るなり

第五款　就學義務履行の猶豫及出席停止

就學義務履行の猶豫

第一　就學猶豫　國家は前履ゝ述ぶるが如く自存發達の必要上又國民保護の職分上國民に就學義務を負擔せしむると雖も病弱又は發育不完全にして就學に堪へざるものをして强て就學せしめて其身體をして益ゝ弱からしめ其發育を害するが如きは之れ國家の望む所にあらざるを以て如斯もの及兒童保護者にして貧窮の爲め其兒童を就學せしむること能はざるときの如き不能の場合は國家の權力も如何ともすべき能はざるを以て此等の場合は其兒童の保護者は就學せしむる義務履行の猶豫を市町村長に申立て市町村長は之を學務委員に諮詢して其申立を至當と認めたるときは監督官廳の認可を受けて其就學猶豫の處分をなすことを得而して其期間は施行規則第八十五條により其年四月に於て就學の始期に達すべき兒童にありては一箇年とし既に就學の始期に達したる兒童にありては一箇年以下とす兒童保護者が貧窮の場合以外に就學猶豫を申立つる場合は醫師の證明書を添ふるを要するなり之れ無智蒙昧の保護者は兒童の病弱又は發育不完全に口を籍りて其猶豫を申立つる者なきにしもあらざればなり

出席停止

第二　出席停止　小學校長は小學校令第三十八條により兒童の傳染病に罹り若は其虞ある兒童又は性行不良にして他の兒童の敎育に妨ありと認定したるときは兒童の小學校に出席するを停止するの行政處分をなすを得るなり故に其處分に肯んせざるときは又强制手段を用ひても之を停止するの權力あり而して現行法には其期間の定めなきが故に必要と認めたる期間之をなすを得べきを以て退校を命じ得べき規定なき現行法も殆んど同一の效力ある處分をなし得べきなり

第六欵　就學義務の免除及消滅

就學義務の免除

第一　就學義務の免除　敎育は普通の人類の智德を增進せしむるを得べきも瘋癲白痴又は不具癈疾の者は普通の敎育を以て其の效果を奏し得べきにあらざるが故に是れ等をして普通の學齡兒童と同時に敎育するは徒勞に屬するのみか又他兒童の妨害にもなるべきを以て國家は强て之れ等の兒童の保護者をして其義務を免除するを得策とし其兒童の保護者が醫師の證明書を添へて其免除を申立てたるときは市町村長は之を學務委員に諮詢したる上監督官廳の認可を經て其義務を免除するを得るものとす市町村長之等の手續をなす場合に於て學務委員

に諮詢するを普通とするも之れ其必要條件にあらざるは施行規則第百八十三條によるも明かなりとす

以上は其兒童に就學不能の事由あるよりして其義務を免除する場合なるが町村の資力なく又郡及府縣之を補助する能はずして其町村又は町村學校組合に尋常小學校の設置又は兒童敎育事務の委託に關する義務を免せられたるときは區域内の學齡兒童保護者は其義務を免除せられたるものとす之れ其兒童の不幸も甚だしと雖も亦止むを得ざるの事なりと謂はずんばあるべからず

就學義務の消滅

第二　就學義務の消滅　就學義務は學齡兒童の就學の終期即尋常小學校の敎科を修了したるを以て消滅し及其學齡期を越へたるときも亦其義務は消滅するものとす而して其義務は義務者即保護者の死亡によりても消滅すべしと雖兒童にして學齡期にありて未だ終期に達せざる間は前の保護者に代りて保護者たる者は當然其義務を負ふなりされど其兒童にして死亡したるときは目的物なきを以て之れと同時に保護者の義務の喪失すべきは自明の理なりといふべし

第九節　費用負擔及授業料並に基本財產

費用の負擔

第一款　費用の負擔

市町村は其存立の目的たる公共事務として小學校を設立すべきの義務を有するは前已に述べたるが如し而して其義務は單に學校を設置するの義務たるのみならず其費用をも負擔すべきものなり而して其範圍は小學校令第五十一條によれば(一)設備及其維持の費用(二)職員の俸給旅費其他の諸給與(三)校費にして又小學校令第八條により兒童の敎育事務委託に關する費用は其兒童の所屬町村、町村學校組合又は其區の負擔とすと規定せり

市町村に於て尋常小學校を數校設置する場合は勿論町村學校組合に於て數校を設置する場合又は兒童敎育事務の委託を要する場所あるときも其町村學校組合は平等に費用を負擔するを原則とするも郡長は其學校組合內の某町村をして其數校中の一校又は數校の設置又は兒童の敎育事務委託に關する費用を一町村限りに負擔せしむるを得郡長が如斯處分をなすとき及之を止むるときは關係町村及町村學校組合の意見を聞き府縣知事の認可を受くべきものなり而して此場合に於て財產の處分につき關係町村の協議整はざるとき、又は兒童の敎育事務委託

に對する報酬金の給否金額及其他必要の事項に付關係町村の協議整はざるときは地方學事通則第五條によりて郡參事會之を議決するものとす

町村又町村學校組合にして尋常小學校を設置し又は兒童の敎育事務委託に關する費用の負擔に堪へざるときは郡之を補助して其事務を執行せしめ郡にして其資力なくして補助の負擔に堪へず又市の資力尋常小學設置の費用の負擔に堪へざるときは府縣に於て之を補助して其設置の義務を履行せしむべきは先にも述べたるが如し

市町村及町村學校組合は尋常小學校設置の費用を負擔するのみならず區長及其代理者並學務委員に於て國の敎育事務を執行する爲めに要する費用も負擔すべきものなりされど之等の費用は市町村又は町村學校組合の議決によりて區の負擔となすことを得べきは小學校令第五十五條の命ずる所なり

小學校敎員檢定及府縣免許狀に關する費用は小學校に關する費用なりと雖も市町村又は町村學校組合に無關係にして其公共事務にあらざるを以て之を市町村又は町村學校組合に負擔せしむべきにあらざるを以て小學校令第五十六條には此費用は府縣に於て負擔すべきを命せり

第二款　授業料

授業料の性質に關しては上卷總論學校利用關係の報償といふ題目の下に於て之を論じたるを以て本欵に於ては小學校に關する授業料に就て論ずべし小學校令五十七條によれば市町村立常尋小學校に於ては授業料を徴收するを得ずと規定せり是れ小學校の授業料は前に論せしが如く營造物使用者に課する手數料にして其特別の利益を受くるものは其特別政費を報償せしむる爲めに之を徴收し得べきは勿論なるも其就學を强制するの主義を採用してより之を徴收せざるの主義を各國共採用するに至れるを以て我國に於ても從來は之を徴收するを原則としたりしが改正小學校令によりて前述の如き主義を採用せりされど貧富の懸隔甚だしく之を徴收せざるに於ては却て其負擔に不公平を來すが如き特別の事情あるときは府縣知事の認可を受けて之れを徴收するを得べきを現行法は規定せり而して其授業料は小學校なる營造物使用の報償なるも營造物は收入支出を爲すの權能を有する能はざるを以て小學校令第五十八條は其收入の市町村又は町村學校組合に屬すべきを明かにせり

授業料の金額

文部大臣は小學校令第五十九條の規定によりて授業料を徴收する場合の金額に關するす制限其減額免除に關する規定を施行規則第百七十四條乃至第百八十一條によりて定めたり今其條文を案ずるに尋常小學校に於て授業料を徴收せんとするときは市にありては一箇月二十錢以下町村又は町村學校組合に在りては一箇月十錢以下に於て其金額を定めて府縣知事の認可を受くべきものと定め又高等小學校に於ても其授業料を制限して市にありては一箇月六十錢以下町村又は町村學校組合に於ては一箇月三十錢以下に於て其金額を定めて監督官廳の認可を受くべきを規定せるを以て市にありては府縣知事町村又は町村學校組合にありては郡長の認可を受くべきなり而して補習科の授業料は監督官廳の認可を受くるを要せず市町村隨意に之を定むるを得るなり上述の如く市町村立小學校の授業料は制限内に於て監督官廳の認可を受けて之を徴收するを許せりされど尚特別の事情ありて前述の制限を超過して徴收するの必要ある市町村又は町村學校組合に於ては文部大臣の認可を受け期限を定めて之を徴收するを得べきなり小學校に於ては其學年により營造物の行爲に難易の差等あるの結果其授業料にも差等を設くるを得べきを現行法は規定せり

市町村又は町村學校組合の住民は其區域の小學校に授業料を收めて其子弟を就學せしむるの權利義務を有すると雖他の小學校設置負擔の區域に入學せしむるときは尋常小學校の場合は市にありては二十錢町村又は町村學校組合にありては十錢高等小學校の場合は六十錢又は三十錢の制限の範圍內に於て授業料の增課を受くることありされど其自己の所屬市町村より兒童敎育事務を委託したる區域の小學校に入學せしめたる場合は如斯不平等の賦課を受くべきにあらざるなり

授業料の免除及減額

市町村又は町村學校組合に於ては前述の制限の範圍內に於て授業料を徵收することを得べきも管理者は其權限によりて授業料を納付すること能はずと認めたるときは之に對して其全部又は一部を免除し又一家より二人以上同時に小學校に就學するときは其金額を減少するを得るなり

又市町村又は町村學校組合は明治二十九年二月勅令第五號市町村立小學校授業料戰地勤務に因れる死傷者等の子弟に對し徵收せざるを得る規定により之を徵收せざるべく又徵收せざるを得るものとす今其規定を案ずるに三箇條よりなりて其第一條には戰地に於ける勤務に起因して死亡したる者の遺族にして左に揭

ぐるものに對しては授業料を徴收せざるべき旨を定めたり

一　軍人恩給法二十第七條第一に該當する者及第四十條に掲げたる者にして第二十七條第一に該當する者の同籍内にある子及弟妹

二　官吏遺族扶助法第四條第二項に該當する者の同籍内にある子及弟妹

三　明治二十七年勅令第百六十四號第一條第一項に該當する者の同籍内に在る子及弟妹

前項の遺族にして扶助料を受くべき者なきも死者の前項に該當したる事實明白なるときは其同籍内にある弟妹に對し前項を適用す

とあり軍人恩給法第二十七條第一項に該當する者とは軍人左に掲ぐる事項の一に當るときは其寡婦は扶助料を受くる權利あるものとすとありて第四條第二第三に當り死歿したるときとあり而して其第四條には退職恩給は准士官以上左に掲ぐる事項の一に當るとき之を給すと規定し第二第三に掲げたるは左の如し

二　戰鬪及戰時平時に拘はらず公務の爲め傷痍を受け一肢以上の用を失ひ若くは之に準ずべき者にして退職したるとき

三　戰地に於て流行病に罹り又は戰時平時に拘はらず公務の爲め健康に有害な

る感動を受くるを顧みること能はずして勤務に從事し爲めに一肢以上の用を失ひ若くは之に準ずべきものにして退職したるとき
とありて右の條件を具備して死歿したるとき及第四十條の規定により死歿したるときは其寡婦の同一家籍にある子及弟妹は授業料を徵收するを得ざるものなり而して其四十條第一に揭げたる者とは陸軍見習士官海軍候補生陸海軍諸生徒定規の給助を受くる屯田兵下士卒及海軍水雷夫をいふ

官吏遺族扶助法第四條第二項に該當する者とは公務の爲め受けたる傷痍に原因して死亡し又は非常の勞働及困苦を忍び勤務に從事し爲めに發病死去し又は公務に依り傳染病者に接し該病毒に感染して死去し又は戰地に於て若くは公務旅行中流行病に罹り死去したる物の寡婦をいひ明治二十七年勅令第百六十四號第一條第一項に該當する者とは陸海軍雇員　軍艦乘組傭人　官用船舶の船員若くは鐵道從事員其他の陸海軍の傭人の遺族をいふ此等の者の同一家籍內にある子及弟妹の授業料前揭の明文により授業料を徵收せざるものとす

其第二條には戰地に於ける勤務に起因して軍人恩給法第九條第十四條又は官吏恩給法第三條に該當するもの又は戰地に於て傷痍を受け疾病に罹り明治二十七

年勅令第百六十四號により手當金を受くる者又は公務に依り從軍したる者の同籍內に在る子及弟妹に對しては市町村會の議決に依り市町村立小學校に於て授業料を減額し又は徵收せざるを得とされど其已に納付濟のものは市町村會に於て還付の議決を爲したる場合の外は之を還付せざるべきを同第三條に規定せり其軍人恩給法第九條に該當するものとは戰鬪及戰時平時に拘はらず公務の爲め傷痍を受け若くは疾病に罹り增加恩給を受くる者にして第十四條に該當する者とは下士以下にして戰鬪戰時平時に拘はらず傷痍を受け又は戰地に於て流行病に罹り又は公務の爲め健康に有害なる感動を受くるを顧みること能はずして勤務に從事し爲めに一肢以上の用を失ひ若くは之に準ずべき者にして現役を離れたる者にして賑恤金を給與せられたる者にして官吏恩給法第三條に該當する者とは軍人恩給法第四條と殆んど同一の條件によりて退官したる者をいふ此等の者の同籍內にある子及弟妹は其父兄の國務に從事したるを原因として扶養を受くるを得ざる場合あるべきを以て國家は恩給又は遺族扶助料を支給すると同一の旨趣によりて此規定を設けたるなり然るに此恩點をして市町村立小學校敎員に與へざるは立法の遺漏といはずんばあるべからず

明治三十三年三月勅令第百三十六號により寄附財產によりて設立する官公立學校に關する規定第五條に該當する兒童も其授業料を減額又は免除又は免除するを得るなり小學校令施行規則第百八十一條によれば本章の規定は私立小學校に關して之を適用せずと明文の上よりいへば代用小學校も私立小學校なるが故に授業料に就ては前述の制限を受くるを得ざるが如きも同じく市町村の住民にして代用小學校に入學の指定を受けたるもゝのみ特に不利益を受くべきの理あらざるを以て茲に所謂私立小學校とは代用小學校を除きたるものたるは施行規則第百九十二條によるも明かなりとす而して其他私立小學校に之を適用せざるは之れ各人が隨意に定めたる私法上の契約に對しては國家も干涉せざるを一般の原則とすべきなればなり

納付義務の消滅

以上論ずる所の諸規定の範圍內によりて授業料の賦課を受けたる保護者は其被保護者の財產あるときは之れより支辨すべきも若し之れなきときは自己の財產より之を納付するの公法上の義務を有す故に此義務を履行せざるときは市町村制百二條の規定によりて督促し尙完納せざるときは國稅徵收法を適用し其滯納處分法によりて徵收するものとす而して同法第十七條乃至十九條に於ては公法

上の時效即期満得免を規定し其納斯の翌日より満三年を經過するときは其義務を免れ三年中に於て時效中斷をなすも其最初より五年を經過するときは又時效に掛りて其義務を免るべきものとす私立小學校の授業料は債權關係にして其時效斯間も民法の支配を受くべきものにして本論の範圍外たり如斯國税徴收法が時效制度を認めたるは其滯納狀態を永遠に存續するは公益上税務の處理上其義務を消滅せしむるを得策と認めたればなり

第三欵　基本財産

市町村立小學校の費用を負擔し又は補助すべき公共團體は其費用を支出するには先づ自己の財産其他の收入によりて支出し止むを得ざる場合に於て其住民に其費用を賦課徴收するを原則とす故に市町村の如き下級自治團體は其財政上の基礎を鞏固にせんが爲めに備へをなすを要す斯くの如き趣旨により市制及町村制第八十一條には市町村は其不動産積立金穀等を以て基本財産と爲し之を維持するの義務あるを規定し其第二項には臨時に收入したる金穀は基本財産に加入すべし但し寄附者其使用の目的を定むる者は此限にあらずと規定せり之れ市町

村の收入の原則を其財産より生ずるものに依らしめんとする旨趣にて其設定維持の義務を負はしむると共に其增殖の方法をも命令せり市町村は上述の方法によりて基本財産を設定し其財産より生ずる收入を以て經費を支辨する道を講ずると雖も國運進步の結果國民は其國家經費の膨脹に依る負擔に苦しむと共に公共事務の擴張により公費の重きに堪へ難きより敎育事業の如き國家百年の長計にして國運發展の根本なりとは信ずるも其一二年の弛廢は直ちに痛痒を感ぜざるにより往々之を等閑に附して顧みざるの嫌あるべきを慮り斯くの如き弊害を豫防し敎育事業を永遠に鞏固にせんが爲めに公共團體は學事通則第九條の規定により學校幼稚園圖書館の爲めに基本財産又は積立金を設けて之より生ずる收入は專ら敎育に關する目的にのみ使用するを得せしめたり而して其基本財産又は積立金は或學校幼稚園又は圖書館等各別に設くるをも得べく又同一市町村内の數學校幼稚園圖書館の爲め通じて設くるをも得べきものなり

學校基本財産を設くる理由

上述の趣旨によりて設定せられたる基本財産及積立金の法律上の性質を概論せんに基本財産とは其元金を使用せずして之を維持し其果實(生産物)を以て其目的の爲めに使用すべきものにして積立金とは或一定の事業の爲めに使用する目的

基本財産性質

を以て積立てたるを以て其目的の事業に對しては其元資を使用するを得べく又使用せざるべからざるものたり如斯性質を有するが故に學事通則第九條第三項にも其設定及處分は積立金を其目的の爲め使用するを除くの外は監督官廳の許可を受くべきものとせり基本財産と積立金とは以上論ずる如き性質上の差別ありて其使用の目的も異なるより第五項にも積立金より生ずる收入は其積立金に編入すべきを命せり

學事通則第十條第十一條には其增殖法を規定せり而して其第十條には敎育に關する寄附は寄附者が其使用の目的を定めざる時は之を基本財産となすべく又授業料入學試驗科書器使用料は基本財産又は積立金となすを得べきのみならず歲出の殘餘又は特に歲入の幾分を增加して基本財産又は積立金となすことを得べきを定め其第十一條には從前學校の爲め設けたる積立金等にして市町村第八十一條(前出)に依り市町村基本財産に加入したるものは本法實施後二箇年間は府縣郡參事會の許可を受け之を區分して學校基本財産となすことを得とあり之れ本法實施以前は學校の爲めに設けたる積立金と雖も市町村制第八十一條の適用を受け其市町村の基本財産に加入せらるべきを以て最早動かすべからざるが如き

も如斯は當初の目的に反するを以て本法實施後二箇年間は前述の如き目的を以て積立てたる金額は府縣郡參事會の許可を受けて之を區分して學校基本財産となすを得べきも其後は之を許さゞる旨趣と解すべきなり其府縣郡參事會の許可を受くべきを規定せるは其區分をなすに無謀の處置をなさゞらしめんが爲めなり然るに小林歌吉氏は其著行政法論二百六十七頁に於て之を説明して曰はく本項は數年前に市町村制を實施し且本法を實施したる地方に適用なきは勿論にして只本法實施後今日まで二年以内のもの及北海道等の如く市町村制の實施なき地に於て將來之を實施し且本法を施行する場合に適用を受くるものとすと論ぜられたるが氏の數年前に市町村制を實施し且本法を實施したる地方に適用なきを論ぜられたる論據は那邊に存ずるや余輩の淺學本法の規定によりて斯くの如き法理の潜伏せるを窺知する能はず又氏の後段の論定は本法實施後今日まで二箇年以内のもの及北海道の如く市町村制の實施なき地に於て將來之を實施する場合に適用を受くるものとは其如何なる意なるやを解する能はず予輩は前述の見解の正當なるを信ずるより氏の此議論は蓋誤解せるにあらざるやを疑ふものなり氏の詳細の議論を聞きたる後に於て更に論ずる機會に遭遇するを喜ぶもの

なり

第十節　小校長及敎員の職務

第一款　總論

學校長及敎員の職務

小學校長及敎員の性質地位資格任用解職及權利義務は既に總論に於て論じたるを以て更に論述の餘地なきが如きも其職務の性質內容に至りては其議論あるを聞かざるなり其職務の重要なる問題なるに拘はらず未だ研究せられざるは遺憾の次第なるを以て淺學を顧みず敢て牛刀鷄を割くの感なくんばあらずと雖も聊か研究せる結果を發表して以て先輩の高敎を乞はんとす

小學校は兒童身體の發育に留意して道德敎育及國民敎育の基礎並其生活に必須なる普通の智識技能を授くるを以て本旨とし目的とするは小學校令第一條の明示する所にして其目的を達するの任にある國家機關たる敎員は敎則及敎授細目並に其他の法令に從ひて自己の意見を用ひて體育をなし敎授し管理し訓練を施せば已に業に其任務を了れりといふべきが如きも敎育の如き一定の主義方針に

より永遠を期して其效果の發生を俟つべき事業特に靈神を具へたる人の品性を陶冶するの事業は其日〳〵の斷片的敎育法の能く其目的を遂行し得べきに非ざるを以て其敎育を施すに當りては豫め計畫をなして之が準備となし或は又之に附帶して或は之が結果につき處理するを要する事務あるのみならず國家が監督して之を統一する必要上よりするも又兒童に關する事務あるを以て施行規則第百三十五條には正敎員は兒童の敎育を擔任し且之に屬する事務を掌ると規定し其次條には准敎員は本科正敎員の職務を助くべきを示して其職務を明定せり而して一人の敎員が全校の兒童を敎育するが如き場合は一人の統一せる意思は直ちに被敎育者たる兒童に傳はりて所謂小學校敎育の目的を達するに互に相矛盾することなきも一學校に多數の敎員ありて兒童を擔任するときは其敎員の異るに從ひて多少異なる方法手段によりて各自の思ふが儘に任すときは其統一する所なくして遂に敎育の目的を達する能はざるの憂あるべきを以て一學校には必ず之を統一すべきの學校長なる機關を置きて其任に當らしめざるべからず故に小學校令施行規則第百三十四條には學校長は校務を整理し所屬敎員を統督すと其職務を明定せり之に依りて之を觀れば學校長は各正敎員の掌理せる事務及其

他の校務を整理する事と及所屬教員の教育を統一監督する二の職務に區別するを得べし而して所屬教員は前述せる教則及統督權の作用に基く教授細目を始めとし其他教育の方法たる教授訓練に關する規定によりて其服務規定に遵ひて兒童を教育し又校長の定めたる事務掌理の規定に從ひて其兒童に屬する事務を處理すべきなり而して准教員は本科正教員の此等の職務を補助すべきの職務を有するは前に明文によりて示せるが如し

校規の性質

上述の教授訓練に關する規定及事務掌理に關する規定は之を總稱して校規といふ其校規は行政法上上官より下官に下せる服務命令にして他の法律命令及訓令と同じく下官の行爲を拘束するの效力を有するものとす故に下官にして之に服從せざるときは服從義務違反の制裁を受けざるべからざるは已に述でたるが如し服從命令は其權限を委任せられたる事項即教授細目の如き及法律命令並訓令等の範圍內に於てのみ制定し得べし其制定後之れに矛盾するの法令發布せられたるときは當然其效力を喪失するものとす而して其廢止變更は法律上の形式なきによりて其規定自身によりて定めざる限りは假令成文規定を一片の口頭を以ても發止變更するを得べきものといふべし今校規として制定すべき者の內容に關

て教授訓練に關する職務と事務掌理に關する職務を欵を別ちて論述すべし

第二欵　教授訓練及體育に關する職務

第一項　總論

小學校正教員が兒童を教育するには其目的を達するの方法として教授をなし及管理訓練をなし又養育するの手段を施すなり即體育の手段にては消極的に身體の害となるべきを妨げ積極的に身體を鍛練して强壯にし教授に後ては兒童の精神中智的方面の活動を養成するを主とし之れに情的意的活動の狀態に誘致し訓練に於ては身心を道德的國民的ならしむる目的にて消極的に惡傾を抑制し善良なる習慣を養成せしむべきなり而して其手段を實際に行ふには教則及其他の法令並教授細目の範圍内に於て自己の自由裁量を以て教育の目的を達するに適應すべき手段によれば最早已に充分なりと雖も其學校長が其統督權の作用により統一の目的を以て豫め主義方針を定めて之か校規として備へたる場合に於ては兒童教育の實際に當る教員は此校規に準據して日々の教育を行はんことを要するなり此の如く一定の主義方針の定まれる學校に於ては教員の自由裁量により

て施行すべき職務の範圍は縮少せられたるの結果を生ずる爲め之を改正せざる以上は其校規以上の善良なる手段も之を施すに由なくして窮屈なるが如きも其改正には其道ありて其善良なる方法を規定となすを得べきのみならず全校に於ける敎育は統一せられ假令敎員の交迭受持の變更等ありとするも兒童は之が爲めに其受くる敎育に激變を受くるなく始終同一の主義の下に於て敎育せらるべきを以て從て其兒童は統一せる思想を有し一定の習慣を習ひて統一ある人格を具備せる國民となるを得べきなり如斯主義方針を定めたる規定存在せる以上は敎員は其法令と共に此規定に準據して其學識と手腕を振ふて誠實に其敎育の目的を達するを努むべきなり

敎授訓練體育は敎育の目的を達する手段にして各々其目的形式材料方法を殊にすると雖も之を實際に行ふに際りては互に相連絡し相助けて其效果を收むべく時間も方法も錯雜して行はれ確然區域を定め得べきにあらざるも之を理論として論ずるに當りては區別して論ずるを得べきのみならず又斯くするを要すべきなり

現行の小學校令及其施行規則には敎授細目の外上述の規定を設くるを命せずと

雖も或は府縣令を以て之を命せるあり又命令なきも學校長は其統一監督の必要上之を制定するを以て其職務を誠實に執行するものといふを得べし今其職務の範圍を明確にせんが爲め其規定を論ずるに際して便宜上學問上敎授に關する規定と訓練に關する規定と體育に關する規定の三項に區別して論述すべし而して此等の規定を論ずるには其實例を揭げて以て說明するを要すべきも頗る繁雜に亘るべきが故に本著に於ては單に其要點を概論するに止め又他日其實例をも發表して實務者の參考に供する時あらんことを期す

第二項　敎授に關する職務

敎授は敎育者が被敎育者に對して智識技能を傳達して其智的方面の活動を養成すると共に情的活動と連結し且意的活動の基礎をも作るべき作用にして小學校事業中の重要の地位を占むるものにして之に關係する者が最多くの力を傾けて之を講究せざるべからざるは論を俟たざるなり故に國家は敎則なる命令を以て其要旨を明定し學者は其學說を發表して斯道に貢献するを以て又旣に予輩の贅辨を要せざるが如きも余輩は聊か玆に其學說及法令並規定と職務の關係を論じてより學校長に於て制定するを要し又制定せざるべからざる規定を述ぶべし

日進月歩の今日の學界に於ては敎授に關する學說出でゝ詳細を極むと雖も之一個人の見解にして敢て吾人を拘束し得べきの效力あるにあらず故に之に違反するも何等の責任を生ぜざるも敎則を始として其他の敎授要旨を定めたる法令並に學校長の定めたる規定は敎員を拘束するの效力を有し若し敎員が之に違反するときは一定の責任をを負擔すべきなり其の規定が進步せる學說に反するときは只其制定者の能力の足らざる批難を受くるに止まりて行政法上の責任を負ふべきものにあらざるなり而して其敎授法の學說は之を敎育學者に讓り余輩が本著に於て論ぜんとする所は學校長が法令の範圍內に於て施すべき主義方針を定めたる行政法上の效力を有する敎授に關する規定なりとす今其內容を論ずるに當りて便宜上敎授細目及敎案に關する規定及其他の敎授に關する規定に區別して論ずべし

敎授細目に關する職務

第一　敎授細目に關する職務　敎授細目は小學校令施行規則第二十二條の規定により小學校長が其職務として編製すべきものにして其內容は敎則其他の敎授要旨に關する法令に準據して敎科課程表の示す敎科の程度の敎育を制規の時間內に於て敎科用圖書及其他の敎材によりなすべき見積表にして其樣式體裁は自

己の意見によりて定むべき者なり而して敎授細目其者は敎員の活動を拘束すべきの性質の者に非ずして他の府縣令以下の法令及學校長の服務命令によりて效力を有すべきは尙豫算其者が官吏を拘束すべき者に非ずして會計法の規定によりて拘束の效力を生ずると同一なり故に學校長は敎授細目を製定したる以上は府縣令以下にして敎員に其敎授細目に準據すべきの命令なくんば自己の權限によりて之に準據して敎授をなすべきを命せざるべからず斯くの如くにして始めて其敎授細目が其部下職員を拘束すべきの效力を有するに至るものなりと信ず而して實際多くは敎案に關する規定によりて如斯條文を設けたるが如し

教案に關する職務

第二　敎案に關する職務

敎案とは敎員が兒童を敎授するに際りて施すべき敎材の目的と其運用の方法を豫め計劃したるものにして完全の敎授をなさんとするには如斯計劃をなして敎壇に立つを要すべきなり而して學校長が其編成を命せざるに於ては之を編制せざるにも行政法上何等の責任を負ふことなしと雖も若し學校長が其編制すべきを命じたる場合に之に從はざるときは服務命令違反の制裁を受くべきなり而して學校長が其敎授の統一を計り且之を監督せんとするには豫め敎案の樣式を定め及其檢閲をなすを要すべきを以て學校長は此敎案

に關する規定を定むるときは其樣式を一定して之に依るべきを命ずると共に其檢閲の時期及手續を定むべきものとす

教科目の敎授の形式に關する職務執行の制限

第三　敎科目の敎授の形式に關する職務執行の制限　學校長は敎則其他敎授の要旨を示せる法令に準據して敎授細目及敎案樣式を定めて之に依るべきを命じたる以上尚他に敎授に關する規定を設くるの必要なきが如きも其學校に通學する兒童の一般の特性及其他の事情によりて法令及敎授細目の示す敎授の要旨以外に敎授に關して豫め注意すべき事項及敎材の取扱方法等に關して一定の主義と方針を定めて敎員が兒童を敎授するに際して敎案を作り及敎授をなすの方法を定むべきなり之れ余が玆に論ぜんとする所なり而して其學校長が此の規定を設くるには其權限を越へずして且法令の範圍内に於て之を定めざるべからず然るに世多くの敎授に關する規定を見るに敎則同樣の規定を設け又は法令に矛盾せるもの尠からず今其一例を擧げんに小學校專彙第五篇に揭げられたる滋賀縣野洲郡中主高等小學校の規定の如き敎則を其儘揭げたる如き越權も甚だしといはざるべからず又靜岡縣濱松小學校の規定第一の３４５の如き無用にして越權なるは前規定に異なるなし何者此の如きは已に業に敎則第一條の命ずる所にし

て其必要なきのみならず之れ文部大臣の職權に屬することなりとす又岐阜縣師範學校の敎授に關する內規の一般に關するもの丶1234の如き之れ管理に關する事項にあらずや如斯擧げ來らば殆んど底止する所を知らざるに至るべし故に余輩は今此等の批難攻擊の暇なきを以て現行法令の範圍內に於て學校長が其權限の範圍內に於て規定し得べきと信ずる要項を揭げて讀者の參考に供すべし

(一) 一般に關する規定事項

1 敎授の際に課する練習及復習の時期度數方法等に關すること

2 發問及應答の形式に關すること

3 讀書の形即達讀又は審美的讀方の時期配當等に關すること

4 各敎科を聯絡せしむる方法に關する具體的の規定

(二) 修身科敎授に關する規定事項

1 作法敎授の每週の時間度數及練習の方法等に關すること

2 校訓兒童心得は修身敎授上如何に取扱ふべきやに關するすこと

3 偶發事項にして修身の敎材となるべきもの丶取扱方に關すること

4 其他敎則第二條の要旨を貫徹する方法

(三)　國語科敎授に關する規定事項

1　初學年に於ける事物敎授と讀方、書方、話方、綴方等の程度に關すること

2　讀本に於ける各種敎材の取扱方に關すること特に詩歌の敎へ方に關すること

3　新出文字の敎へ方に關すること

4　發音の矯正方法及話方の時間方法に關すること

5　綴方の體を定むること及其敎授の方法を定むること

6　添削の方法に關すること

7　書方の字數行數を定むること

8　執筆の方法及敎授の順序訂正淸書等に關すること

(四)　算術科敎授に關する規定事項

1　暗算と筆算珠算の敎授時間の配合に關すること

2　問題選擇の注意に關すること

3　符號の呼方括弧の用方算式一定のこと

(五)　地理歷史敎授に關すること

1 地理歴史の觀念を明了ならしむる爲めの用具の取扱方等に關すること

(六) 理科敎授に關する規定事項

1 觀察實驗の方法に關すること

2 敎授の順序及其筆記の事項並其方法に關すること

(七) 圖畫科敎授に關すること

1 其敎材の選擇其敎授法練習の方法並淸書等に關すること

(八) 唱歌科敎授に關する規定事項

1 敎授の方法に關すること

2 敎材の選擇取捨に關すること

(九) 遊戲體操に關すること

1 遊戲體操の配合に關すること其敎法に關すること

2 室內體操場の設備なき場合の雨天の體操時間に關すること

(一〇) 隨意科目に關すること

1 裁縫の材料及其敎授上注意すべきこと

2 農業科に關しては其實習方法等に關すること

3手工の敎授に關しては其用具の用方其他敎則の目的を達する方法に關すること

4商業に關しては其土地に適應する方法によりて敎授すべきを以て其方法を詳細に規定するを要す

5英語の敎授に關する規定は國語の敎授に關する規定事項に準じて規定すべきなり

校外敎授に關する職務

第四　校外敎授に關する職務　校外敎授とは正課時間內に於て兒童を學校外に引率して實地につき實物又は實景を指示して敎授するの方法にて其方法の必要なるは今更論を俟たざるなりされど法令は命令禁止せざるを以て實施すると否とは其學校長の意見によるものとす而して學校長が其實施を命ずるに當りては其目的場所敎材の選擇回數及敎授の方法並に其實施の手續等を規定すべきものなり

掲示敎育に關する職務

第五　掲示敎育に關する職務　掲示敎育とは一定の場所に偶發其他特定の事項を掲示して敎授をなすの方法にして時事を兒童に知らしむるには適當の方法なりと謂ふべし而して其敎授を行ふに際りては其敎材の範圍選擇掲示の場所及其

手續等に關して豫め一定の規定を制定し之によりて敎員をして活動せしむべきなり

第三項　訓練に關する職務

第一目　總論

訓練は人の行爲をして道德的ならしむる習慣を作るを目的とするものにして其目的を達するには消極的に惡傾向を抑制すると共に積極的に善良なる習慣を形成せしむるを要す其消極的手段を普通管理と稱し積極的手段を狹義の訓練といふされど兩者は只其手段の積極的消極的の差異あるのみにして其性質目的を同じくするを以て兩者を合して之を廣義に訓練と稱す本項の訓練とは廣義の訓練を謂ふ而して其人の行爲とは精神作用を發表せる動作なるが故に行爲は人の精神作用と身體の動作の二よりなるものにして其精神作用は觀念と決意によりて之を外部に發表せらるべきを以て敎育者か被敎育者を訓練するに當りても其發表せる精神作用をして道德的ならしめざるべからず如斯論じ來れば敎授と訓練とは甚だ密接の關係を有して其區別をなすに困難なりと雖も其主なる目的の異なるによりて其手段も多少異ならんずんばあらざるべからず即ち敎授は主とし

て智識の傳達を旨として情育意育の基礎を作り訓練は之を基礎として其品性をして確立せしめ以て其品性が動作に現はるゝに當りて道德的ならしむるにあるを以て其材料及方法に於ても又異なれる所あるなり訓練は上述の如く敎授と密接の關係あるのみならず又次ぎに述ぶる體育に關する手段とも密着の關係ありと雖も其主たる目的の異なる結果其施す手段の形式方法をも異にするなり。故に今茲に訓練の目的を達せんとするには豫め之に關する主義方針を確立して之を成文規定に制定するは敎員が兒童を訓練し兒童が其德性を涵養する爲めに學校長が行政法上其權限として可能の事にして學校統理の上より必要の事なりとす如斯學校長が其規定を定めたるとき敎員は之に據りて兒童を躾くるの職務を有して之に違反する行爲をなすを得ざるなり而して其職務の範圍は一に其學校長の命ずる規定によりて定まるべきなり

訓練の目的は上述の如く道德的の行爲をなす習慣を養成するにありて其習慣は反復練習するによりて一定の身心傾向を有せしむるにあるべきなり然り而して其材料たる時及場所には一定の制限ありて存す即其制限とは兒童の實行を促す機會現在の境遇之れなり故に制限の許す範圍內に於て日々之を反復練習して其

良習慣を作るべきなり

其境遇即ち訓練の場所は之を學校家庭社會に區別するを得べく而して其兒童を訓練せんとするには其境遇の異なるによりて敎育者の施すべき手段を異にすべきのみならず又互に調和連絡して始めて其目的を達するを得べし故に余輩は今訓練に關する職務を論ずるに當りて(一)直接兒童に對する職務(二)學校と學校との連絡に關する職務(三)學校と社會との連絡に關する職務に區別して論せんとす

兒童取締に關する職務

第二目　直接兒童に關する職務

第一　兒童取締に關する職務　茲に兒童取締に關する職務とは學校の內外を問はず學校として又敎師として兒童を取締監督する方法の全部を意味す斯くの如くに兒童取締の規定を周到緻密にして之に準據して訓練するときは兒童日常の行動に秩序あらしむるを得べく斯くの如くにして反復するときは遂に其の心身に一定の傾向を形成して善良の習慣を作りて完全なる品性を陶冶して道德敎育國民敎育の基礎確立するに至るべし斯の境に進むに從ひて學校の秩序整然として其本務を盡すものといふを得べし上述の如く本規定は兒童を訓練するに於て重要なる手段にして其の規定の內容は人々の見る所によりて異なるべきも(一)兒

童平素の心得(二)始業前の秩序(三)終業の際の秩序(四)授業中の秩序(五)休憩時間中の秩序(六)終業の際の秩序(七)終業後の秩序を豫め規定して之に據らしむべきなり而して尚叮嚀の學校に於ては入學當初の兒童の取扱方劣等生の取扱方等をも規定せるあり斯くの如き規定ある以上は教員は之に準據して其職務を盡すべきなり

兒童勤務に關する職務

第二　兒童勤務に關する職務　學校に於て勤勞の習慣を養ひ置くことは身心の修練上必要の事にして斯くの如き習慣は兒童の時より躾くべきが故に教室の掃除及其他の勤務に服せしむると共に之等の服務は各其責任を負ふて擔任せしむる組織を作りて軈て彼等が卒業して市町村の住民となりたる場合に處するの準備をなし置くは國民教育上極めて必要の事に屬す故に其選任方法も選擧制によりて可成多數をして治者となり被治者となるの機會を得せしむべきなり斯くの如き目的を以て設くる規定は其役員の選任方法當番の順序役員當番の勤務方等を規定すべきなり

合同訓話に關する職務

第三　合同訓話に關する職務　合同訓話又は講堂訓話とは特別の時間に於て全校兒童を特定の場所に集め全校職員列席の上校長より一般に講話するを通例とするも時としては全校兒童を二部又は數部に分ちて其各部に講話するは設備又

は兒童數其他の事情による異例の方法なりといふべし

斯くの如き方法に於て行はるゝ訓話は之れ全校兒童をして統一的に訓練するの方便として行はるゝの作用にして該校に於ける兒童訓練の主義綱領に基きて訓話し學校一致の方針を以て訓練の目的を達し以て其校風を振起し其地方の氣風にも感化を及さんことを期するには豫め其實施の時期及場所、材料、目的、方法手續等につき規定する所あるべきなり斯くの如き規定あるときは職員は之に隨て活動すべきは勿論なりとす

學藝會に關する職務

第四　學藝會に關する規定　學藝會とは兒童が平素練習せる學藝を公衆の席上に於て發表するを修練する手段にして同時に會合の秩序を重んじ公會に於ける禮儀作法をも知らしむるを得べきが故に之れ又訓練の一方便なりといふを得べし斯くの如きは今後の國民教育の方針として大に奬勵を要すべきか其秩序を整然たらしめんには其目的開會の時期秩序維持に關すること及實施の手續等に付きて一定の規定あるべきなり

賞罰に關する職務

第五　賞罰に關する職務　訓練の實效を奏せんとするには善行を表彰して之を奬勵すると共に惡事を訓戒懲治して之を排除するの手段を採らざるべからず之

れ所謂賞罰の手段にして其適否は訓練上に非常の影響を與ふべきが故に之が規定も又精密の注意を加へて制定すべきなり而して其規定は賞又は罰すべき行爲の種類其方法時期手續等に就き詳細に訓練に資するの目的を以て定むべきなり

家庭との連絡に關する職務

第二目　家庭との連絡に關する職務

訓練は兒童が學校に於けると家庭に於けると又社會に於けるとを問はず一定の主義方針によりて行動せしむるによりて其目的を達し得べきを以て學校と家庭及社會と其躾方習慣等相背馳するが如くんば到底其目的を達すべきにあらざるを以て學校が其訓練の目的を達せんとするには家庭及社會と相連絡して兒童を躾くるに於て相一致し相提携して方針を一にし方向を共にして能く其兒童に適切なる訓練を施すと共に家庭に於ても同一の方針に於て躾けしめんことを期せざるべからず而して其社會との連絡方法は之を次目に讓り今其家庭との連絡法を論ぜんに其方法は種々あるべきも大體に於て臨時的のものと定期的のものとに區別するを得べく而して其臨時の方法は一部の兒童の保護者及其他の監督者の地位にある者を召喚して兒童の訓練につきて相談して其躾方の方針を一定し或は儀式會合の場合に招待して學校の狀況を知らしめ或は訪問し或は通信の方法

によりて其連絡を計ると共に定期の通信及懇話會等によりても其連絡を計りて兒童訓練の目的を達せんことを期すべきなり斯くの如きは現行法上學校職員に命ぜられたる職務にあらざるが故に學校長が斯くの如き手段によりて兒童を訓練せんとするには豫め其服務を命ずるを要するなり

本目を終るに臨みて說明し置くべきは學校と家庭との連絡を計るに於て或は兒童の心得を其の家庭に送り又は召喚し招待するが如きは學校長が其部下職員に命じたる行政行爲にして學校と家庭とは單に德義上の交通に止まり法律上には關係なき行爲なるを注意すべきなり

社會との連絡に關する職務

第四目　社會との連絡に關する職務

兒童の訓練は家庭及社會と其方針を一致するによりて完全の效果を望み得べきが故に學校長たるものは社會の趨勢を達觀し之と學校との調和を計りて兒童をして社會生活に適應せしむべく又之が改革の主動者たるべく訓練する方針を立てゝ兒童訓練規定を制定するときは部下敎員之れによりて兒童を訓練するの義務あるは勿論なりとすされど其學校と社會を連絡し調和するの目的を以て卒業生の同窓會を開き之を中樞として學藝體育を奬勵し風俗の改良を企つるが如き

は之れ其者の訓練を繼續することにして頗る望ましき事に屬すと雖も之小學校令施行規則第百三十四條百三十五條の範圍外なるを以て學校長は之を敎員に命ずるを得るの權能あるにあらざるなり

第四項　兒童體育に關する職務

兒童體育に關する職務

敎育の目的を達するには精神の修練をなすと共に身體の健全を計らざるべからざるは小學校令第一條によりても明かなる所なり而て其身體の健全を計るの手段を養育又は體育と稱す而して其體育は兒童身體の健康に對する妨害を消極的に排除すると共に其身體を鍛練して健全の度を增する積極的の方法を盡すべきなり現行法に於て設備に關する規定を始めとし明治三十年一月文部省令第一號の學校清潔法明治三十一年九月文部省令第廿號學校傳染病豫防及消毒方法明治三十三年三月文部省令第四號學生々徒身體檢査規則及明治三十一年二月文部省令第六號學校醫職務規定等あるが故に之に準據し尙其範圍內に於て適當の淸潔方法等を定めて兒童身體の健全に對する危險を豫防すると共に體操により又は運動會を擧行して大に其身體の鍛練を計らざるべからず

運動會は上述の目的に加ふるに訓練を施すに最肝要なる機會を與ふるものなる

が故に其場所準備實行上の方法組織賞與等につきて豫め一定の主義の下に行はれんことを期すべきなり

事務に關する職務

第三款　事務に關する職務

小學校令施行規則第百三十五條によれ正敎員は兒童の敎育を擔任し且之に屬する事務を掌るとあり又同第百三十四條には學校長は校務を整理し所屬敎員を統督すとあるが故に正敎員は兒童を敎授し訓練すると同時に之に屬する事務を掌理し學校長は之を整理するの職務上の義務を有するなり而して其之に屬する事務とは兒童敎育上の準備となり或は之に附帶して或は之が結果につき一學級として又は一學校として當然處理すべきの事務にして其範圍は現行法規によりて定まるなり而して其整理は學校長の職務上の責任なりと雖も校務は直接間接兒童敎育に屬する事務なるを以て正敎員以下の敎員が之を分任掌理すべきの職責あるは又論を俟たざる所なり而して其事務には性質上一學級として又は一學校として處理すべきものあるは前に述べたるが如くにして其一學級としての事務は其擔任を定めたるときは其擔任者に於て掌理すべきも其一學校として處理す

べきの事務は單級學校の如き一人の敎員のみなるときは其一人の手に於て整理せざるべからざるが如きも苟も二人以上の敎員ある場合に於ては學校長は處務規定により全體の校務を適當に區分し且つ其範圍及處務の順序方法を明晰にして部下敎員の長短能不能を察して適任者を適所に置きて其責任を明かにして其全力を盡くして其職責を完ふせしむべきなり斯くの如くにして事務の分擔定まりたる以上は其事務に關する法令及校規の處務規定によりて之を掌理し校長其統督良しきを得ば事務の秩序整然校紀の振張期せずして待つべきなり今其事務に關する職務の範圍を明かにするが爲めに其一學級としての事務と一學校としての事務の概畧を論述すべし

學級に專屬する事務

第一　一學級としての事務　一學級としての事務とは兒童敎育に屬する事務にして其學級限りに於て整理すべきの事務にして之に屬すべき事務を揭ぐれば左の如し

一　學籍簿の整理に關する事務

二　出缺席の調査に關する事務

三　敎案の編制

四　兒童成績の考査

五　兒童の身體檢査に關する事務

六　兒童出席の通知報告に關する事務

七　家庭通信に關する事務

八　諸統計の材料に關する事務

九　校外敎授に關する事務

十　其他學級に關する事務

一學校としての事務

第二　一學校としての事務　一學校としての事務とは學級を單位とせずして學校を單位として處理すべきの事務なるが故に其事務の性質によりて區分して處理すべきは前述の如くにして學校長は其區分をなすと同時に其處理の順序方法を定めて之に準據せしむべきなり今之に屬する事務の種目を左に揭ぐべし

一、敎務に屬する事務　とは直接敎育に關係する事務にして多くは擔任敎員が學級に關する事務を處理するの準備となるものなり

1　敎授細目案に關する事務

2　敎案の形式其他其規定に關する事務

3 時間及敎員割缺勤の時學科の受持に關する事務
4 敎授用具の改良變更の調査に關する事務
5 敎授訓練の改良上進に關する事務
6 以上に關する表簿の整理保管に關する事務

二、圖書器具機械に關する事務　學校に屬する市町村有の財産の使用方法及其整理に關する事務にして市町村財産管理規程あるときは其規定及學校の處務規定に從ひて處理すべきなり今其事務の要目を擧ぐれば左の如し

1 購入すべき圖書の調査に關する事務
2 圖書の使用貸借に關する事務
3 圖書目錄の調製に關する事務
4 器具機械設備の調査に關する事務
5 其使用整理及修繕稟議に關する事務
6 器具機械の目錄調製に關する事務

三、學校經濟に關する事務　學校其者は營造物にして經濟主體にあらずと雖も市町村に對して經費を支出せしめ物品の受授をなす事務あるが故に此等の事務

を稱して經濟に關する事務といふ其要目は左の如し

1經費豫算案の下調

2備品の收受に關する事務

3消耗品の受授に關する事務

4校舍校地の修繕の稟議に關する事務

5兒童貯金に關する事務

6右に關する諸表簿の整理に關する事務

四、統計に關する事務　統計は事業の現狀を見るの手段とし行ふものにして爲政家は之によりて各般の事業の進步を促すの參考とすべきものにして現行法に於ては明治三十四年二月文部省訓令第一號の學事年報取調條項によりて現狀を報告すると同時に監督官廳よりの命令により之を報告する爲めに種々の統計を調製すべきは勿論其學校自身に於ても事業改進の資料として右の要項以外のものも調製すべきなり其要目左の如し

1學事年報調査に關する事務

2兒童出席日計月末年末の統計に關する事務

3 學校一覽表の調製に關する事務
4 學業操行成績一覽表の調製に關する事務
5 兒童職業別及兒童研究調査表に關する事務
6 其他學校に必要なる統計表の調製に關する事務

五、衞生に關する事務　兒童の身體に對する防害を除去する行爲は體育に關する職務の執行なりと雖も其行爲には之に關する事務伴隨すべきなり今其要項を揭ぐべし

1 兒童身體檢査一覽表の調製
2 救急治療用具の整理
3 其他學校衞生に關する一切の事務

六、庶務に關する事務　庶務とは別に一定の意義範圍存在するなく他の事務の範圍に屬せざる爾餘の事務を一括して之を庶務と稱す庶務は斯くの如く其範圍一定せず極めて空漠なりと雖も校務には限りあるを以て今之に屬すべき事務の要項を左に揭くべし

1 法令の取纏加除訂正保管に關する事務

2 校規の編制變更に關すること
3 日誌沿革誌の記入
4 校印校鑰の保管
5 儀式會合の整理及其記錄に關する事務
6 揭示に關する事務
7 賞狀證書其他授與品に關する事務
8 公文書の起草發送收受に關する事務
9 職員使丁出勤簿の整理
10 使用濟諸表簿の整理
11 外來參觀人に關する事務
12 使丁の監督に關する事務
13 其他事務に關する一切の校務

上述の如く校務を其性質によりて區分して其學校職員の數によりて或は其一部の事務を數人に擔任せしめ或は一人に數部の事務を擔任せしめ其專決すべきと學校長の指揮を受けて處理すべきとを明かにすべきなり

學校長が上來述ぶる所の主義方針を定むるに於て衆智を把羅剔抉して完全なるものとし且統督の必要上職員の會合を開きて協合調和の道を講じつゝ事に從ふは望ましき事なりとす於斯乎職員會の必要起るなり故に各校共其設けあらざるはなし斯くの如き必要によりて起れる職員會は行政上如何なる性質を有するや今之れを玆に研究せん

職員會の性質

著者一日或數校長の會合せる所に至れり談偶々職員會の性質に及び一校長曰く職員會は元來腰弱き校長が自ら校務を處理する能はざるが爲めに起れるものにして其會議を開くは畢竟校長の不能を示すものなるが故に之を開くべきにあらずと又一校長は曰く職員會は職員の寄合相談會にして校長が之を開くも開かざるも又職員が出席すると否とは其自由なりと又一校長は曰く校務は校長之を處理すべきものにして職員會は學校長の處務上の意見を徵する爲めにして假令議決したりと雖も之を執行するや否やは校長の權限に屬すと又一敎員ありて曰く或校長は職員會を開くことなく事每に命令して其輕重をも顧みざるは部下を侮辱するの甚しきものなりと夫れ職員會なるものは法理上上述の如き性質を有する者なりや余輩之を知らず余輩の見解は職員會は校務處理上の一方法にして校長

は之を開くべきの義務ありといふにあらざるも之を開設するを至當とすといふのみ而して校長が校務處理の方法として其開設を命じたる以上は職員は必ず之に服すべき公法上の義務を有するものにして其出席すると否との自由を有するものにあらず而して其職員會の議事々項及其決議を執行すると否とは一に其會議に關する規定如何によりて定まるべきものにして其決議は或は諮詢に答へ或は稟議の性質を具ふるあれど又之を直ちに執行すべき效力をも有し得べきなり斯くの如く論じ來らば或は子の議論の如くんば校務の整理權統督權は校長に屬せずして職員會に屬するの不都合を生ずるに至るべきにあらずやとの疑を抱くものあるべしと雖も之れ校長が校務處理の方法として命じたるの一方法にして之れが爲めに其權限其者が移轉せるにあらずして只其決定權を制限したるに過ぎざるなり如斯其性質は校長の定むる規定によりて定まるべきものにして若し其規定存在せざる場合に開設せるときは校長處務上の諮詢機關たる性質を有するものたるを論定するものなり本節に論じたる職務は各學校に於ても同一なりとすされど其處理する機關は事務に關しては書記又は書記官等ありて之を掌ることあり故に各學校に於ては之を論ぜざるべし本節に論述したる所を便宜の爲

めに左に圖解す

學校長及敎員の職務
- 敎授訓練及體育に關する事務
  - 敎授に關する職務
    - 敎授細目に關する職務
    - 敎案に關する職務
    - 敎授の形式に關する職務執行の制限
    - 校外敎授に關する職務
    - 揭示敎育に關する職務
  - 訓練に關する職務
    - 兒童直接に關する職務
      - 兒童の取締に關する職務
      - 兒童勤務に關する職務
      - 合同訓話に關する職務
      - 學藝會に關する職務
      - 賞罰に關する職務
    - 家庭の連絡に關する職務
    - 社會との連絡に關する職務
  - 兒童體育に關する職務
- 事務に關する職務
  - 一學級としての事務
  - 一學校としての事務
    - 敎務に屬する事務
    - 圖書器具機械に關する事務
    - 學校經濟に關する事務
    - 統計に關する事務
    - 衞生に關する事務
    - 庶務に關する事務

第十一節　學務委員

學務委員

市町村長の小學校の管理權及國の敎育事務の管掌權に就て市町村の敎育事務を論じたる場合に於て說明したるが故に本節に於ては其市町村長の補助又は諮詢の機關たる學務委員に就て論ずべし地方學事通則第六條によれば府縣郡市町村及町村學校組合は敎育事務の爲め勅令の定むる所により學務委員を置くべきを規定し其第二項には市町村內若くは町村學校組合內の區は小學校敎育事務の爲め勅令の定むる所により學務委員を設くることを得とありて小學校令第六十二條第一項には市町村は敎育事務の爲め市制第六十一條町村制第六十五條に依り學務委員を置くべしと規定し市制第六十一條によれば市は臨時又は常設の委員を置くを得而して其委員は名譽職にして市參事會員又は市會議員を以て之に充て又は市參事會員及市會議員を以て組織し又は會員議員と市公民中選擧權を有する者とを以て組織し市參事會議員一名を以て委員長とすべきを規定し其第三

選任及組織

項によれば委員中市會議員より出づるものは市會之を選擧し選擧權を有す公民中より出づる者は市參事會之を選擧し其他の委員は市長之を選任すべき旨を規

定し町村制第六十五條によれば町村の委員は町村會に於て町村會議員又は町村公民中選擧權を有する者より選擧し町村長又は其委任を受けたる助役を以て委員長とする旨を規定して其委員を置くときは市町村會の議決によるべきなれども學務委員の場合は小學校令第六十二條第一項但書によりて市町村會の議決に依るの限りにあらざるなり而して其委員數は十人以下にして東京市に於てのみ十五人に增すを得るなり

職務

町村學校組合及其區並市町村の區にも條例の規定によりて學務委員を置くことを得べきなり而して此等の學務委員には市町村立小學校男敎員を加ふべき者とす而して其學務委員は市町村長又は町村學校組合長之を任免するものとす

學務委員の職務は小學校令施行規則第百八十三條に揭げたる事項につきて市町村長市參事會町村學校組合長區長並に其代理者を補助し其諮詢に應じて意見を陳述すべきなり今其權限中の事項を案ずるに之には市町村長の管理事務に屬する者あれば其國の敎育事務の管掌に屬する者及市町村其者の敎育事務に屬す者あり而して其國の敎育事務を執行する場合には地方學事通則第七條によりて市町村會の議決を經べ限りにあらざるなり

任期

學務委員は其公民中より選擧せられたるものは四箇年を以て任期とし補欠選擧に依りて就任したるものは殘任期間を其任期とす市參事會員又は市會議員にして就任したるものは其の市參事會員又は市會議員たる質格の喪失と同時に學務委員たるの職務も喪失するものなり市町村立小學校敎員より任命したる學務委員は其本職にして解消せざる場合に於ては市町村長又町村學校組合長之を免職したる場合に於てのみ其職を失ふものとす

學校の監督

第十二節　學校の監督

監督權の性質其作用は總論官廳の統一を論せる場合に論せるが故に本節に於ては小學校事務の監督權の所在を論せんとす從前は市町村立小學校長及敎員の執行する國の敎育事務は市町村長之を監督し來りしと雖も改正小學校令は其第六十五條に於て市立小學校長及敎員の執行する敎育事務は府縣知事之を監督し町村立小學校長及敎員の執行する國の敎育事務は郡長之を監督すべきを明かにせり故に此等の事務の檢閲をなし處分の取消停止を命ずるが如きは市立小學校に於ては府縣知事町村立小學校長に於ては郡長のみ之をなすを得べく市町村長及

其補助機關が此の如き行爲をなすは之れ越權の事なりといふべし

小學校令第六十條には私立小學校は市にある者は府縣知事町村にあるものは郡長之を監督すべきを規定せり本條にいふ監督とは單に事務の監督に留まらず私立學校令第一條の例外規定にして其第二條第六條第十條第十一條の監督權をも行使する者とす之れ第六十五條の監督權の場合と其規定の趣きを異にせる所以なりとす

市町村長の管理管掌する事務の監督は市にありては市制第百十五條により府縣知事之を監督し町村にありては町村制第百十九條によりて郡長之を監督す而して其監督權の作用による市町村吏員に對する懲戒處分にして國の敎育事務取扱に關するものに就ても市制第百二十四條町村制第百二十八條の規定によるべきは勿論なりといふべし然るに小學校令第六十四條は更に之を明示せるは畢竟無用の規定なりと信ず

第十三節　小學校敎育效績者の表彰

小學校敎育效績者の表彰

小學校敎育は或は年功加俸特別加俸其他敎育基金使用規則に依りて其效績者を

表彰し來りしも文部省は又三十八年六月省令第十一號を以て小學校敎育效績狀規定を制定せられたり其內容は小學校敎員の功績顯著たる者を選定表彰するを本體とし市町村長町村學校組合長其の他市町村若くは之れに準ずべき者の吏員又は學務委員にして小學校の敎育に關し效績顯著なる者をも選奬すべきを同規定第一條に規定せり其表彰の方法は敎育效績狀を附與して之を行ひ官報を以て公示すべきものとす其功績によりて表彰せられたるものと雖も敎員にして小學校令第四十九條に依り其有する免許狀の效力を喪ひ又は免許狀を褫奪せられたるときは其效績狀を返納せしめ官報を以て之を公示すべく其他のものにして公權を褫奪せられたるときも同樣の處分をなすべきものと同規定は規定せり

其功績を審査選定する爲めに文部省內に審査委員たる機關を置きて之を認定するものとす其標準は其委員の權內にあるなり

第十四節　幼稚園及小學校に關する各種學校

第一款　總　論

幼稚園其他小學校に類する各種學校

小學校令第五條によれば幼稚園　盲啞學校其他小學校に類する各種學校の規定に關しては本令に別段の規定あるものを除く外文部大臣之を定むとありて其本令中の別段の規定とは第十七條の設立に關する規定にして其他は文部大臣の規定せる小學校令施行規則第九章に依るべきものとす而して其第十七條によれば市町村又は町村學校組合は府縣知事の認可を受けて幼稚園其の他小學校に類する各種學校を設置廢止するを得べく又一私人が其設置をなすときは府縣知事の認可を受け其の廢止は府縣知事に屆出づべく而して之等の學校は小學校に附屬せしむるを得るなり

第二款　幼稚園

第一項　目的

目的

幼稚園はフリードリッヒ、フレーベル氏の創設せし所にして其本旨とする所は年齡滿三歳より尋常小學校に入學するまでの幼兒を保育して其心身をして健全に發達せしめ善良なる習慣を養成して家庭敎育に補ふを目的とす故に幼兒を保育するには其心身發達の程度に副はしむべく決して其會得し難き事項を授け又は過度の業をなさしむべきにあらざるなり而して其目的を達せんとするには常に幼兒の心情行儀に注意して之を正しからしめ又常に善良の事例を指示して之に模倣せしめんことを務むべきなり之れ小學校令施行規則第百九十五條百九十六條の規定する所なりとす

保育項目及其要旨

第二項　保育科目及其要旨並保育時數

幼稚園の保育項目は遊戲、唱歌、談話及手技にして其遊戲は隨意遊戲及共同遊戲とす幼稚園の目的を達するには之を以て充分なりと認めたればなり而して各保育科目の要旨は施行規則第百九十八條第二項以下第二百一條に規定する所にして隨意遊戲は幼兒をして各自に運動せしめ共同遊戲は歌曲に合へる諸種の運動等をなさしめて其心情をして快括にし身體をして健全ならしむべきなり

唱歌は平易なるを選擇して其聽器發聲器及呼吸器を練習して其發音を助け心情

をして快活純美ならしめ兼て德性の涵養に資するを必要とす

談話は有益にして興味ある事實寓言通常の天然物及加工品等につきて之を爲し德性を涵養し觀察注意の力を養ひ兼て發音を正しくし言語を練習せしむるを要す

手技は幼稚園恩物を用ひて手及眼を練習し心意の發育に資せしめんことを要するなり

保育時數

而して此等の保育をなす時間は食事時數共一日に五時間以下とす

第三項　職員

職員

幼稚園に於て幼兒を保育する者を保姆と稱し其保姆たるの資格は女子にして尋常小學校本科正敎員又は准敎員たるべき資格を有する者又は府縣知事より保姆たるの免許を得たる者たるを要す而して其任用解職は市町村立幼稚園にありては府縣知事之を行ひ私立幼稚園にありては其設立者に於て府縣知事に屆け出づべきものとす而して其幼稚園には園長を置くを得るなり其園長は何等の資格を要せざるも其不適者なるときは市町立幼稚園にありては之を任用せざるべく私立幼稚園の場合は監督官廳に於て私立學校令第七條により其與へたる認可を取

消すを得べきなり

第四項　編制

幼稚園に保姆一人の保育する幼兒の數は四十人以下として一幼稚園の幼兒數は百人以下を原則とし特別の事情あるときのみ百五十人まで增すことを得せしめたり之れ如斯其人數を制限したるは幼兒の保育は小學校の敎育よりも精密の看護を要するを以て其人數多きときは其保育周到ならずして幼稚園の目的を達する能はざるを以てなり

第五項　設備

幼稚園の設備も小學校と同一の趣旨にて其幼兒保育の目的上より各種の要求に應ずべき設備をなすべきものにして即建物は平家造にして保育室遊戲室其他必要なる諸室を備ふべく而して其保育室の廣さは幼兒五人に付一坪より狹からざるを要し遊園は幼兒一人につき一坪の割合を以て設くるを常例とし敷地飮料水採光窻に關しては小學校の設備準則に依るべきものとす上述の設備を備へたる上尚保育用具たる恩物、繪畫、遊戲道具、樂器黑板、机、腰掛、及時計、寒暖計、煖房器其他必要なる器具をも具ふべきなり

第三款　盲啞學校

盲啞學校は盲人啞人の普通教育を施す所にして其學科程度等概小學校に準すると雖又同時に彼等に適當の技藝を授けて自立の道を得せしむるを目的とす而して其教授法等普通人と同一にする能はす獨特の方法を用ふべきを以て此等特種學校を設くるの制度を設けたるなり

盲啞教育の起原は明治の初年樂善會員が訓盲啞院を東京に創設したるに始まり爾後幾多の變遷を經て其學校は遂に文部省直轄の東京盲啞學校となれり而して公立の盲啞學校は京都に一校あるのみにして其他私立の學校も五校ありといふ一般盲啞學校に對しては法令は僅かに設立廢止の規定と職員に關する規定を設けたるのみにして其他は悉く市町村又は設立者の定むる所によらしめ國家は只其監督保護をなすの方針を採れり而して其設立廢止は本節第一款に述べたる所にして其職員に就ては小學校令施行規則第二百九條乃至二百十一條に規定する所にして其教員たるの資格は小學校教員たるべき資格を有する者又は府縣知事より其教員たるの免許を得たる者たるを要べきなり而して盲啞學校には學校長

を置くをべく其學校長を置ときは其學校長及敎員の任用解職は幼稚園の園長及保姆の任用解職の例に依るべきものとす

今此處に參考の爲め東京盲啞學校の規則に就き其內容の概要を述べんに其敎科に尋常科と技藝科とありて尋常科に於て盲生には國語算術講談及體操を課し啞生には讀方算術習字作文筆談及體操を課し盲生の技藝科に於ては音樂鍼治及按摩にして啞生の技藝科は圖書彫刻指物及裁縫として一科若くは二科を兼修せしめ生徒の入學年齡は八年以上十八年以下とし修業年限は按摩を専修する者は三年其他は五年とすされど年齡十二年未滿にして入學する者は修業年限を延長することあるなり

第四欵　小學校に類する各種學校

小學校に類する各種學校は其本旨敎科編制等の內に於て確然たる定義を下す能はざる所謂小學校に類する學校にして其本旨敎科目並に其要旨等は設立者の任意に委し國家は只其安寧秩序を防害し又は風敎に害毒を及さざる限りは敢て干涉せざるの主義を採りて其設立廢止及職員に關してのみを法令を以て定めたり

而して其設立廢止は已に本節第一欵に述べたる所にして其敎員の資格及任用職解は盲啞學校職員と同一の例に依るべきものとするを現行法の規定とす

第二章　中學校

第一節　總論

中學校と學生問題

中學校は年齡十二年以上にして高等小學校二學年修業以上のもの又は之と同等以上の學力を有するものを收容して之に高等なる普通敎育を授くる所にして卒業後は尙進んで高等敎育を受くるもあれば又一面には直ちに社會に立ちて其業務に從事するもありて其目的は多端にして一樣なる能はざるを以て學制問題に於ては常に議論の紛呶する所たり輿論は普通科と實科とに區別するに傾けるを以て世の進步と共に斯くの如き制度に移るべきやは別問題として現行制度の由來せる所を索めて其解釋に資するは無益の業にあらさるべし

我邦敎育に關する行政の淵源は第一章小學校の沿革を叙するときに論じたるが如く宏遠なりと雖も維前以前は全國劃一の制度存するなく混純たる狀態なりし

を以て今日の制度を基礎として一々其淵源する所を叙するは殆んど不可能の事に屬するが故に維新以後に至りて全國同一の制度行はれたるときより其沿革の概畧を叙述すべし明治五年學制の頒布せられたるときは上下を通して修業年限六年の中學校の制度設けられたりしが當時は維新の騷動にて人心騷擾を極めたりしを以て數年の久しき校舍に足を止めて靜かに研鑽を積むが如きは多數の能はざる所なるより半途にして校門を辭するもの多かりしを以て明治十四年には中學校敎則大綱によりて之を初等中學科高等中學科の二種に區別し修業年限は初等中學科を四年高等中學科を二年として初等中學科にて高等なる普通敎育を卒るを得せしめ尙進んで一層高等なる普通敎育を受けんと欲する者の爲めに高等中學科を設けたりしが其後上述の初等高等の區別を廢して又初めの如くに單に中學科と稱せしが明治十九年に至りて又尋常中學校と高等中學校の二階級を設けて尋常中學校は高等普通の敎育を授け高等中學校は大學の爲めの豫備敎育を授けたりしが又星遷り物變り世の進步と共に明治二十七年には高等學校令の發布ありて從前の高等中學校は高等學校となり明治三十二年に至りて尋常中學校は又初めの如くに單に中學校と改稱して高等普通敎育を授くるを目的とし明

治三十四年に其施行規則も發布せられたるが現行法なり次節以下は之によりて其内容を叙述すべし

第二節　目的

中學校令第一等に曰く中學校は男子に須要なる高等普通敎育を爲すを目的とすと其普通とは專門に對する言葉にして職業に對する一定の目的ある智識を授けざるを意味し一般國民としての智識藝能及德器を涵養するにありて其小學校の目的と異なるは只其程度の高等なるの差あるのみ一般國民の體力智力德義の進步は國家の望む所なるも各人は其財力に於て又體力心力に於て不平等なるが故に或は義務敎育を受けしむる能はざるもあれば或は義務敎育を了へるに止る者又高等小學校の敎科を修め尚進んで高等普通敎育專門敎育を受くるもあるが今日の狀態にして如斯にして學を修め業を習ひたる者が軈て社會を組織するに於て上中下の區別生じ其間に秩序の維持を保つべきは之社會の趨勢なるが故に國家は其の中等以上の社會に處する必要に應せんが爲めに男子に高等普通の敎育を爲すの制度を設けたるが中學校にして其の卒業後は或は直に出でて社會の事

業に從事すべく或は尙高等又は專門の藝術を受くる者もあるべく其目的は多種多樣にして其制度の得失の學制問題は頗錯綜紛議を極むるは前節に於ても述べたるが如くにして將來如何に解決すべきやを研究するは頗る興味ある問題なるべきも之れ所謂立法問題にして本著の目的の範圍外に屬するが故に本節に於ては現行法を解釋するを以て滿足せんとす

第三節　設置及廢止

中學校令第二條によれば北海道及府縣に於ては土地の情況に應じ一個以上の中學校を設置すべしとありて其第二項には文部大臣は必要と認むる場合には府縣に中學校の增設を命ずることを得とあるが故に府縣は其經費を以て之を設置するの義務ありされど北海道沖繩縣は府縣制の實施なく單に國家行政區劃にして自治公共團體たる法人にあらざるを以て從て權利義務の主體たる能はざるは言を俟たざるが故に之を嚴格に解釋すれば北海道沖繩縣は其義務を有するにあらずされど此等の地方に於ても中學校設置の必要は他の府縣に異なるなきを以て國家は其地方に國庫より支出する縣費の中より其經費を支辨するは第三條の解

釋によるも明瞭なりとす上述の如く國家は府縣に對して其區域內の將來の社會の中等以上に處するの人物を養成せんが爲め土地の情況に應じて一個以上の學校の設置を命ぜりと雖も其設置は府縣に獨占せしむべき性質の者にもあらざるが故に郡市町村又は北海道の區及沖繩縣の區又は問切島の如き又町村學校組合の如き公法人は其區域內の小學敎育の施設備ひて其住民の敎育上支障なき限りに於て其土地の民度及經濟上の情況に依り其必要なる場合は隨意の公共事務として中學校を設くることを得せしめ又一私人の設立も拒むべきにあらざるが故に中學校令第五條は私人は本令の規定により中學校を設置することを得と規定せり故に一私人が中學校を設立する場合は先づ本令の支配を受け然る後其規定なき場合は私立學校の適用を受くべきものなりとす

府縣及其他の公法人並に一私人は各地方の情況により生徒若くは其經濟の狀態によりて一學校を設立する能はずして尙中學校を設置するの必要あるときは文部大臣の認可を經て既設の中學校の分校を一個に限りて設くることを得せしむべきを現行法は中學校令第六條に認めたり而して其學年は三年以下とす

中學校の設置及廢止は共に第七條によりて文部大臣の認可を受くべきものにし

て其設置の場合は施行規則第三十八條により其設置すべき學校の(一)名稱(二)生徒定員(三)開校年月(四)經費維持の方法の四の事項を具し尚其校地の面積地質屋外體操場の區域面積並に附近の情況を記載したる圖書及飲料水の定性分析表を添附して公立學校に就ては地方官より私立學校に就きては設立者に於て其の位置の認可を申請すべきものなり而して之前述の(一)乃至(三)及位置の變更も文部大臣の認可を受くべく又公立中學校の費用負擔者を變更したる場合即市町村又は町村學校組合立を府縣立に變更する場合又は私立中學校を公立中學校に公立中學校を私立中學校に若くは分校を獨立の中學校となさんとするときは中學校設立の場合の(一)より(四)までの事項を具して認可を受くべきものとす而して又其の廢止の場合は其事由及生徒の處分方法を具して文部大臣に申請すべきを現行法の規定とす然り而して其文部大臣の認可は其自由裁量の處分に屬するが故に其設置廢止に認可を與へざることあるべきは勿論なり

既設の中學校を文部大臣の認可によりて廢止したるとき及監督官廳の命令により中學校を閉鎖したるときは三十日以內に施行規則第三十一條第四號の生徒の學籍を地方長官に提出すべく地方官は十五箇年以上之を保存すべきなり

第四節　學科及其程度

學科及其程度

中學校令第十一條には中學校の學科及程度に關する規則は文部大臣に於て定むべきを規定し文部大臣は施行規則第一章に於て之が規定をなせり而して其第一條には中學校の目的を達すべき材料即學科目を修身、國語、漢文、外國語、歷史、地理、數學、博物、物理、及化學、法制及經濟、圖畫、唱歌、體操の十三科目とし其外國語とは英語、獨語又は佛語にして法制經濟、唱歌は當分之を缺くことを許せり

教授要目の性質

國家は文部大臣をして中學校の目的を達すべきの材料として前述の學科を定めしめたる上に其の各學科によりて達すべきの程度及其學料の要旨等をも施行規則第二條乃至第十三條に規定せるの外明治三十五年二月文部省訓令第二號によりて中學校長が各學科教授の效果を完からしめんことを力むる爲めに定むる教授細目の標準たるべき教授要目を編纂せるを以て中學校長が教授細目を編制するときは之を斟酌し各教員は其教授細目及施行に示せる要旨により其程度を學修せしめて以て中學校令第一條の目的を達せしめざるべからず其施行規則第二條以下の學科の要旨及程度並に其細目たる教授要目は條文を一讀すれば明瞭な

るべきを以て其解釋は茲に省畧すべし

中學校には一年以内の補習科を設置するを得せしめて中學校に於て學修せし學科の補習をなさしむるを得せしめたり而して其學科目は施行規則第十五條により第一條の學科目中につき之を定むべしと規定せるが故に地方長官にして之が規定をなさずんば學校長之を定むべきなり如斯にして定めたる各學科目は隨意科目と爲すべきを得べきを現行法上の規定なりとす

補習科の教科目

第五節　教科用書

中學校の課程を教授すべき材料たる教科書は中學校令第十二條によれば文部大臣の檢定を經たるものにつき地方長官の認可を經て學校長之を定むべきなりされど文部大臣の檢定を經ざる教科書を使用するの必要あるときは地方長官は文部大臣の認可を經て一時其使用を認可するを得るなり而して其檢定に關する規則は文部大臣之を定むべきものにして文部大臣は明治二十年五月文部省令第二號を以て教科用圖書檢定規則なるものを發布し其第一條に曰く教科用圖書の檢定は師範學校令中學校令高等女學校令小學校令の趣旨に合し教科用に適するこ

教科用圖書

とを認定するものとすとありて其第二條以下第二十二條には其出願の手續及效力を規定せり其詳細は後に論述すべし

第六節　修業期間學年教授日數、每週教授時數及式日

修業年限

中學校令第九條によれば中學校の修業年限は五箇年とすとありて中學校に於て所定の學科目により其目的を達する期間を五學年間とし其學年は四月一日に始まり翌年三月三十一日に終り其一學年を三學期に區分し四月一日より八月三十一日までを一學期とす九月一日より十二月三十一日迄を第二學期とし一月一日より三月三十一日までを第三學期として學科の進度を測定すべき標準とせりさ

學年及學期

れど補習科は上述の學年學期の適用を受けざるを以て學年の中頃より始まりて次ぎの年の中項に終ることもあり

教授日數

次ぎに中學校の教授日數は傳染病豫防の爲め必要なるとき其他非常變災あるときに臨時休業をなさしめたる場合及特別の事情により文部大臣の認可を受けたる場合の外は試驗及修學旅行に充つる日數を除ぎて每學年二百日以上とす而し

て其每週の敎授時數は旅行規則第十四條の表によるべきものなるも法制及經濟又は唱歌を欠き又は圖畫體操の時間を增加するときは同條第二第三第四の三項の規定によるべきものとす

式日

施行規則第十九條によれば紀元節、天長節、一月一日には職員生徒學校に參集して祝賀の式を擧ぐべきを命せり其旨趣は小學校の式日を論ずる時に之を述べたるを以て改めて之敍述せず而して其式日の敎授日數に包含せざるは勿論なりとす

第七節　編制

編制

中學令第十五條には中學校の編制及設備に關する規則は文部大臣之を定むと規定し文部大臣は施行規則第三章第四章に於て之れが規定をなせり本節に於ては先づ其編制を敍述し次節に設備を論ずべし

中學校に於ては其訓育の必要上其生徒數を四百人以下とし只特別の事情ある場合に限りて六百人まで增加するを得せしめ分校の生徒數は三百人以上とし補習科は前學年に於て卒業したるものゝ數を超過せざるを限りとして入學せしむるを得せしめ其生徒は四百人又は六百人中に算入せざるものとせり

學級は同學年の生徒のみを以て編制して小學校の如く單級又は合級の編制をなすを得ざるなり而して一學校に於ける二學年以上の各學年の學級數は特別の場合に文部大臣の認可を受けたるときの外第一學年の學級數に超過するを得ざるなり此計算をなす時は分校の學級數も本校の學級數に算入すべき者とす而して一學級の生徒數は衞生上敎授上訓練上五十八以下と制限せり其學級は前述の如く同學年の生徒を以てのみ編制すべきなるも修身、唱歌及體操の場合は學年又は學級の異なれる生徒を合して敎授するを得るなり

教員の配置

各學級每級每に配置すべき敎員の數は五學級以下の學校に於ては一學級每に二人以上とし五學級以上は一學級を加ふる每に一人半以上の割合を以て之を增加すべきなり而して其一學級每に一人は他の職を兼勤し又は他の職より兼勤せざるものたるを要す

施行規則第二十三條の規定によれば分校には四學年以上の生徒を置くを得ずと規定せり之れ訓育の統一上に妨けあればなるべし

第八節　設備

生徒の教育場たる設備をなすには其目的を達するに必要なる校地、校舍、寄宿舍、體操場及校具を設くべきなりされど寄宿舍は文部大臣の認可を受けて之を備へざるを得るものとす而して其設備は中學校令第一條の目的を達するの要件を具備すべきを要するが故に國家は其設立者に其要件を具備すべきを命せり而して其要件とは道德上の防害を避け衞生に適し經濟的にして且敎授上管理上適當のものを設くるをいふ故に設立者は施行規則第二十五條乃至第三十五條及び明治三十二年四月文部省令第四號の建築準則によりて設備をなし尙學校接近の土地に於て敎育上障害の營業を開くを禁じ建物築造は明治三十三年內部文部兩大臣內訓により之が取締をなすべきなり而して其校舍寄宿舍の建築又は變更は道廳府縣立中學校に在りては圖面を具して文部大臣に屆出で其他の中學校にありては圖面を具して地方長官の認可を受くべきなり如斯にして地方長官に於て認可をなしたるときは圖面を具して文部大臣に屆出つべきなり

中學校は前に論じたる如き校舍校地校具の設備全き場所に於て敎育すべきなれども新に學校を設置するときは道廳府縣立の場合は其道廳府縣に於て其他の學校の時は其設立者に於て地方長官の認可を受けて文部大臣に屆出で又非常變災

の場合は其公私立の何づれに拘はらず文部大臣に開申して假校舍を使用するを得べきものとす而して假校舍使用に關する認可申請又は屆出をなすときは其事由及使用期間を具し且校舍及校地の面積、地質、屋外體操場の區域面積並に附近の情況を記載したる圖面及飲用水の定性分析表を添付すべきなり

第九節　入學、在學、退學及懲戒

入學資格

中學校に入學するを得るの資格は年齡滿十二年以上にして高等小學校第二學年の課程を卒りたるもの又は之と同等の學力を有するものに限るべきは中學校令第十條に規定する所にして其第一學年入學志願者中高等小學校第二學年の課程を卒らざるものに就ては試驗を行ひて其學力を檢定すべきなり如斯檢定に合格したる以上は入學資格は同一なれども高等小學校第二學年を卒りたるものは其他の志願者に先ちて入學せしむることを得べきなりされど其二學年修業者の數入學を許すべき數に超過するときは試驗に依りて入學者を選拔すべきものとす而して其試驗科目は施行規則第四十三條によれば高等小學校二學年を卒らざるものは國語算術、日本歷史、地理につき高等小學校第二學年を卒りたる者の選拔試

驗は國語、算術に就き高等小學校第二學年の程度によりて之を行ふべきなり

第二學年以上に入學を許すべき者は相當年齡に達し前各學年の課程を卒りたる者と同等の學力を有する者たらざるべからず其入學者の學力は前各學年の程度に於て其各學科目に就き試驗によりて檢定すべきなり

中學校生徒にして退學したる者其時より一箇年以内に於て中學校に入學を志願したるときは同一學年以下の學年に限り入學を許すことを得るなり其場合に於ては其退學したる中學校に再入學を志願したる者に限り試驗に依らざることを得と施行規則第四十五條には規定せるを以て其以外の學校に於ては試驗を執行して入學を許すべきものと解釋せざるべからず

他の中學校に於て同一學年の課程を修了したる者は缺員ある場合に限り試驗を行はずして同一學年に轉入學を許可するを得此場合には從前の學校長は其轉校の事由にして正當なりと認めたるときは其生徒の在學證書及成績表を移轉先學校に送付すべきなり

補習科に入學し得べき者は中學校を卒業したるものたるを要す

入學時期

以上の資格ある生徒を入學せしむべき時期は施行規則第四十一條により學年の

始めより三十日以內とす但缺員あるときは第二學期及第三學期の始めより十日以內に臨時入學を許可するを得るなり上述以外の時期に於て半途入學を許すは其學校の管理及敎授上不都合あればなりされど補習科は前述の時期に關せずして入學せしむるを得るものとす

在學期間

中學校の在學期間には第五十一條により退學を命ずる外法令上の制限なしと雖も補習科は徵兵猶豫に關する特點等の關係よりして其在學期間を二箇年を超過するを得むとせり而して補習科を修了し又は退學したる者補習科に再入學するときは其修了又は退學前に於ける補習科在學の期間は通算して二箇年間を超ゆるを得ざるものとす

修業卒業の認定

上述の如くにして入學したる生徒は之を敎育して學期學年には其成績を考査して各學年の課程の修了又は全學科の卒業を認むるなり而して其方法は平素の學業及試驗を行ひて之を定め正當の事由によりて試驗に缺席したるときは平素の學業の成績のみを考査して之を定むることを得べし其の試驗は分て學期試驗及學年試驗とし第一學期第二學期內に於て之を行ひ學年試驗は學年末に於て之を行ふべきなりされと正當の事由により試驗に缺席したるものの爲めに追試驗を

行ふことを得るなり其試驗は全學科之を行ふを原則とするも國語及漢文、外國語、數學、圖畫、唱歌、體操に就きては之を行はざるを得るなり

學校長は上述の手續によりて其中學校を卒業せりと認めたるものには卒業證書を授與せざるべからず補習科を修了せりと認むる者には修業證書を授與することを得るなり

學校長は其生徒にして生徒の服務規則に反したるときは之に對して懲戒處分をなすを得るものとす其處分の方法は退校を除くの外は學則の定むる所により退學は第五十一條に掲けたる條項に該當したる者に對して之を行ふべきものなりとす

退學

生徒は自己の意志によりて學校に入學し其在學中特別の服務義務を有するものなるか故に又其自由の意思によりて退學し得べきは勿論なり然るに論者或は曰く施行規則第五十二條には生徒退學せんとするときは學校長の許可を受くべしとあるが故に退學は自由の意思による權能にあらずして學校長の單意にして且自由なりと主張するも余輩の見解は生徒は其生徒たる身分を有する間敎育を受け又特別の服從をなすの權利義務を有するも其意思に反し强制して敎育を受け

しむるは其目的に反するが故に生徒は官吏と同じく其退校を請求する權利を有するものにして此場合には學校長は其許可をなすべき義務ありされど其退校即身分關係は生徒の出願するによりて消滅するにあらずして許可なる處分をなしたるときに消滅すべきなり故に學校長は必要ある場合は其許可を猶豫するの權利ありと解釋するを得るなり

第十節　授業料

授業料とは生徒が學校に於て敎育を受くるによりて生ずる特別政費に對する報償にして行政法上の一の手數料たり同じく授業料と稱するも私立學校の場合は之國家若くは公共團體の營造物にあらざるが故に行政法上の手數料にあらずして私法上の契約による債權債務の關係たり從て玆に論すべきの限りにあらざるなり其手數料の性質は已に屢々述べたる所なるが故に玆に之を略す而して其手數料は條理上之を徵收すべきなれども他の特別の理由により道路橋梁又は小學校の如く之を徵收せざるを原則とするもあれども公立中學校に於ては之を徵收するを原則とし特別の場合に於てのみ之を減免するを得せしめたり其授業料入

學料等に關する規則は公立學校に於ては文部大臣の認可を受けて地方長官之を定むべく私立學校も其授業料及入學科は契約關係なりと雖も公益上設立者は之を定むるに當りては文部大臣の認可を受くべきものとす

第十一節　學　則

學則とは學校に關する規則にして公立學校に於ては其管理者私立學校に於ては其學校を代表する者に於て其府縣立なるときは府縣制第四十一條第七號同第六十九條第四號により府縣會又は府縣參事會の議決により郡立なるときは郡制第二十九條第七號同第五十六條第四號により市町村又は町村學校組合立の場合も同一の規定によりて其議決機關の議決を經たる管理規則の規定に從ひ其他法令の範圍內に於て施行規則第五十四條に揭げたる事項に就きて之を規定し得べきものにして其學則を制定變更したるときは遲滯なく文部大臣に屆出すべきものとす其學則の法律上の性質は服務命令にして小學校の校規と同一なり

第十二節　在學生徒及卒業生の特權

在學生徒及卒業生の特權

中學校は高等普通敎育をなす所にして又其卒業生は中等以上の社會に處すべき敎育を受けたるものなるが故に國家は其修學の奬勵上及其他の理由によりて諸種の待遇又は特權を與へたり

徵兵令第二十三條によれば明治三十二年六月文部省令第三十四號の公立私立學校認定に關する規則により文部大臣の認定を受けたる中學校の在學生徒は徵兵令第二十三條によりて滿二十八年に至るまで徵兵を猶豫し又其卒業生は同第十三條によりて一年志願兵たるを許し其在營中成績佳良なるものは豫備及後備の將校たらしめ又官公立又は文部大臣の指定したる中學校を卒業し當該校長の證明したるものは試驗を要せず士官候補生に採用せらるゝことあるべし

文官任用令第三條によれば判任文官は別に任用を設くるものゝ外左の資格の一を有する者の中より之を任用すとありて其第三號には官立公立中學校又は文部大臣に於て之と同等以上と認めたる官立公立學校の卒業證書を有するものとあり之れ國家は之等の學校の卒業生は判任文官たるの資格を充分に具備せるもの

と公認したればなり

中學校卒業生の學力は高等なる學校に入學するに充分なるべきを認めて或は無試驗入學を許し或は他の競爭者に對して入學の優先權を附與し又は試驗科目を省略して競爭試驗をなさしめたり

小學令施行規則第百七條によれば小學校敎員乙種檢定試驗に關して中學校又は文部大臣に於て之と同等以上と認めたる學校の卒業生には試驗科目中免除することあり

第三章　高等女學校

第一節　總論

女子敎育と國家

女子敎育の進否は一國文明の盛衰に至大の影響を有するを以て國家は義務敎育は男女を區別せずして之を强制し尙高等普通の敎育にも大に留意して明治五年二月學制頒布と共に文部省は東京女學校を設立して其管轄となして以て女子敎育の模範學校たらしめたり

女子敎育制度の沿革

而して其始は程度も低かりしが漸次に其課程を進め

て高等女學校の位置に進めたりしかば女子敎育の事漸く世人の認識を得て將に盛運に向はんとせしも當局者の施政の方針其宜しきを得ざる所ありしより女子敎育は之が爲めに一大打擊を受け冬枯れの景色となり了れりされど時經れば春風和かに花も咲き鳥も啼くが如く久しく不振の域に沈淪せし女子敎育も明治二十八年一月高等女學校令制定せられ明治三十二年更に現行の高等女學校令制定せられたりしより俄かに隆盛に趣き前代未聞の盛況を呈するに至れりいざ之より又其現行法の內容に關して敍述すべし

第二節　目的

高等女學校の目的も中學校と同じく女子に須要なる高等普通敎育を爲すにあるは高等女學校令第一條に明定する所にして將來の中等以上の社會に於ける家庭の良妻賢母たらしめんとするにありて男子とは其自然の性格に於て社會上の職業に對する本分に於て異る所あるが故に法令上の明文に於ける目的は同一なりと雖も其實質上の位置多少異なる所あるべきが故に其目的を達する敎材たる學科目も其數及程度に於て異なる所あるのみならず其社會上の必要に應ずるが爲

に隨意科目の範圍を廣くする等の差異あるのみならず其高等女學校には社會に出でゝ直ちに其學科を應用すの必要に應する爲め技藝專修科又は專攻科及補習科を置くことをも得べし如斯特別の規定ある者を除くの外は概ね中學校と同一の例に依るべきものにして明文に於ても其準用を規定せられたる所多きが故に本章に就きては專ら其特種の點のみを論述すべし

第三節　學科及其程度

高等女學校の學科及其程度は高等女學校令第十二條により文部大臣の定むる所にして施行規則第一條によれば其學科目は修身、國語、外國語、歷史、地理、數學、理科、圖畫、家事、裁縫、音樂、體操の十二科とし修業年限を短縮したる學校に於ては外國語を缺くべきなり其他の學校と雖も外國語は之を欠き隨意科となすを得其外國語を課する學校の外國語とは英語又は佛語なりとす音樂は學習困難なる生徒には之を課せざるを得べく又修業年限を短縮せざる學校に於ては前述の學科目の外に教育、手藝の一科目又は二科目を加ふることを得べし補習科の學科目は第一條の學科目に就き之を定め其各學科目は隨意科目となすを得るなり技藝專修科學の科目は技藝に關する學科の外修身、國語、數學、理科、圖畫、家事、裁縫、音樂、體操とし數學圖畫は之を缺き又は隨意科目となすを得べく音樂は學習困難なる生徒に課せざるを得べく技藝に關する學科目の種類程度は管理者之を定めて文部大臣の認可を受くべし專攻科の學科目及其程度も又文部大臣の認可を受くべきなり文部大臣は女子の須要なる高等普通敎育をなすには上述の學科により其目的を達するに充分なりとし其程度要旨及每週敎授時數を第二條以下第二十二條に規定し尙三十六年三月文部省訓令第二號を以て敎授要目を編纂し高等女學校長をして之を斟酌して敎授細目を定めて以て各學科敎授の效果を完からしむべきを地方長官に命せり

第四節　修業期間

高等女學校の修業年限は四箇年を原則とし土地の情況によりて之を伸縮して五箇年又は三箇年となすを得るなり補習科の修業年限は二箇年以內とし技藝專修科の修業年限は二箇年乃至四箇年とし專攻科は二箇年乃至三箇年とするを現行の制度なりとす

第五節　其他の規定

高等女學校の設置の義務及設置廢止の手續教授日數式日編制設備入學在學退學教科用、書授業料學則等に關しては中學校と異なるなく又明文を以ても之を準用すべきを規定せるが故に其說明は玆に之を省略す

第二編　專門教育

第一章　高等學校

第一節　總論

高等學校の本體

高等學校の本體は專門學を教授する所なるも之れには大學豫科を附設することを得せしめたるより今日は殆んと大學豫科の學校とはなれり高等學校は最初は高等中學校と稱して明治十九年四月の中學校令に依りて設けられたりしが其

沿革

時は東京に第一高等中學校を置き明治二十年に第二高等中學校を仙臺に第三を京都に第四を金澤に第五を熊本に置きたり其後山口中學校及鹿兒島中學校造士館を寄附金支辨の高等中學校として文部省の管理に歸したるを以て全國を通じて七校となれり明治二十七年六月發布の高等學校令により其高等中學校の制度を改めて高等學校となし專門學を教授する所とし只帝國大學に入學するものゝ爲めに大學豫科を置くことを得るの規定にして明治二十七年九月には第三高等學校に法學部醫學部工學部を設置して其修業年限を四箇年とし醫學部の藥學科

のみ三箇年とし第一第二第四第五の高等學校には醫學部及大學豫科を設置し三十年九月には第三高等學校に大學豫科第五高等學校に工學部を設置せり斯くの如く高等學校を專門學を敎授する所となせしは世の急需に應ずるが爲めなりしと雖も世運の進歩は敎育の程度の增進を促し高等學校の卒業生にては充分の活動をなす能はざるよりして各高等學校の法學部工學部は漸次廢止せられ醫學部は遂に獨立して專門學校となりしを以て今日の高等學校は第五高等學校に工學部ある外大學豫備學校たる有樣となれり而して明治三十三年には又岡山に一校の增設ありたるを以て現今は全國に八箇の高等學校を有するに至れりされど山口高等學校は本年限にて全然高等商業學校に變更せらるゝを以て又七校なるなり

現今の學校は大學豫科を授くる所にして實質上大學の豫備門たり其修業年限は三箇年にして學年は每年九月十一日に始まりて翌年七月に了る

高等學校は國家か直接に設置する所にして文部省の直轄する所なるが故に他の公私立學年の如く設置設備に關する規定あるなく之に關して規定の存するは明治三十三年八月に發布せられたる高等學校大學豫科規定及其規定改正の要領並

文部大臣の意見明治三十六年四月文部省告示第八十四號高等學校大學豫科入學者選拔試驗規程明治三十三年六月文部大臣の各高等學校に對する訓令あるのみ今之等の規定により學科及入學並に學則につきて節を分ちて論ずべし

第二節　學科及其程度

學科及其程度

學科規程第一條によれば高等學校大學豫科の學科を分ちて第一部第二部及第三部とし第一部の學科は法科大學及文科大學志望者に第二部の學科は醫科大學の藥學科、工科大學、理科大學、理工科大學及農科大學志望者に第三部の學科は醫科大學志望者に課するなり

第一部の學科

第一部の學科は倫理、國語及漢文、外國語、歷史、論理及心理、法學通論、體操とし其他文科大學志望者には經濟通論を課し文科大學哲學科志望者には論理及心理を缺きて數學、物理を課するものとす而して其外國語は英獨語及佛語の中に就き二種を選はしめ法科大學志望者には前述の學科の外に隨意科として羅甸語を課するを得るなり

第二部の學科は倫理、國語、外國語、數學、物理、化學、地質及鑛物、圖畫、體操とし醫科大學

第二部の學科

の藥學科理科大學の動物學科、植物學科、地質學科並に農科大學志望者には動物植物を課し工科大學及理科大學の土木工學科、機械工學科、電氣工學科、採鑛及冶金學科、工科大學の造船學科、建築學科、理科大學及理工科大學の數學科、物理學科、理科大學の星學科並に農科大學の農學科、農藝化學科、林學科志望者には測量を課するものとす而して其外國語は英語の外獨語佛語を選はしめ工科大學及理工科大學の電氣工學科、應用化學科、製造化學科、採鑛冶金學科並に農科大學志望學は必ず獨語を選ふべき者とす醫科大學の藥學科、理科大學の動物學科、植物學科、地質學科並に農科大學の獸醫科志望者には隨意科として羅甸語を課するを得

第三部の學科

第三部の學科は倫理、國語、外國語、羅甸語、數學、物理、化學、動物及植物、體操とす而して其外國語は獨語の外英語又は佛語を選はしむるものなり

程度

高等學校各部各學科の每週教授時數は學科規程第五條に規定する所にして其程度は第六條により生徒卒業後分科大學各學科の授業を受くるに足るべき豫備の程度を以て標準となすべきなり

高等學校には前述の三部の學科を悉く設置するを原則とするも學校長は文部大臣の許可を受けて分科大學某科志望者に課すべき一學科若は數學科を其學校に

置かざるを得るものとす
現行法には只其學科目と其每週敎授時數を定めたるのみなるが故に學校長は其權限によりて其細目を制定するを得べく此場合は敎官は之に隨ひて實質上の效果を奏せんことを努むべきなり

第三節　入學の資格

入學資格

高等學校に入學する者は中學校を卒業し又は之と同等以上の學力を有し品行方正身健全なる者たるべし入學志願者の數豫定人員に超過せざるときは中學校の卒業生に限り無試驗入學を許すも其人員超過するときは競爭試驗を經て入學せしむべきなり現今の狀態は入學志望者の數は豫定人員に對して幾十倍を以て數ふべきが故に高等學校の增設を見るか又は敎育制度の改革をなさゞる限りは競爭試驗によりて入學せしむるの外なし故に國家は其試驗の執行に遺漏不公平なからんことを期して明治三十六年四月に文部省告示を以て高等學校大學豫科入學者選拔試驗規程を制定し受驗者の資格、試驗の學科目其程度、入學志望の部類指定、檢定料、入學願書の方式要件、合格者の定め方及配當方法等を詳細に規定せるも

一讀すれば明かなれば就て參照すべし

第四節　學則

學則

中學校高等女學校に關しては學則に關する規定ありと雖も高等學校にありては之に關して何等の規定存在するなしされど高等學校長は其學校を統督し及び其學校內部の秩序維持の必要上之を制定するの權限あるは行政法上又論辯を俟たざるなり如斯學則制定せられたるときは其敎官及學生は之に服從すべき公法上の義務あるも亦勿論なりとす

第二章　帝國大學

第一節　總論

大學の沿革

大學の名稱は遠く大寶令にも設けられたる學制にして諸王從五位以上の子弟及史部の子を敎ふる學校にして式部省中、大學寮の所管にして明經、明法、紀傳、算、書の五道を敎ふる制にして遣唐留學生歸朝して敎授に任じて敎育を掌り來りしが平安朝の頃よりは地方の政治紊亂すると共に大學に足を投する者も漸次減少し庭前草茫々たるに至り殆んど有名無實の者となり却て弘文館、勸學院、奬學院等の私立學校盛大に趣きたり之等の學校は當時の學問の大成を期する最高等の學校なりしといふに止まりて現今大學とは何等の關係ある者に非ざるなり現時は我國に帝國大學令に支配せらるゝ大學に二校あり東京帝國大學、京都帝國大學是れなり今是等の學校の淵源を尋ぬれば東京帝國大學は元帝國大學と稱し東京大學、工部大學校及び東京農林大學校を合併したるものにして其東京大學は法、醫、理、文の四學部より成り法理文の三學部は德川時代の蕃書調所に淵源し後に開成所と改稱し維新の際に朝廷之を收め明治二年に大學を置くに當りて之に隷して大學南校と稱し明治四年文部省の設立と共に其所管に移りて單に之を南校と稱し明治五年學制頒布と共に第一番中學校となし六年更に開成所と改め明治十年に至りて東京醫學校と合併して東京大學と改稱し法、理、文の三學部に分ち綜理を置きて之を總轄せしめ醫學部は德川幕府の西洋醫學所に淵源して明治維新に朝廷之を收め二年には之を東京醫學校兼病院とし次で大學に隷して大學東校と稱し明治四年には單に東校と改め五年には第一大學區醫學校と改稱し明治七年に東京醫學校と稱す而して十年に至りて東京開成學校と合併して東京大學となり本校を東京大學醫學部と稱し綜理を置きて醫學部一切の事務を統へしむ明治十四年六月東京大學の職制を改めて東京大學總理を置き法、理、醫、文の四部並に豫備門を統轄せしむ明治十八年九月に司法省所轄たりし東京法學校をも法學部合に併したるなり

工部大學校は明治四年工部省に於て工學寮を置き工學校を設置せしが五年に之を大學小學に分ち後中學を置きたりしか明治十年に工學校を改めて工部大學校と稱し工作局の管轄に屬せしめたりしか十八年十二月工部省廢せらるゝに際りて文部省の所轄となり明治十九年三月の帝國大學令によりて其工部大學校をも合併せられたるなり

東京農林學校は明治十九年七月に農商務省所轄の駒場農學校及び東京山林學校を廢し更に設置せられたるものにして其農學校は明治七年內務省、勸業寮、內藤新宿出張所に農事の修學場を設け農學生を敎育せしに淵源し明治十年に農學校と改稱し同十四年四月に農商務省の所轄となりしものにして山林學校は內務省地理局に於て樹木試驗場を設け其實驗をなせしに起原し明治十四年四月農商務省

山林局の所轄となり同十五年十一月東京山林學校と改稱し十九年四月駒場農學校と共に農商務省の所轄となりしものなり而して明治二十三年六月に農科大學を設置し東京農林學校と其分科大學とせられたるなり

帝國大學令は明治十九年三月勅令第三號を以て發布せられたるものにして爾來幾多の改正增補を經て今日に至れるものなり十九年四月には各分科大學諸學科の課程を定め法科、工科、文科、理科は修業年限三箇年、醫科は四箇年とし其後農科大學の設置せらるゝに至りて其修業年限を三箇年と定めたりしが明治二十四年法科は四箇年に改正せられ二十六年七月に各分科大學の講座の種類及數を定め明治三十六年六月には帝國大學を東京帝國大學と改稱せり

京都帝國大學は明治三十年六月京都に設置せられて法、醫、理工の三大學を設けられたり是れ帝國大學令第九條に依らざるものにて京都帝國大學設置の勅令第二條に之を明かにせり而して其醫科大學は明治卅六年福岡に醫科大學の設置後之を二つに分ち第一醫科大學を京都帝國大學醫科大學と稱し第二醫科大學を京都帝國大學福岡醫科大學と稱す而して京都大學に於ては最長最短の在學期を定めたるのみにして修業年限の定なし而して其最短期は東京帝國大學の修業年限と

同一にして最長期は各其二倍の斯間とす上述の如く帝國には二個の大學東西に屹立して帝國大學令の支配を受け國費を以て之を維持す此外陸海軍所屬の大學校ありて國費を以て支辨し私立は慶應義熟の大學部、早稻大學、法政大學、明治大學、中央大學、日本大學、哲學館大學及日本女子大學等の大學の名稱を冠する學校勃興せりと雖も何づれも帝國大學令の支配を受くるものにあらずして其組織程度等只自の各隨意にして此等の學校は陸海軍大學校を除ぐの外は後に述ぶる專門學校令の適用を設くることあるのみ乞ふ今より現行法によりて其組織目的及內容に闢して節を追ふて論述すべし

第二節　組織及目的

學術進步の社會の文明を指導し國力を發展し國運をして隆盛ならしむべきを以て國家は時の古今洋の東西を問はず莫大の國費を投じて其の保護發達を圖り戰爭の如き事變の場合に於ても之れに關する設備の如きも已むを得ざる場合卽ち戰數の必要以外には之れを不可侵の者として取扱ふべきを現今の國際條規とす如斯學術は國力發展の上に於て又社會文明の進步の上に於て必須なるが故に我

が國に於ても鋭意之れに力を注ぎ今や每年殆んど二百萬圓の國費を投じて其の維持發達を計れり而して其の目的とする所は帝國大學令第一條に明かにして國家の須要に應ずる學術技藝を敎授し及び其の蘊奧を攷究するにありとす而して其の帝國大學は大學院及び分科大學を以て組織し大學院は學術技藝の蘊奧を攷究する所にして分科大學の卒業生又は之と同等の學力を有する者入學して五箇年間攷究の結果により定規の試驗を經たるものには博士の學位を授與せらるゝなり

分科大學は學術技藝の理論及應用を敎授する所にして其學科を卒へ定規の試驗を經たるものには卒業證書を授與し學士と稱するを得せしむされど其學士は稱號にして學位にはあらざるなり而して其分科大學は法科、醫科、工科、文科、理科、農科の六分科大學なりと雖も京都帝國大學分科大學は帝國大學令第九條によらずして法科、第一醫科、第二醫科、文科、理工科の五大學を以て組織す

帝國大學分科大學は又之を數種の專門學科に區分せり左に少しく之を說明すべし

第一　法科大學　法科大學には法律學科　政治學科ありされど京都帝國大學は

明治三十六年九月文部省令第三十一號を以て其區別を廢止せり而して其試驗は通常試驗と卒業試驗に分ち通常試驗は四回之を行ひ之を終りて卒業試驗を行ふ

醫科大學

第二　醫科大學　醫科大學には醫學科、藥學科の二科ありて其課程は醫學科は四箇年にして第四學年の試驗を受けたる後卒業試驗を受け藥學科は三箇年にして第三學年の試驗を終へたる上に卒業試驗を受くるなり

工科大學

第三　工科大學　工科大學には土本工學科、機械工學科、造船學科、造兵學科、電氣工學科建築學科、應用化學科、火藥學科、採鑛及冶金學科の九學科を設け三年の後卒業論文を提出せしめて卒業證書を授與す

理科大學

第四　理科大學　理科大學には數學科、星學科、理論物理學科、實驗物理學科、化學科動物學科、植物學科、地質學科の八學科を設けて其修業年限を三箇年とす

理工科大學

京都大學に於ては工科理科を合して理工科の一科とし土木工學科及び機械工學科數學科、物理學年、純正化學科、電氣工學科、採鑛冶金學科の七學科を設けたり

文科大學

第五　文科大學　文科大學には哲學科、國文學科、漢學科、國史科、史學科、言語學科、英文學科、獨逸文學科、佛蘭西文學科の九學科を設け修業年限を三箇年とし卒業論文によりて卒業證書を與ふ

農科大學

第六　農科大學　農科大學には農學科、林學科、農藝化學科、獸醫學科、の四學科なりとす

選科

東京帝國大學分科大學には本科の外選科及研究科あり其選科は分科大學の學科中一課目又は數科目を選みて專修せんとする者の爲めに設けたるものにして研

研究科

究科は醫科、文科、理科大學の卒業生又は之と同等以上の學力を有するものにして其專攻科目を研究する者の爲めに設けたり又醫科大學には國家醫學講習所あり醫科大學附屬病院は産婆講習所高等看病講習所及普通看病講習所ありて各其教授をなせり又農科大學には實科ありて中學校を卒業したる者又は入學試驗に及第したる者を入學せしめ農學林學及獸醫の學科を實用的に敎授し其他又同大學には蹄鐵傳習生及篤志農夫、蠶業夫林業夫なるありて其實地を修めんとする者に之を許せり

第三節　講　座

講座

講座とは一人の敎師が一組の學生に對して講義する所にして學級と同一意義なりとす而して其講座は帝國大學令第十七條により敎授の擔任するを原則するも

教授を缺く場合に於ては助教授又は囑托講師をして之を擔任せしむることあ

りとす其種類及數は第十八條により別に勅令にて定むべきものにして帝國大學各分科大學の講座の種類及其數は東京帝國大學は明治二十六年九月勅令第九十三號を以て京都帝國大學は明治三十六年三月勅令第六十八號を以て定められたり

第四節　入學及懲戒並退學

分科大學の學生は高等學校の大學豫科を卒業したる者は其所屬部の分科大學に無試驗入學を許すと雖も其志望者既設の設備によりて收容するを得ざるときは競爭試驗を經て入學せざるべからず其不合格者は次ぎの入學期には先入權を有する者とす

高等學校の卒業生にあらずして帝國大學分科大學に入學志望者あるときは明治二十六年六月文部大臣訓令大學豫科學力檢定規程により高等學校に於て學力の檢定試驗を施行すべきなり而して其施行は分科大學より通告ありたるときに限るものとす而して其試驗の程度は高等學校大學豫科卒業の程度によるべきものにして其中學校の卒業證書を有せざるときは先づ中學科の學力檢定を行ふもの

懲戒及退學

とす其執行時期は毎年七月九月に之を執行し其合格者には高等學長より證明書を交付すべきものとす其受驗者は手數料五圓を收むべく已納の受驗料は應試せざるも返付せざるなり大學に於ける懲戒及退學に關しては何等の規定なしと雖も之を國家が之を認めざるにあらずして總長の權限に任せるものと解釋すべく故に敎育上必要と認むるときは總長は懲戒をなし退學を命じ得べし其要件は制規に定むべきなり

第五節　機　關

機關

帝國大學を組織する機關中總長分科大學長の性質地位は總論の行政機關を論ずる場合に於て論述したるも其職務及補助機關に關しては述べざりしが故に本節に於ては其遺漏を補述すべし

帝國大學には總長を置き文部大臣の監督を承け帝國大學を總轄し其內部の秩序を保持し所屬敎員を統督するものにして其職務は明治二十六年九月及三十年七月文部大臣より兩總長に對する訓令にて其職務規程を定めたり參照すべし而して其補助機關として書記官舍監書記評議會あり

書記官は專任二人にして奏任とす而しい其職務は總長の命を承けて庶務會計を掌理す舍監は奏任にして專任二人にして總長の命を承け學生の取締に關する事を掌り書記は判任にして上官の命を承けて庶務會計に從事す

評議會員は各分科大學長及各分科大學敎授の互選したる敎授一名を以て會員とし總長は其評議會を召集して其議長となる而して其敎授中互選せられたる評議員は三箇年を以て任期とすされて滿期の後再選を妨けざるなり其職務は帝國大學令第八條に揭ぐる事項を審議すべきものにして此等の事項を執行するに當りては必其審議を要すべく又評議會員は出席して審議の權利義務ありとす而して其開會の手續は明治十九年六月文部大臣訓令を以て之を規定せり

分科大學には學長ありて其分科大學敎授より文部大臣之を補任し帝國大學令の規定により總長監督の下に於て其分科大學の學務を統理するものとす學長の外分科大學には敎授助敎授助手書記及敎授會なる機關あり

敎授は奏任又は勅任にして各分科に置く所の講座を擔任して學生を敎授し研究を指導するなりされど其分科大學長及醫科大學附屬醫院長に補せられたる者は講座を擔任せざることありとす

助教授は奏任にして教授を助けて授業及實驗に從事するものとす
助手は判任にして教授助教授の指揮を受けて學術技藝に關する職務に服するものなり
書記は上官の命を承けて庶務に從事するものとす
教授會は各分科大學に之を設け教授を以て會員とすされど必要と認むるときは學長は助教授囑托講師をも教授會に列席せしむるを得分科大學長は教授會を召集し其議長となるなり而して其職務は帝國大學令第十五條に掲げたる事項を審議するものにして此等の事項は其審議を經るを要件とし會員は之を審議する職務上の權利及義務ありとす帝國大學には其附屬の圖書館に館長あり醫科大學附屬の醫院に院長あり又東京帝國大學理科大學附屬天文臺に臺長あり同臨海實驗所に所長あり同植物園に園長農科大學附屬演習林に林長皆教授又は助教授より補任せられ總長監督の下に於て各其事務を掌理す

第六節　制規

帝國大學令第八條第三號の制規と大學總長職務規程第四條第二號の規則の意義

は異名同實のものなりと余輩は解釋するものなり故に大學總長が帝國大學を總轄し内部の秩序を保持する爲め制規を制定變更する場合は議案を具して評議會の審議を經其委任條件の範圍内に於ける處務細則以外は文部大臣の認可を經て後に施行すべきものとす如斯制規の制定ありたる以上は帝國大學及分科大學の職員は之に從ひて職務を盡し學生も亦之に服從すべき行政上の位置にあるは小學校の兒童中學校及其他學校の生徒學生に異なるなし

第三章　專門學校

第一節　總論

專門學校令の制定及其專門學校の性質

專門學校に關しては從來一定の制度なく極めて區々の狀態なりしが明治三十六年勅令第六十一號を以て新に專門學校令發布せられ高等の學術技藝を教授する公私の學校に關する制度始めて確定するに至れり是れ國家が其須要に應ずる爲め實用的專門の學術技藝の發達を保護奬勵するの旨趣にして國家は自ら之を設立すると共に自治公共團體及一私人にも其設立を許したり於斯乎彼徒に虛名を

掲げて有爲の青年を瞞着したりし學校は其跡を絶ち此制度によりて保護監督を受くるの學校は今や確實の基礎に立ちて健全の發達をなしつゝあり

專門學校は之を廣義に解すれば高等の專門的學術技藝を教授する帝國大學の如きは勿論農林學校、工業學校、商業學校の如き高等專門の學術技藝を教授する學校等をも包含すべしと雖も帝國大學は別に帝國大學令の支配を受けて法令上特別の地位に置かれ其他實業に關する專門學校は實業學校令第二條の二により實業專門學校と稱するが故に其專門學令の規定に依るべきも法令上の性質は特別の地位にあるものにして本節に述ぶる專門學校中には包含せざるものと解釋すべきなり

第一款　目的學科及修業期間並組織

目的

專門學校の目的は專門學校令第一條に規定するが如くに專門に關する學術技藝を教授して各方面に於ける人材を養成し國家及社會の文明を進歩せしむるにありて其目的を達するの材料たる學科及學科目並に其程度は官立の學校にありては文部大臣公立又は私立の學校に於ては管理者又は設立者に於て文部大臣の認

學科

修業期間

可を受けて之を定むべく而して其修業年限は三箇年以上にして其學科の種目及其狀態によりて定むべきなり

組織

斯くの如き目的を以て設置する專門學校の組織は本科の外に豫科研究科及別科を置くことを得るなり而して其豫科研究科及別科に關する規定は官立に於ては文部大省に於て之を定め公私立の場合は其管理者又は設立者に於て文部大臣の認可を受けて之を定むるものとす然り而して官立專門學校の修業年限學科學科目及其程度並に豫科、研究科、別科に關する規定は明治三十六年三月文部省令十二號を以て從前學校長に於て文部大臣の認可を受けて定めたる規程は仍其效力を有せしめたるを以て其從前の規程は文部大臣の定めたると同一の效力を有するなり其規程の概要は後に各學校を概說するときに敍述すべし

第二款　設置及廢止

設置及廢止

專門學校は國家自ら國費を以て設置するを本體とするも國家の獨占とすべきの限りにあらざるを以て專門學校令は其第二條に沖繩縣を除くの外北海道府縣又は市は土地の情況により必要ある場合に限り專門學校を設くることを得と規定

し其第三條には私人も之を設置することを得べき旨を規定せり而して其公私立學校の設置及廢止は文部大臣の認可を受くべきものにして其設立の場合は明治三十六年三月文部省令第十三號公私立專開學校規程第一條により管理者又は設立者に於て同上に掲けたる事項を具して文部大臣に申請すべきものにして其目的、名稱、位置、學則、生徒定員、敷地建物の圖面及其所有の區別、開校年月及專門學校令第一條第二項の變更の場合は文部大臣の認可を受け經費及維持方法の變更は文部大臣に屆出つべく其廢止の認可を受けんとするときは其理由及生徒の處分法を具して文部大臣に申請すべきなり

第四款　入學及懲戒及退學

入學資格

從來の專門學校は其入學者に對する學力に關する制限なかりしが故に其生徒は玉石混合にして其中に秀才の輩出なきにしもあらざりしが多くは基礎學科たる普通學の修養なき烏合の衆にして聞き得たる講義を活用する能はざるのみか其講義を了解する能力を有せざりし者も尠からざりしが專門學校令の發布と共に其第五條によりて專門學校の入學資格を中學校若くは修業年限四箇年以上の高

等女學校を卒業したる者又は三十六年三月文部省令第十四號專門學校入學者檢定規程により之と同等の學力を有する者と檢定せられたる者以上の程度に於て定むべきを規定せられたるを以て其程度稍一致するに至れり而して其程度は上述の程度以上に於て各學校各別に之を定むべきなりされど美術音樂に關する學校技藝を教授する專門學校に就ては文部大臣其入學資格を定むべきものにして專門學校規程第九條によれば中學校高等女學校第三學年修了の程度以上に於て之を定むべき旨を規定せり而して公私立專門學校の本科二學年以上に入學を許すべきものは本科學年に入學するを得る資格を有し且前各學年の課程を卒りたる者と同等以上の學力を有する者とす而して其學力は總て試驗によりて行ふべきなり

前に述べたる專門學校入學者檢定規定により中學校又は修業年限四箇年の高等女學校卒業生と同等の學力を有する者と認定せらるゝには檢定試驗を受くべきものにして其の受驗者は(一)年齡男子は滿十七年以上女子は滿十六年以上にして(二)身體健全に(三)品行方正にして(四)現に中學校若くは高等女學校に在學せざるものなるを要す其の檢定を分ちて無試驗檢定試驗檢定の二とし試驗檢定は官立公

立の中學校若は修業年限四箇年以上の高等女學校に於て其學校の各學科目を其卒業の程度に於て之を行ひ其合格者には合格證書を交付すべきなりされど中學校又は高等女學校に於て加除し又は課せざるを得る學科は之を省略すべきものとす而して斯くの如く試驗を行ふ學校は試驗手數料を徵收するを得べく其試驗の問題、答案、成績表は五箇年間之を保存すべきなり

無試驗檢定は當該專門學校に於て生徒入學の際に之を行ふべきものにして其受驗資格は文部大臣に於て專門學校の入學に關し中學校若は修業年限四箇年の高等女學校卒業者と同等以上の學力を有する者と認定したる者及明治三十五年文部省告示第八十二號により高等學校入學の豫備試驗に合格したる者是れなり

斯くの如くにして入學したる者に學校長は敎育上必要と認むるときは專門學校令第十一條に基き制定したる學則に定めたる規定により懲戒をなすを得べく又同第十條に揭げたる事項に該當する者あるときは退校を命ずべきなり生徒も自己の都合によりて退校を請求するを得べきは他學校と異なるなし

第四款　設備

設備

公私立專門學校は專門學校規程によりて設備をなすべきものにして其第二條には校地、校舍、校具其他必要の設備をなすべしとありて第三條乃至第六條には其要件を規定して曰く校地は學校の規摸に適應せる面積を有し、且道德上及衛生上害なき所たるを要し校舍は敎授上管理上衛生上適當にして堅牢なるべく敎室事務室、其他必要なる實驗室、實習室、研究室、圖書室、標本室、藥品室、製煉室等の諸室を備ふべきを命じ又敎授上必要なる圖書、器械、器具、標本、摸型等を備ふべきを規定し其第六條には專門學校に備ふべき表簿に就きて規定せるが故に之に從て編製すべきなり

第五款　敎員

敎員の資格

專門學校令第九條によれば公立又は私立の專門學校の敎員の資格に關する規程は文部大臣之を定むべきを規定し公私立專門學校規程第七條に其敎員たるべきの資格を掲げたり左の如し

一　學位を有する者

二　帝國大學分科大學卒業生又は官立學校の卒業者にして學士と稱するを得

る者
三　文部大臣の指定したる者
四　文部大臣の認可したる者
前四項の要件に該當する者を得難き場合に於ては文部大臣の認可を受け一時他の者を以て教員に代用することを得此認可を受くる場合は公立學校にありては管理者私立學校に在りては設立者に於て本人の履歴書を具し文部大臣に申請すべきなれども奏薦によりて任命せらるゝ者は別に認可の手續を要せざるなり而して其認可は當該學校在職中に限り有效とする旨を規定せり

第六款　學則

公私立專門學校規定第十二條には其學則中に規定すべき事項を掲げたり左の如し
一　入學資格　修業年限、學科、學科目及其程度に關する事項
二　學年、學期、休業日に關する事項
三　入學、退學、進級、卒業等に關する事項

四　懲戒に關する事項
五　入學科、授業料等に關する事項
六　豫科、研究、別科等に關する事項
七　寄宿舍に關する事項

第七款　餘　論

專門學校の設置廢止設備　敎員の資格本科二學年以上の入學及退學並懲戒に關する事項及學則に關し文部大臣の規定せる專門學校規程を公立私立に限れるは官立に關しては國家自ら其機關たる文部大臣をして經營せしむべきを以てなるべし

第二節　各　論

本節に於ては其學校の修業年限、學科、學科目及及其程度並に豫科、研究科及別科に關する規定を文部大臣に於て定むべき官立專門學校のみを概論し公立私立の專門學校は其名稱を掲ぐるに止むべきを以て其規則書に就て見るべし

第一欵　醫學專門學校

醫學專門學校

醫學專門學校は府縣立醫學校中より千葉、仙臺、岡山、金澤、長崎の五醫學校を抜て文部省の直轄に移し高等中學校に附設せしに胚胎せるものにして明治三十四年高等學校の性質殆んど大學豫科を授くる所と變せし結果其醫學部は獨立して醫學專門學校となりたり其醫學專門學校の修業年限學科學科目及其程度等に關する規定は文部大臣の定むる所なるも明治三十六年三月文部省令第十二號により文部大臣の認めたる從前の規定の效力を有するは前に述べたる如く而して其學科は醫學科又は醫學科並に藥學科を置く醫學科は修業年限四箇年にして藥學科は三箇年とす入學資格は專門學校令の規定と同じく卒業後は直に開業免狀を授與す其他明治十五年七月文部省達第六號藉學校通則により藥學校を設置するを得其種類學校修業年限入校資格教員の資格は同通則に規定せられたるを以て參照すべきなり

第二欵　東京外國語學校

東京外國語學校は外國語に熟達し實務に適すべき者を養成する目的を以て東西兩洋の近世語を敎授する所にして現今設置せる學科は英語、佛語、獨語、露語、伊語、西語、淸語、韓語の八正學科にして別に副學科として英語、佛語、獨語の內一科目及國語漢文、經濟學、國際法、敎育學、言語學の內一科若くは二科目を隨意撰修するを得其撰修する學科と雖も總て必修科となし正科と同一に取扱はるゝなり

修業年限は三箇年にして其每週敎授時數は九時間なり本校には本科の外別科及研究科を以て組織し別科は速成を旨とし本校所定の各語學を敎授するものにして職業を有する者又は特別の事情ある者に限りて學校長の意見により入學を許す修業年限は二箇年にして每週敎授時間は十五時間以內なり其別科一年級に入學せんと欲する者は必要と認むる場合の外入學試驗を要せずして每學期の始めに入學を許すされど第二學期以後に於て入學せんと欲する者は試驗を經るを要す

研究科は本校卒業生にして尙其專門の學科を研究せんと欲する者の爲めに設くる者にして其研究の期限は二箇年以內とし又一語科中の一課目又は數課目を選定して專修せんとする者の爲めに本校の授業に差支なき限りに於て選科生とし

入學せしむるを得るなり

第三款　東京美術學校

東京美術學校

東京美術學校は明治二十一年十月勅令第五十一號を以て東京美術學校の規定によりて之を創設せられ其始めの學科は普通科及專修科にして普通科は二箇年にして檜畫、造型の二科を兼修せしめ專修科は三箇年にして檜畫、彫刻、美術工藝の三科を設けたりしが明治二十五年に其規則の改正によりて普通を改めて豫備科として其年限を一箇年に短縮し專修科の名義を廢して本科となし其本科を別ちて檜畫科、彫刻科、美術工藝科とし其修業年限を各四箇年とせり而して其檜畫科中に教員志望者に對しては用器畫及教育學を課して爾後内部の組織に幾多の變遷ありて今日の制度となりしが其現行制度によれば本校は美術及工藝に從事すべき專門技術家を養成するを本旨とし兼て普通圖畫の教員たるべき者を養成するを目的とし豫備科、本科、選科、研究科及圖畫講習科の各科の五科を以て組織し豫備科は本科に入學の豫備をなす所にして之を甲乙二種に分ち甲種日本畫科、西洋畫科、圖案科、漆工科の志望者とし乙種を彫刻科、彫金科、鍛金科及鑄金科の志望者として修業年限を一箇年とし其入學資格は年齢滿十七年以上滿二十六年以下にして品行善良、身體强健なる者左の各項の一に該當するものたるを要す

一　中學校又は之と同等以上の學校の卒業生

二　公私立技藝學校の卒業生にして其の學校長の特選したる者は試驗の一部又は全部を免除することを得

三　所定の試驗に合格したるもの其學科は左の如し

イ讀書　和漢文

ロ作文　片假名交り記事論說文

ハ數學　算術　代數、平面幾何、平面三角術

ニ地理　日本及外國地理大要

ホ歷史　日本及外國歷史大要

ヘ外國語　書取、歐文和譯、和文飜譯

ト專門實技流派材料を問はず

本科の學科は日本畫科、西洋畫科、圖案科、彫刻科、彫金科、鍛金科、鑄金科及漆工科の八科とし其修業年限は各四箇年にして其入學資格は豫備科を卒業したる者なりと

す

選科は本科の各科中の一課若くは數課を專修せんとする者に對し設けたるものなり

研究科　は卒業生中適當と認むる者に限りて入學せしめ其修業年限は三箇年以內にして實技を研究せしむる所とす

圖畫講習科　は師範學校、中學校、高等女學校、實業學校の敎員中の志望者を入學せしめ其課程は其開設の都度敎員會議に於て之を定むものとす

第四款　東京音樂學校

東京音學校

我國音樂敎育の國家の事業として經營せられたるは明治十二年文部省內に音樂取調掛を設けられたるに淵源したるものにて其後種々の設營をなして經驗をなしたりその詳細は敎育史の研究に讓り玆には本校に就てのみ敍述せんに本校は明治二十年十月の勅令を以て創設せられたりしが後高等師範學校の附屬となりしも再び舊名に復し專門學校令の公布と共に其適用を受くるに至れり

其目的は音樂專門の敎育を施して善良なる音樂師及音樂敎員を養成するにあり

學科は豫科本科、研究科、師範科及選科を以て組織す

豫科　は名の如く本科に入學すべきの豫備科にして其修業年限を一箇年とし其入學の資格は男女を問はず年齡十四年以上にして一定の試驗に合格したる者とす

本科　に入學し得べきは豫科の卒業生又は之と同等以上の學力を有するものにして其修業年限は三箇年にして之を聲樂部、樂器部、樂歌部の三部に分てり

研究科　は聲樂、器樂、作歌及作曲を專攻する者の爲めに設け其修業年限は二箇年とす

師範科　は師範學校、中學校、高等學校及小學校の音樂敎員を養成する目的にて之を甲乙の二種に別ち甲種は師範學校、中學校、高等女學校敎員に適切なる學科を授け其修業年限を二學年二學期とし乙種は小學校敎員に適切なる學科を授け其修業年限は一箇年なりとす

選科　は以上各科の一科目若くは數科目を專修するもの丶爲めに設けたるものなり

第五款　公立及私立の專門學校

現今の公立專門學校は京都府立醫學專門學校大阪府立高等商業學校愛知縣立醫學專門學校の三校にして私立の專門學校は政治法律經濟等を主として敎ふる學校十校醫學專門學校二校文學語學宗敎等に關する敎授をなす學校に二十三校あり今其校名と所在地を左に掲ぐべし

校名	所在地
早稻田大學	東京牛込區
慶應義塾大學	同　芝　區
日本大學	東京神田區
中央大學	同　上
明治大學	同　上
專修學校	同　上
法政大學	東京麴町區
臺灣協會學校	東京小石川區

東洋殖民學校	東京本郷區
東京慈恵院醫學專門學校	東京芝　區
哲學館大學	東京小石川區
明治學院	東京　芝區
青山學院高等科及神學部	東京赤阪區
日本女子大學	東京小石川區
女子英學塾	東京麹町區
青山女學院英文專門學校	東京赤阪區
國學院	東京麹町區
東京三一學校	東京京橋區
浮土宗大學	東京小石川區
曹洞宗大學	東京麻布區
天臺宗大學	東京本郷區
日蓮宗大學林	東京府　下
聖教社神學校	東京麻布區

東京學院高等科	東京牛込區
關西大學	大阪市
大阪三一學校	大阪市
熊本醫學專門學校	熊本市
東北學院專門部	仙臺市
眞宗勸學院高等科	同上
京都法政大學	京都市
同志社專門學校及同神學校	同上
佛敎大學	同上
古義眞言宗聯合高等中學	同上

第三編　實業敎育

第一章　總論

實業敎育の意義

實業敎育とは事物の進行を記述して其原因結果の關係を研究し其原理原則を叙述したる諸種の科學の智識を應用して農業工業商業等直接の生產事業の發達繁榮を圖るの手段方法を攷究する智識技能を授くるを直接の目的とする敎育にして其國家の生存發達に至大の關係を有するが故に其施設經營は近世各國の焦慮する所にして我國も夙に玆に悟る所ありて明治五年學制の頒布以來實業敎育に關しては特に留意して小中學校に於ても便宜實業敎育に關する學科を課するの道を開き大に實業思想の養成を奬勵せしと雖も敎育を受けたる者は政府の役人となりて羽織袴を着用すべきの舊習に沈澱せしより世人は實業を賤むの風脫せず從て其保護奬勵も好結果を奏せざりしが其後民間事業の勃興と共に漸く其必要を感ずるに至りしを以て政府は自ら其經營を擴張すると共に公共團體にも其設營を奬勵し明治廿七年六月には法律第廿一號を以て實業敎育費國庫補助法發布せ

國家と實業敎育

られ府縣郡市町村及實業組合の設立に係る實業學校に對し豫算を以て定むる金額を補助して大に之を奬勵して鋭意其效果をして佳良ならしむるを期せり於此乎各種の實業學校は各地に於て漸次開設せられ其卒業生は實際の業務に從事して好成績を擧げつゝあるより實業敎育は今後益々熾ならんとするの趨勢なりとす而して其實業敎育に關する現行法は明治三十二年二月勅令第二十九號を以て發布せられたる實業學校令を始めとして其他實業敎育國庫補助法、實業學校設置廢止規則、農業學校規程、工業學校規定、徒弟學校規程、商業學校規程、商船學校規程、實業補習學校規定等なりとす今より其現行法に關して説述せんとす

第二章　實業學校汎論

第一節　目的及種類

目的及種類

實業學校の目的に就ては實業學校令第一條に規定する所にして即工業農業商業等の實業に從事する者に須要なる敎育を爲すを目的とするなり而して其實業に須要なる敎育とは諸種の純正科學の原理を應用して實業の繁榮を講する學、術技

能を授くるにあるは既に述べたるが如し而して其實業學校の種類は二種の標準によりて區別するを得其第一は其目的とする實業の種類によりて區別すべきものにして其第二は其程度によりて區別するを得其實業の種類によりて區別すれば工業學校、農業學校、商業學校、商船學校及實業補習學校の五種にして蠶業學校、山林學校、獸醫學校及水產學校等は之れ農學校の一種と看做すべきを現行の制度なりとす其程度によりて區別すれば其高等の教育をなすを實業專門學校と稱し其他を實業專門學校に對して實業普通學校と稱しても可なりと信ずされど實業普通學校とは法令上の名稱にはあらざるなり而して其區別の實益は各適用の法規を異にするの點にあり即ち實業學校第二條の二の第二項によれば實業專門學校に關しては專門學校令の定むる所によるとあるが故に實業專門學校は專門學校令の適用を受くべきものにして實業學校の適用を受くべきにあらざるなり而して又實業の種類による學校は其種類の異なるによりて各其學校に關する各別の規定存在するを以て各其適用を受くべきなり

設置及廢止

第二節　設置及廢止

前既に述ぶるが如く實業教育は國家生産事業の發達の原動力なるが故に國家は自ら之を設營すると同時に北海道及府縣にも實業學校の設置をなすを得せしむるのみならず文部大臣は土地の情況により必要なる實業學校の設置を命ずることを得べしされど實業補習學校の如き簡易なる方法によりて職業に要する智識技能を授くるの設備は市町村等の如き下級公共團體に於て設くるを本體とし道府縣に於ては其地方に於ける模範的の實業補習學校として道府縣立の他の學校に附設する場合に限るべきものとす

實業學校は道府縣に於て設置するを得べきのみならず郡市町村北海道沖繩縣の區北海道の一級町村二級町村、沖繩縣の間切島、町村學校組合は土地の情況に依り須要にして其區域內小學校の施設上妨げなき場合には實業學校を設くるを得べし而して其市町村又は學校組合が實業學校を設けたる場合には其費用の負擔の爲めに區を設くることを得べし

實業學校は上述の如き自治公共團體等に於て之を設くるを得べきのみならず商

業會議所の如き特別公共團體たる公法人及一私人と雖も之を設置することを得べし而して此等の公立私立の工業學校、農業學校、商業學校、商船學校の設置及廢止は文部大臣の認可を受け公私立實業補習學校の設置及廢止は道府縣立に係る者を除くの外地方長官の認可を受くべきものにして其設置廢止の手續は實業學校令第七條第二項により文部大臣の定むべきにして文部大臣は明治三十二年三月文部省令第十二號を以て其規則を發布せり其規定によれば工業學校、農業學校、商業學校及商船學校を設置せんとするときは公立學校は其管理者に於て私立學校は其設立者に於て同規則第一條に掲けたる要件を具備して文部大臣に稟申すべきなり又地方長官に於て實業補習學校を道府縣立學校に附設したるとき又は其設置を認可したるときは同規則第三條の要件を具して文部大臣に開申し其變更の場合も亦開申するに止まるべきも其國庫の補助を受ぐる學校なるときは實業敎育費國庫補助法施行規則第三條によりて手續をなすべきなり

實業學校中工業學校、農業學校、商業學校及商船學校を廢止せんとするときは其事由及生徒の處分法を具して文部大臣に稟申すべく又地方長官に於て實業補習學校を廢止したるとき其の廢止を認可したるときは其旨を文部大臣に開申すべき

なり

第三節　修業年限學科及學科目等

修業年限及學科目等

實業學校の修業年限學科及學科目及其程度に關して及實業學校令第八條により文部大臣をして之を定めしむべきを規定し文部大臣は各實業學校規定によりて之を規定せるを以て次章各論に至りて詳說すべし

其實業學校の敎科用書に公立學校にありては學校長に於て私立學校にありては設立者に於て地方長官の認可を經て之を定ひべきなり

第四節　敎員

敎員

公私立の實業學校の敎員の資格に關する規定は實業學校令第十條により文部大臣の定むべきなれども今日に其規定の發布なきが故に現今に於ては法定上の資格を要せざるなり而して其名稱待遇任免に關しては明治二十四年十月勅令第二百四十四號公立中學校、高等女學校、專門學校職員名稱待遇及任免の件によりて定まるも公立實業補習學校職員の名稱待遇は實業學校令第十二條により公立學校

の例に依るべき旨を規定せり其職員の旅費其他諸給與に關する規定は文部大臣の認可を經て地方長官之を定むべきものなりとす

第五節　設備

實業學校令第十三條によれば實業學校の編成設備に關する規則は文部大臣に於て定むべきにして文部大臣は省令を以て各實業學校規程の中に之れか規定を設けたり其編成に關しては之を次章各實業學校を叙するに際りて説明すべし設備は其目的とする業務の異なるにより多少差異ありと雖も校地、校舍、體操場、敎室、實習場圖書、器具器械、標本、模型等を具ふべきの規定にして工業學校に於ては同規程第十七條第十八條第十九條に於て規定し農業學校に於ては同規程第二十二條乃至第二十四條に水産學校に關しては同規程第二十三條第二十四條に商業學校は同規程第二十一條乃至第二十四條に商船學校は同規程第十九條乃至第二十一條に規定せり條文を一讀すれば明かなるを以て就て見るべし

第六節　國庫補助をなすべき學校

國庫補助を受くべき學校

實業教育費國庫補助法第一條によれば實業教育を奬勵する爲め國庫は毎年豫算を以て定むる金額を支出すとありて其二條には其補助金を交付すべき學校の資格を定め公立の工業農業商業商船學校、徒弟學校、實業補習學校にして實業の教育に効益ありと認むるときは文部大臣は其學校に補助金を交付すべしとありて其第二項には監督官廳の認可を經たる農工商組合に於て設立したる實業學校は文部大臣の特別の認定により前項に準することを得とあるか故に公立の場合は其學校の實業の教育に効益ありと認むるときは文部大臣は補助金の交付をなすを要するも其農工商組合に於て設立したる學校なるときは特別認定の處分をなさざるべからず其特別の認定とは文部大臣の裁量の範圍に屬すべきものにして法理上の論定をなし得べきにあらざるなり此法律によれば補助金を交付すべきは單に上述の學校に止まり私立の實業學校は其補助を受くべき資格を有する者にあらざるなり

文部大臣に於て實業教育に効益ありと認めらるゝには種々の制限及監督を受け

ざるべからず即其學校は文部大臣の認可したる學則により及其定むる必要條件を具備する者に限れり而して其補助金を受けんとする時は、管理者より文部大臣に申請し地方長官は其申請書を進達する場合に於て精査の上詳細の意見を付し併せて其地方實業の情況を具申して補助金交付の處分命令を受くべきなり而して其補助金額は設立者の負擔額と同額以内に限るべきものなるが故に其學校の設立者は其學校の收支豫算は每會計年度前に文部大臣の認可を受け決算は之を報告すべく又其學校の經費は設立者に於て補助年期間繼續支出するの義務ありとす而して其補助金を交付するの期間は五ヶ年を以て一期とするも尙獎勵保護の必要あるときは仍之を繼續するを得るなりされど其學校の管理不適當なりと認めたるとき及補助法第六條に定めたる義務を盡さゞるときは補助年期間と雖も其補助を廢止又は停止するを得るなり

補助金交付の手續並に補助を受くる學校の豫算決算は明治三十二年三月文部省令第二十一號同規定によるべきものなり

第三章　各論

第一節　工業學校

工業學校には狹義の工業學校及簡易の職工敎育を爲す徒弟學校の種類あるを以て欵を別ちて之を論すへし

第一欵　工業學校

工業學校

組織

本欵に於ては明治三十二年文部省令第八號を以て實業學校令第八條及第十三條に基きて定められたる工業學校規定の內容につきて叙述すへし

工業學校の組織は本科の外豫科別科專攻科を設くることを得るのみならず以上の學科と徒弟學校の學科を一校內に併置するをも得へきなり

本科

本科の修業年限は三箇年を本體とするも一箇年以內は之を延長するを得へきものにして其授業時間は每週二十七時間以內とすされど其實習時數は學科の種類により便宜之を定むへきなり而して其學科目は修身、讀書、作文、數學、物理、化學、圖畫、體操及實業に關する各學科目及實習とすされど此等の科目の外地理、歴史、博物、外國語、經濟、法規、簿記及其他の科目を便宜加設するを得べきなり

實業學校に於て設くべき實業に關する學科は土木、金工、造船、電氣、木工、鑛業、染織、窯業、漆工、圖案繪畫の十科及特種工業の爲め便宜學科を設くるを得べきなり

入學資格は年齡十四年以上學力は修業年限四箇年の高等小學校卒業又は之と同等以上とす其入學試驗科目には外國語を加ふるを得べし

豫科

豫科の修業年限は二箇年以內とし其授業時數は毎週三十時以內にして其學科目は修身、讀書、習字、作文、算術、地理、歴史、理科、圖畫、體操の十科とし尙外國語を加ふるを得せしめたり其入學資格は年齡十二年以上にして學力は高等小學校修了以上に於て之を定むべきものとす

別科

別科は簡易の方法により工業に必要なる事項を敎授する爲めに設けたるものにして法規上に於ては修業年限學科及其科目入學資格等何等の制限あるなし

專攻科

專攻科は工業學校本科卒業後特に工業に關する一科目若くは數科目を專攻せんとする者の爲めに設けたるものにして其修業年限は二箇年以內とす

工業學校に於ては工業學校規程第十五條に揭げたる事項につき學則を規定すべ

きものなりとす

第二款　徒弟學校

徒弟學校本旨

徒弟學校の目的は同規定第一條の明示する所にして職工たるに必要なる教科を授け職工たるに缺くる所なきを期するものにして其實業補習學校と異なる點は補習學校にありては小學教育を補習せしめ且實業社會に立つの準備として實業思想を與ふるを任務とするに反して徒弟學校は職業教科を授くるを主たる目的とするにあり從て其教科入學の資格等に於て其差異を生ずるなり

修業期間教授時期

徒弟學校の修業期間は六箇月以上四箇年以下とし其教授時間は賃工となりて勞働に從事する者の爲め便を計りて日曜日又は夜間たりとも便宜に之を設くるを得せしむるのみならず土地の情況に應しては季節を限りて教授することをも得べきなり

教科目

其教科目は修身、算術、幾何、物理、化學、圖畫及職工に直接の關係ある諸教科目並に實習とすされど其教科目は修身を除くの外は便宜取捨選擇し又は隨意科とすることをも得べし其實習を課するの標準は今日の現況に照らして最適切なる方法を求めたる結果に外ならずと雖も之を課するには相當の設備を要し其地方の負擔に堪へざるものあるべく且職業の種類によりては工場に於て現業を實習しつゝあるを以て學校に於ては其業務の解釋又は基礎たるべき學科を敎ふるを以て便利とするもあるべきを以て第四條第二項但書にも之を缺くことを得べきを規定せり而して其敎科を定むるには大都會に於ては同一職業に從事するもの多きを以て從て同一職業を集むに容易なるべきが故に此場合は成るべく同一職業者を集めて其敎科を定め斯くする能はざる場合は數種の職業に就きて共通する學科を選定すべきなり

入學資格

徒弟學校に入學すべきものは年齡十二年に達し尋常小學校卒業以上に於て之を定むべきなりされど尋常小學校卒業者にあらざるも學校長に於て特に許可したるものは入學するを得るなり其年齡を十二年以上とせるは其以下の幼者は徒弟學校の敎科に堪へずと認めたればなり而して其尋常小學校を卒業せずして入學の許可を得たるものには本科の外に讀書習字を課するを要す其他又作文をも加ふるを得るなり尋常小學校卒業の者と雖も其志望によりては讀書、習字、作文の一

科目又は數科目を授くるを得此場合には修身は讀書に附帶して敎授するを得るなり

徒弟學校は其土地の經濟上獨立の設營をなす能はざるときは尋常小學校又は高等小學校に附設して其敎授を妨けざる限りに於ては其校舍及備品器具をも使用せしむるを得るなり公立の徒弟學校は其土地に住する職工に適切なる敎育を爲すべき所なるを以て其經營は大に其土地に適應する敎育を施すの必要あるか故に實業又は敎育に經驗ある者及其學校の設立維持に功勞ある者を以て商議員とし其學校に關する事件を商議せしむることを得るなり

女子に刺繡機織及其他の職業を授くる爲めに設くる所の女子職業學校にして此規定に依るものは行政上徒弟學校の種類として取扱はるべきものなり

第二節　農業學校

農業學校の種類

農業學校中には實業學校令第二條第二項により蠶業學校、山林學校、醫獸學校及水產學校は農業學校と看做すべき規定により此等の學校を包含すべく現行法に於ける此等の學校に關する規定は農業學校規定及水產學校規定あるのみなるが故

に今之を欵を別ちて論述すべし

第一欵　農業學校、蠶業學校、山林學校、獸醫學校

農業學校規程に規定せる學校の種類は農業學校、蠶業學校、山林學校、獸醫學校の四種にして此等の學校は其學科程度によりて之を甲乙の二種に區別するを得べし

甲種學校組織

第一　甲種學校　甲種學校の組織は本科の外に豫科、別科、專攻科及補習科を設くるを得乙種學校は本科の外別科を設くるを得るなり此等の學校は同規程第十九條によりて各學科の學科を一校內に併置することをも得べきなり

本科

其甲種學校の本科の修業年限は三箇年を原則とすれども一箇年以內は之を延長することを得べきなり其授業時數は實習を除き每週三十時以內とす其實習時間數は事業の繁閑に應じて適宜に定むべきものとし其學科目は第四條及第二十六條の規定によりて之を定むべく其入學資格は年齡十四年以上にして學力は修業年限四箇年の高等小學校卒業又は之と同等以上とし尚外國語を試驗科目に加ふるを得るなり

豫科

豫科の修業年限は二箇年以內にして其每週の授業時數は三十時以內にして其學

科目は修身、讀書、習字、作文、算術、地理、歷史、理科、圖畫、體操とし尙外國語を加ふること
を得せしめ其入學の資格は年齡十二年以上にして學力は高等小學校第二學年修
了以上にて之を定むべきなり

別科　別科は簡易の方法によりて其事業に必要なる事項を敎授する爲めに設けたるも
のにして法令上何等の制限あるなし

專攻科　專攻科は本科を卒業したる後一科目若くは數科目を專攻せんとする者の爲めに
設けたるものにして補習科は高等の農業學校に入學せんとするものゝ爲めに其
補習を爲さしむるの目的にて設置したるものにして修業年限は二箇年以內なり
とす

乙種學校　第二　乙種學校　乙種學校の修業年限は三箇年以內にして授業時數は實習を除
き每週二十七時間以內とす實習時間數は事業の繁閑に應じて便宜之を定むべく
其學科目は第八條及第二十六條の規定によりて定むべきにして入學者の資格は
甲種學校の豫科と同一程度なりとす
此等の學校にては工業學校と同じく學則を定むべきにして其內容は第二十條に
掲げたる事項を規定するを要す

第二款　水産學校

水産學校

水産に關する實業敎育は農商務省所轄の水産講習所に於て其敎育をなせしに止まりしが之れ其目的は其省務に便にせんとするにありて一般人を敎育するといふにあらざるを以て文部省に於ても水産學校に關する規程を定めて之を保護奬勵せしより漸次公私立學校の設置せられしを統計表に揭げらるゝに至りしは斯業の爲め甚だ喜ぶべきことなりとす其農商務省所屬の水産講習所は敎育行政の一變例なるべきを以て之れ類似せる實質上の敎育行政にして形式上他省に於て所轄する學校を一束して下卷に於て略述すべきを以て本欵に於ては文部省に屬すべき現行法によりて之を叙述すべし

組織

水産學校は他の實業學校と同じく本科の外に豫科、別科、專攻科を以て組織し其修業年限は三箇年を本體とし土地の情況に依り二年乃至五年以内に於て伸縮するを得べく敎授時數は乙種農學校と同じく其本科の學科目は修身、國語、數學、地理、物

本科

理、化學、博物、圖畫、法規及習慣、經濟、體操並に實業に關する學科目及實習にして修身及實業に關する學科目及實習を除くの外は便宜之を缺くことを得せしめたり又

上述の外に歷史、外國語、簿記、唱歌及其他の學科目を便宜によりて加設することをも得るなり實業に關する學科は漁撈科、製造科、養殖科の三科に分れ其三學科中二學科以上併習せしむるをも得べし

豫科別科及專攷科

其豫科、別科、專攷科學則等に關する規定は農業學校と同一なれば其說明は省略すべし

第三節　商業學校及商船學校

商業學校及商船學校

商業學校及商船學校に關する規定は其學科目の種類に關する規定以外は同一なるが故に之を茲に併せて說明すべし

商業學校及商船學校は農業學校と同じく其程度によりて之を甲乙二種に區別し甲種學校の修業年限は三箇年を本體として土地の情況により延長することを得べく乙種學校に於ては商業學校は三箇年以内とし商船學校は二箇年以内とす其

組織

各甲種學校の學科の組織は農業學校と同じく本科及豫科、別科、專攷科の外に商業學校に於ては或學科の專修を希望する者の爲めに專修科を設け商船學校に於ては從來の海員にして技術免狀を有する者相當の海上若くは工場履歷を有する者

其他海事に關する學科を專修せんとする者の爲めに專修科を設置するを得るなり而して其入學資格は甲種學校は農業學校と同一にして乙種學校は年齡十年以上にして尋常小學校卒業以上に於て定むべきなり學科目は商業學校規程及商船學校規定第五條及第八條の規定によりて定むべく又學則も農業學校と同一の事項を規定するを要するなり

學科目

本欵を終るに臨みて一言注意すべきは東京商船學校及大阪、函館の同分校は遞信省所轄の學校にして上述の規定の適用を受くるものにあらざること是れなり

第四節　實業補習學校

實業補習學校本旨

實業補習學校は小學校に於ける一般國民教育の效果をして有效に實現せしめんが爲めに各種の實業に從事し又は從事せんとする者に簡易なる方法によりて主として其職業に要する智識技能を授くると同時に普通教看の補習をなすを目的とするにあるが故に其修業年限教授時數及季節の選定等國家の要求に應ずるより其土地の事情に適應するを主眼とせざるべからざるが故に實業補習學校規程第一條第二條に於ては其教科目の修業期間及教授時數並に其時期は土地の情況に

より便宜之を定むべき旨を規定せり

教科目

實業補習學校の教科目は修身、國語、算術及實業に關する科目とし其修身は國語に附帶して教授するを得せしめたり而して其普通教科中國語、算術は從來必須科目となしたりと雖も、補習教育は元來應用を主とすべきが故に必ずしも是等の教科目を獨立せしむるを要せず實業に關する科目に於ても亦能く普通教科補習の目的を達するを得べきが故に國語及算術は之を缺くことを得せしめたり故に普通教科は總て之を設くるも又悉く之を缺くも若くは一科目を設くるも皆其地方の便宜たりと雖も普通教育の素養十分ならざるものには可成之を課して以て補習の目的を完ふせしむるをよしとす又土地の情況によりては日本歷史、理科、唱歌等の如き教科目を加へて補習を爲ちしむを必要なりとす故に此等の科目も便宜加設するを得るなりされど上述の如き科目は之を設けたる場合に於ても生徒各自の志望と學力とに適切なる教育をなすの必要上之を隨意科となすを得せしめたり

德育は教育の基礎にして特に實業に從事する子弟に對しては專ら私利に馳するの弊あるが故に之を避け信用を重んじ公益を尙ぶの氣風を養成するの要最切な

るが故に宜しく生徒各自の性状に應じて總ての敎科に通じて德性涵養に留意し實踐躬行を勸奬せんことを期せしむべきなり

實業に關する科目は土地の狀況に應じて實業補習學校規程第四條に揭ぐる科目中便宜選擇して其科目を定め其土地の情況に應じ職業に適切ならんことを要し生徒が學校外に於て實地に從事すべき事業と密接の關係を有し內外相應じて實業の發達に資せしむるを期すべきなり

入學の資格

入學の資格に關しては年齡十年以上にして學力は尋常小學校卒業以上に於て之を定むるを得せしめたり是れ土地の情況と學校の種類によりて便宜之を定むべきなり其學力は尋常小學校を卒業したるを要するも其學齡を經過せしときは其以外の者も之を入學せしむるを得べし

實業補習學校は之を獨立して設置するを本體とするも小學校實業學校又は其他の學校に附設することを得べきなり

實業補習學校も他の實業學校と同じく學則を定むるを要し其制定には必ず同規定第七條に揭げたる事項に就きて規定すべきなり

第四章　實業專門學校

實業專門學校は實業學令第二條の二第二項により專門學令の適用を受くべきものなり而して官立の實業專門學校の修業年限、學科、學科目及其程度並豫科、研究科及別科に關し學校長に於て文部大臣の認可を受けて定めたる規定は明治三十六年文部省令第十二號によりて仍效力を有すべきが故に本章に於ては其專門學校令に規定せられたる以外の事項を各學校に就き概說すべし

第一節　農業學校

官立の實業專門學校には札幌農學校及盛岡高等農林學校の二校あり今款を別ちて之を概說すべし

第一款　札幌農學校

札幌農學校

札幌農學校は明治五年四月に開拓使に於て創設せる假學校に胚胎し後八年八月に札幌學校と稱し又同九年八月には札幌農學校と改稱し明治十五年には農商務

省の所屬となり同十九年には北海道廳に屬せしが同二十八年四月文部省に轉屬して今日に至れる者にして農理農藝及拓殖に關する高等教育を授くる所なり本科の修業年限を四箇年とし別に豫修科を置て本科の學科を修むるに必要なる普通學科を授く其修業年限は二箇年とす又本校には其他別に農藝科、土木工學科及森林科あり農藝科は農事に關する中等教育を授け土木工學科は土木に關する中等教育を授け森林科は林業に關する中等教育を授く共に其修業年限を三箇年とす」本校には上述の外二箇年以內の研究生を養成すべく又六箇月以上現業生として實地修業を許可することあり

本校に入學し得べき資格は豫修科の卒業生にして其豫修科に入學し得べきは中學校の卒業生若は之と同等のものたるべく其他は略甲種農學校に異なるなし

第二款　盛岡高等農林學校

盛岡高等農林學校は明治三十五年四月の創設に係り其組織は本科の外に研究科、選科を設くるを得べく本科は之を農學科、林學科、獸醫學科の三とし其修業年限は各三箇年にして研究科は二箇年以內とす

第二節　高等工業學校

高等工業學校

高等の學術藝能を授くる工業學校は東京、大阪、名古屋の三高等工業學校及京都の高等工藝學校なりとす

東京高等工業學校は明治十四年の創設にして幾多の變遷を經て今日に至れるものにして大阪高等工業學校は同二十九年に創設し三十四年五月に大阪工業學校を改稱したるものにして京都工藝學校は三十五年四月に名古屋高等工業學科は實に昨三十八年四月の創設に係るなり

東京高等工業學校の組織は本科生の外に研究生、現業練習生、選科及聽講生ありて修業年限は三箇年にして學科は染織科、窯業科、應用化學科、機械科、電機科、工業圖案科及建築の七科とし研究生は卒業者にして已修の學科につき更に研究せんとする者に二箇年以內の在學を許すものにして現業生も同じく卒業生の現業を練習するものにして選科生は各學科の學科目中一科若くは數科目を選擇して學修せんとする者に二箇年以內の入學を許すことを得るものとす

其他の學校も組織、學科修業年限等殆んど同一なるを以て說明を省略す

第三節　高等商業學校

高等商業學校

商業に關する高等の敎育を施す所は明治三十五年に至るまでは東京の一箇所なりしが商業の發展と共に其敎育の必要を感じて同年四月神戸に高等商業學校を設け尋で同三十八年四月に長崎に之を創設すると共に從來の山口高等學校の組織を高等商業學校に變更せり

東京高等商業學校の學科の組織は豫科、本科及專攻部にして其修業年限は豫科一箇年本科三箇年專攻部二箇年とす

其他の高等商業學校も略同一の規定なるを以て其說明を省く

第四節　公私立の實業專門學校

公立實業專門學校

公立の實業專門學校は市立大阪高等商業學校の一校のみにして學科は本科豫科甲種科にして本科、豫科の學科目及其極度は官立の高等商業學校に略同じく甲種科は商業學校規程甲種學校に準據せるものなり

私立實業專門學校

私立の實業專門學校は大日本農會附屬の東京高等農林學校及東洋商業專門學校

の二校にして東京高等農林學校の學科は本科、特別科、專攷科、選修科の四科に別れ本科は專門學校入學資格を有するもの丶み入學を許し特別科は其以外の者にも入學を許し修業年限は三箇年にして專攷科は卒業生にして尙或學科目を專攷せんとする者に入學を許し選修科生は本科に缺員ある場合に或一二學科目を選修せんとする者の爲めに設けたるなり

東洋商業專門學校の學科は本科及別科にして修業年限は何れも三箇年にして學科目及其程度は同一なるも本科は其入學資格に於て專門學校規程の制限を受くるも別科は否らざるの差異あるのみなり

第四編　師範教育

第一章　總論

師範教育の必要

教育の事業は之に關する法令整頓し學校の設備完全なりと雖も實際之が任に當る教員其宜しきを得ずんば其效果を奏する能はざるを以て教員養成の事業は一日も忽かにすべきにあらざるが故に政府は明治五年學制頒布と前後して東京に師範學校を創設し專ら米國の學校に模して小學校教授法を授けたり次で六年に宮城、大阪に各一校を設け七年には愛知、廣島、長崎、新潟に各一校を置き同年に又女子師範學校を東京に創設し以上官立の外に各府縣に於て設置せる師範學校も勃興して其數四十六校に上りしを以て官立の學校は漸次之を廢止し明治十一年には文部省直轄學校は東京師範學校及東京女子師範學校のみとなれり之れ後の高等師範學校なりとす

沿革

府縣師範學校は其課程種々にして一定せざりしが明治十四年には師範學校教則大綱を制定せられ師範學校を初等、中等、高等の三としせしが明治十六年七月には

府縣立師範學校通則を定め管内學齡人員千人乃至千五百人に、人の率に當るべき生徒を養成すべきものとして大に師範教育を擴張せると共に小學校教員改良の目的にて教員講習所を設け又は督業訓導を置けり

斯くの如くにして又明治十九年四月には師範學校令を定め之を別ちて高等、尋常の二種とし高等師範學校は文部省の直轄として東京に一校を設け尋常師範學校は公立として府縣に各一校を設けしめたりしが明治三十年十月に師範教育令を定めて師範學校令に代へ大に其改良擴張を計れりと雖も教育の進步は益々教員の缺乏を來たしたるを以て府縣師範學校の增設又は擴張を計ると共に中等教員の缺乏を補ふが爲めに東京の男女高等師範學校の外に廣島に高等師範學校を增設し其他臨時教員養成所を設置し又實業學校の教員養成所規程を制定せられ又美術學校、音樂學校にも師範學科の設ありて其技術の教員を養成するは業に已に述べたるが如く又文部大臣の公認を經たる私立學校に於ても之が教養をなしつゝあり其他中等教員の供給を補するが爲め帝國大學を始め其他の學校にして三十三年六月文部省令第十號教員檢定に關する規程第五條第一號により無試驗檢定に關し指定したる學校の卒業生も其資格を與へて盛んに之を供給するのみな

らず檢定試驗に應じて合格したる者も其資格を與へて其供給をなせりされど敎員檢定は資格を與ふるの行政行爲にして師範敎育と名づくべきにあらず又指定學校の目的は敎育養成を本旨とするにあらざるのみならず其解說は已に論じたる所なるを以て本編に於はて專ら敎員養成を目的とする學校に就て論ずるに當り次章に於ては師範學校を論じ次ぎに高等師範學校、女子高等師範學校、臨時敎員養成所、實業敎員養所及敎員免許に關する規定第一條の取扱を受くる學校に就きて章を別ちて論述すべし

第二章　師範學校

第一節　敎育の要旨

師範學校は小學校の敎員として人の師表たるべき者を養成する所なるが故に特に其師表としての品性の陶冶は忽かにする能はざるを以て師範學校令第四條に於ても師範學校及高等師範學校に於ては順良信愛威重の德性を涵養するを務むべきを命ぜり今其效果を奏しつゝありや否やは別論にして兎角斯くの如き旨趣

に於て敎育せざるべからず而して師範學校に於て上述の目的を達せんが爲めに行ふ敎育の要旨は三十五年七月文部省令第八號師範學校の學科及其程度に關する規程第九條に明示せられたるを以て之れを其儘左に掲出すべし

一　師範學校に於ては師範學校令の旨趣に基きて生徒を敎育すべし

二　精神を鍛錬し德操を磨勵するは敎員たる者にありては特に重要とす故に生徒をして平素意を此に用ひしめんことを要す

三　尊王愛國の志氣に富むは敎員たる者に在りては殊に重要とす故に生徒をして平素忠孝の大義を明かにして國民たるの志操を振起せしめんことを要す

四　規律を守り秩序を保ち師表たるべき威儀を具ふるは敎員たる者にありては殊に重要とす故に生徒をして平素長上の命令訓誨に服從し起居言語を正しくせしめんことを要す

五　身體の健康は業を成す基なり故に生徒をして平素衞生に留意し體操を勉め健康を增進せしめんことを要す

六　敎授は敎員たるべき者に適切にして小學校敎則の旨趣に副はんことを旨とすべし

七　教授は常に其方法に注意し生徒をして業を受くる際教授の方法を會得せしめんことを勉むべし

八　言語の明瞭正確なるは教員たる者にありては殊に必要とす故に教授の際常に生徒をして口述を正しくし以て言語を練習せしめんことを務むべし

九　學習の法は偏に教授のみに憑らしむべきものにあらず故に生徒をして常に自ら學識を進め技藝を研く習慣を養はんことを務むべし

十　學科は規定の教科書に基きて教授せんことを要す

設置及設備

第二節　設置及設備

師範學校は各府縣北海道に各一校若くは數校を設置して地方長官之を管理し其經費は府縣稅又は地方費を以て支辨す而して其設備に關する規定は師範學校令第五條によりて文部大臣に於て之を定むべきものにして文部大臣は三十五年七月省令第七號を以て之を定めたり而して其設備は小學校の場合に於て論じたるが如くに種々の要求に應ずべく校地、體操場及農業科を置ける學校に於ては農業練習場、校舍の構造及諸室、寄宿舍、器具、器械、圖書、附屬小學校及幼稚園の設置及其他

學校の位置の選定、校舍、寄宿舍の建築又は變更等の手續に關して詳細に規定せり

第三節　組織編制修業期間敎授日數

組織

師範學校には本科の外土地の情況により簡易科、豫備科、小學校敎員講習科、幼稚園保姆講習科を設置するを得るなり此場合には地方長官に於て其事由及方法を具して文部大臣の認可を受くべきなり其編制に關しては二十五年文部省令第八號第五條に規定する所にして其學級は生徒の員數、種類等に應じて之を編制し一學級の生徒數は四十名を最多限とする旨を定めたり

編制

修業年限

修業年限は本科の男子に就きては四箇年女子は三箇年とし簡易科は二年四箇月にして其他は地方長官に於て之を定め文部大臣の認可を受くべきものとす

敎授日數

每週敎授時數

敎授日數は每年四十五週敎授時間數は每週三十四時間とし土地の情況に依り之に依り難きときは三週以內之を減じ若くは夏季休業の前後各二週以內は每週敎授時間を十時以內に減ずることを得るものとす

第四節　學科目及其程度

學科目及其程度

師範學校に於て課すべき學科目は男子は修身、敎育、國語、漢文、歴史、地理、數學、物理、化學、博物、習字、圖畫、音樂、體操の十三科にして、土地の情況に應じては外語學、農業、商業、手工の内一科目若くは數科目を加ふべし其數科目を加へたる場合に於ては生徒の長所に依り其中に就き一科目を課するものとす女子は修身、敎育、國語、漢文、歴史地理、數學、理科、家事、習字、圖畫、音樂、體操の十三科目とす講習科の學科目は家事を除きたる女子に課すべき學科目と同一なりとす以上各學科目の程度は二十五年七月文部省令第八號第十條、第十一條及簡易科規定第五條に規定せられたるを以て就て見るべし

第五節　生徒

第一款　定員及募集

定員

師範學校は小學校の敎員たるべきものを養成する所にして其生徒の員數は小學校の學級數に配置し得べきの數を以て足るべきが故に三十年十月勅令第三百四十七號は之に關する規定を制定せられたり之に依れば師範學校は道府縣管内學

齡兒童數三分の二に對し一學級七十名の割合を以て算出する全學級數の二十分の一以上に相當する卒業生を出すに足るべき生徒を每年募集すべきにして其內の男女の割合は地方長官に於て之を定め文部大臣に開申すべきなり若し地方の狀況に依り女生徒を置かざるときは其事由を具して文部大臣の認可を得べきものとす

生徒の募集

師範學校の生徒を募集する規則は師範學校令第六條に依り文部大臣之を定むべきものにして二十五年七月文部省令第十號を以て定めたる同規則によれば師範學校の生徒は身體健全品行方正にして小學校敎員たるに適當なりと認むる者にして其學力は尋常小學校本科准敎員たるべき免許狀を有し若くは之と同等以上の學力を有する者にして其年齡は男子は年齡十六年以上二十年未滿女子は年齡十五年以上二十年未滿の者但特別の事情あるときは二十年以上二十五年以下の者にして明治三十五年二月文部省令第五號入學志願者入學禁止項目に該當せざる者を入學せしむることを得るなり以上は其一學年に入學せしむべきものなるか若しも各學級に缺員を生ずるときは上述の資格を具へたる上に學力年齡該學級に相當する者を以て補缺するを得るなり而して其師範學校に入學を許可する

者は他の學校に於て入學を許可するとは事情を異にするが故に豫備科卒業生を入學せしむる場合の外は最初四箇月間は試驗生として假入學を許し其資性品行等を審かに觀察し適當と認むる者に限りて本入學を許可するものとす而して尙募集方法に關する細則は地方長官之を定むべきなり

第二款　學資

師範學校在學の生徒は文部大臣の定むる所により其學校より學資を支給すべきにして其學資は食物被服及雜費の三種目とし其支給方法は地方長官に於て之を定むるものとす而して若し其師範學校生徒中不都合の行爲あるを以て退學を命ずるものあるときは在學中給與したる學資を償還せしむるを要するなり又斯くの如く師範學校は其生徒に學資を給與するを原則とするも師範學校令第七條第二項によりて文部大臣の定むる所により私費生を置くを得るものにして其私費生を置かんとするときは地方長官は其員數を定めて文部大臣の認可を受くるを要す而して其私費生は文部省令を以て特別の規定存在せざる限りは公費生と同一に取扱はるべきものなり私費生規則第三條によれば之に關して必要なる規則

は地方長官之を定むるる旨を規定せり

第六節　卒業生の服務

卒業生の服務

師範學校の卒業生にして校費より學資の給與を受けたるものゝ服務に關する規程は師範學校令第六條により文部大臣の定むべきものにして二十五年七月文部省第十一號の同規則及簡易科規程によれば男子は十箇年簡易科卒業生は六箇年女子にありては五箇年間其道府縣の管內に於て小學校敎員の職に從事するの義務を有し此義務年限の內男子に在りては五箇年簡易科卒業生は三箇年女子は二箇年間地方長官の指定する小學校の職に從事するの義務を有し其指定義務を終りたる者にありては小學校にあらさる官立公立學校敎員の職若くは學務に關する他の公職を以て本文の職に代ふることを得べく又特別の事情あるときは地方長官の許可を受け他の道府縣內に於て就職するを得るなり

上述の義務者にして其義務を履行する能はざる場合は其理由を具して地方長官の指揮を受くべきなり此場合に其義務を免除したるとき及地方長官の許可を得て他府縣內に就職するを許可したる場合並に謂れなく服務義務を盡さゞる者若

くは免許狀褫奪の處分を受けたる者は其情狀によりて地方長官は在學中給與したる學資の全部若くは幾部を償還せしむるものとす而して其細則は地方長官之を定むべきなり

師範學校の私費卒業生の服務年限は卒業後男子は三箇年女子及簡易科卒業生は小學校教員の職務に從事するの義務を負ふも地方長官は土地の指定をなす能はず從て服務規則第一條第一項但書及同第二項は私費卒業生には適用するを得さるなり

第七節　在學生徒及卒業生の特權

師範學校在學生徒は中學校の生徒と同しく徵兵令第二十三條によりて徵兵を猶豫せられ又其卒業生は文官任用令第三條によりて普通文官たるの資格を附與せられ又卒業生にして官公立小學校の教職にあるものは徵兵令第十三條によりて官費にて六週間現役に服し其現役を了りたるときは直ちに國民兵役に服せしめ其服役中の者にして滿二十八歲までに其教職を罷むる者は抽籤の法によらずして更に二箇年間陸軍現役及常例の豫備後備役に服せしむされど其者にして一年

志願兵を出願したる者は此限りにあらざるなり高等師範學校の生徒及卒業生も亦同一の特點ありとす

第八節　附屬小學校及同幼稚園

師範學校設備規則第十條には師範學校に附屬小學校を設くべく同第十一條に女生徒の爲めに便宜幼稚園を設くべきを規定せり而して其附屬小學校は二十四年十一月文部省令第二十六號により其規則は小學校令及同施行規則に準據して地方長官之を定め其設備及學級編制等は管內小學校の例によるべく之れには單級に依る學級を設くるを要するなり其敎員は小學校の敎員たる資格を有するものたるを要するも師範學校の上級生は敎生として主事訓導の指揮の下に於て授業を練習するを得るなり

第九節　訓育敎授管理の規程

訓育教授管理の規程

師範學校に於て訓育敎授管理に關する諸規定は法令の範圍內に於て學校長之を定むべきものにして之を制定又は改廢したるときは明治二十五年七月文部省訓

令第七號により文部大臣に開申すべきなり

第三章　高等師範學校

第一節　總論

高等師範學校の目的

高等師範學校は師範學校、中學校、高等女學校の敎員たるべき者を養成する所にして文部大臣の管理に屬し人の師表たる品性を陶治するは師範學校と同じく其組

組織

織は豫科、本科、研究科の三學科に分れ又敎員の缺乏を充たす爲めに特別の必要ある場合に於ては專修科を置くを得べく又中等敎員たるの志望を有する者にして本科中の一科目又は數科目を選びて學修せんとする者は選科生として入學せしむるを得るなり

本科

本科は修業年限三箇年にして之を國語漢文部、英語部、地理歷史部、數物化學部及び博物學部の五部に分ち其國語漢文部の學科目は倫理、心理及敎育學、國語、漢文、英語、歷史、哲學、言語學、體操とし隨意科目として獨語、音樂の一科目若くは二科目を加ふることを得

英語學部の學科目に倫理、心理學及敎育學、英語、國語及漢文、歷史、哲學、言語學、體操の外隨意科目として獨語又は佛語、音樂の一科目若くは二科目を加ふることを得

地理歷史部の學科目は倫理、心理學及敎育學、地理、歷史、法制經濟、國語及漢文、英語、體操とし隨意科目として獨語、音樂の一科目又は二科目を加ふることを得

物理化學部の學科目は倫理、心理學及敎育學、數學、物理學、化學、天文氣象、英語、圖畫及手工、體操の外隨意科目として獨語、音樂の一科目若くは數科目を加ふるを得

博物學部の學科目は倫理、心理及敎育學、植物學、動物學、生理學及衞生、鑛物學及地質學、農學、英語、圖畫、體操の外隨意科目として獨語、音樂の一科若くは二科を加ふることを得

豫科

豫科の修業年限は一箇年にして其學科目は倫理、國語、漢文、英語、數學、論理、圖畫、音樂、體操とすされど一部の生徒には圖畫、音樂を課さることを得

研究科の修業年限は一箇年乃至二箇年半にして其學科目は本科各部に置く所の科目とす

選科

選科生の在學服限は二箇年以上三箇年以下として修業年限學科目等其都度之を制定するものとす

第二節　生徒

第一款　募集及退學

高等師範學校本科に入學を許すべきものは同豫科を修了したる者にして其豫科生及官費專修生は師範學校官公立中學校及文部大臣に於て徵兵令第十三條に依る中學校の學科程度以上と認めたる私立中學の卒業生にして身體健全品行方正なる者に就き地方長官之を薦擧し高等師範學校長其中より試驗の上選拔するものとす高等師範學校長は必要と認むるときは文部大臣の認可を受けて上述以外の條件を定むることを得るなり未だ師範學校を卒業せざると雖も募集により入學すべきものゝ入學期以前に卒業すべきものと當該學校に於て認めたるものは卒業に準するを得べし

豫科及官費專修科生は毎年一回之を募集し其期日及員數は其都度高等師範學校長より地方長官に通知すべき規定なり

高等師範學校長は上述の資格ある者以外に身體健全品行方正にして學力年齡當

該學級に相當する者より募集し試驗の上入學せしむるを得るなり

研究科に入學すべき者は本科及專修科の卒業生に就き學校長に於て選擇し文部大臣の認可を受けて之を命ずされど私費を以て入學せんと欲するものは本文の者にあらさるも入學を許可することあり而して其私費の研究生專修生及專科生の募集に關する規定は文部大臣の認可を受けて高等師範學校長之を定むべきなり而して三十五年二月文部省令第五號入學禁止者は前述の條件を具備するも之れに入學を許すを得ず女子高等師範學校亦然り

退學

斯くの如くにして入學したる生徒も自己の便宜により退學を請求するを得べく又生徒在學中疾病に罹り若くは學業進まず及品行修まらざるもの並に豫科の生徒にして學年試驗に落第したる者は學校長より退學を命せらるゝなり

第二款　學資

學資

高等師範學校の生徒には其在學中校費より學資を給與するを原則とするも師範學校令第七條第二項によりて私費生を置くを得るなり而して若在學生徒にして疾病によるの外自己の便宜により退學を願ふものあるときは其支給せられたる

學資を償還せしむべきなりされど文部大臣は其情狀に依り其償還すべき學資の一部又は全部を免除するを得るなり

卒業生の服務

第三節　卒業生の服務

高等師範學校本科卒業生の服務年限は所定學資の全部支給を受けたるものは卒業證書受領の日より七ヶ年一部支給を受けたるものは五箇年自費生は三箇年官費專修生は五箇年間敎育に關する職務に從事する義務を有し學資の全部支給を受けたる本科卒業生は三箇年一部支給を受けたるもの及官費專修科卒業生は二箇年間文部省の指定に從ひて奉職する義務あるものとす

上述の義務を盡す能はざる事故あるときは其理由を具して義務の免除を文部大臣に請願するを得此場合は文部大臣の命によりて在學中支給したる學資の全部若くは幾部を償還せしむるを原則とするも其情狀によりて其全部又は幾部の償還を免除することありされど故なくして其義務を履行せざるとき又は服務年限中懲戒免職又は免許狀褫奪の處分を受けたるときは其學資の全部又は一部を償還せしむべきものとす

第四節　附屬學校及敎育博物館

附屬學校

高等師範學校には其上級生をして普通敎育の方法を研究練習せしむる爲に附屬學校を置けり其附屬學校は中學校及小學校の二種にして其大體は一般の中學校及小學校の例に依りて其規程を設けられたりと雖も中學校令又は小學校令が當然適用せらるゝにはあらざるなり其中學校は公立中學校と殆んど異なるなきも小學校之れを三部に區別し第一部は高等小學校と尋常小學校を併置せる多級編制にして附屬中學校の敎科に聯絡するを目的とし第二部は高等小學校の敎科と尋常小學校の敎科とを併置せるものにして第三部は單級に編制したる高等小學校の敎科を尋常小學校の敎科及尋常小學校補習科の敎科とを併置せるものなり

敎育博物館

東京高等師範學校には其附屬として廣く內外の敎育品及敎育圖書を蒐集陳列して敎育の普及改進に資する目的にて東京敎育博物館の設けあり

第四章　女子高等師範學校

第一節　總論

女子高等師範學校は師範學校女子部及高等女學校の敎員たるべき者を養成する所にして文部大臣の管理に屬して敎師たるに適當の人物を養成するを目的とす　女子高等師範學校目的

其組織は本科及專攻科の外に中等敎員の缺乏を充たす爲めに特別の必要あるときは專攷科を置くことを得べく又は一科目又は數科目を選ひて學修せんとする者の爲めに選科生として入學せしむるを得べし　組織

本科の學科は之を別ちて文科、理科、技藝科の三科とし文科の學科目は倫理、敎育學、國語、漢文、外國語、歷史、地理、音樂、體操の九科にして　學科　文科

理科の學科目は倫理、敎育學、外國語、數學、物理、化學、博物、音樂、體操とし　理科

技藝科の學科目は倫理、敎育學、外國語、物理及化學、家事、裁縫及手藝圖畫及圖案、音樂、體操の九科とすされど其學科中音樂は學習困難なりと認めたる生徒には之を課せさるを得るのみならず二箇年以上の課程を卒りたるものには學業の成績によ　技藝科

り所設の科目中其數を限り學修せしむるを得るなり而して其修業年限は各四箇年にして其程度は師範學校女子部の課程に照らし更に一層精深なる程度に於て教授するものとす

專攷科

專攷科の修業年限は一箇年乃至二箇年にして其學科目は本科各學科の學科目中の一科目又は數科目を課するものとす

專科修

專修科の學科目及其程度並に修業年限、募集人員、入學者資格等は其都度文部大臣の認可を經て學校長之を定むべきものとす

選科生

選科生の在學期間は四箇年を原則とし特別の事情ある者に就きては學校長に於て本文の期間を伸縮するを得るものとし其學科目は本科各學科中の一科目若くは數科目を選びて學修せしむるものとす

第二節　生徒の募集及退學

生徒の募集

女子高等師範學校本科生及官費專修科生は師範學校女子部、修業年限四箇年の高等女學校卒業生及之と同等の學力を有し年齡十七年以上二十二年未滿の夫を有せざる者にして身體健全品行方正なる者につき地方長官之を薦擧し女子高等師

範學校長其中より試驗の上選拔するものとす其他女子師範學校長は身體健全品行方正にして學力年齡當該學級に相當する者を募集し試驗の上入學せしむることを得而して其新入學生は師範學校生徒と同しく四箇月間假入學をなさしめ其資性品行等を審かに觀察して適當と認むる者に限り本入學を許可するものにして其假入學中は自費とす

研究科に入學するの資格は本校の卒業生又は之と同等以上の學力を有する者たるを要す私費專修科生選科生の募集に關する規程は女子高等師範學校長に於て文部大臣の認可を受けて之を定むべきものとす

本校の生徒は其在學中自己の便宜によりて退學するの外疾病に罹り若くは學業進まず又は品行修まらざるが爲めに成業に適せずと認むるときは學校長より退學を命せらるゝなり其品行修まらざるが爲に退學を命せられたる者及自己の便宜により退學をなしたるものは其支給せられたる學資を償還すべきなりされど其自己によれるものは文部大臣に於て情狀に依り其全部又は一部を免除するを得るなり

第三節　卒業生の服務

卒業生の服務

女子高等師範學校本科卒業生にして所定學資の全部の支給を受けたる者は五箇年一部支給を受けたるものは三箇年自費生は二箇年官費專修科卒業生は三箇年間敎育に關する職務に從事する義務を有するなり而して其本科卒業生にして學資の支給を受けたるもの及官費專修科卒業生は二箇年間文部省の指定に從ひて奉職するの義務ありとす

上述の義務を盡す能はざるものは其理由を具して文部大臣に對し義務免除を請願するを得其場合に之を許可するときは在學中給與したる學資の全部又は一部を償還せしむるを得べく又謂れなくして其義務を履行せず若くは服務年限中懲戒免職又は免許狀褫奪の處分を受けたる者は其給與したる學資の全部又は一部を償還せしむるを要するなり

服務年限中の卒業生にして自費を以て研究科、專修科及選科に入學志願のものあるときは時宜に依り許可すべきも指定義務を終らざる者なるときは入學中の年限は指定服務年限中より除算するものとす

第四節　附屬學校

女子高等師範學校にも高等師範學校と同じく其附屬として高等女學校及小學校竝に幼稚園を置きて上級生徒をして普通教育の方法及幼兒保育の方法の研究をなさしむ

其小學校は高等師範學校と同しく之を三部に編成せられたり

第五章　臨時教員養成所

中學校高等女學校の勃興は中等教員の缺乏を來たし東京及廣島の兩高等師範學校竝に女子高等師範學校の卒業生のみにては到底之に補充する能はざるを以て明治三十五年四月より東京帝國大學內に第一臨時教員養成所を置きて國語漢文科及博物科を設け第一高等學校內に第二臨時教員養成所を置きて物理化學科を設け第二高等學校內に數學科の第三養成所を置き第三高等學校內に英語科の第四養成所を附設し東京外國語學校に英語科の第五養成所を置きて其養成を計れり

各學校の修業年限は二箇年にして其學科目は左の如し
國語漢文科の學科目は倫理、教育、國語、漢文、英語、歷史とす
英語科の學科目は倫理、教育、英語、國語及漢文とす
數學科の學科目は倫理、教育、數學、英語、物理、簿記とす
博物科の學科目は倫理、教育、動物、生理、植物、鑛物、英語、地文、地質、人類、天文とす
物理化學科の學科目は倫理、教育、物理、化學、英語、數學とす
以上の學科目は特別の事情あるときは管理者に於て文部大臣の認可を經て加除するを得
學年は四月一日に始まり翌年三月三十一日に終る入學試驗の上許可すべきにして其程度は中學校卒業を標準として行ふべきなりされど中學校及師範學校の卒業生は時宜によりて其試驗を行はさるを得るなり
各學年の課程の修了又は全學科の卒業を認むるには平素の學業及試驗の成績を考査して之を定むべきなりされど管理者の見込によりて某學科の試驗を行はざることを得るなり
管理者は其卒業生には卒業證書を授與したる上に其卒業生に對して教員免許狀

の授與を文部大臣に申請すべきなり又管理者は成業の見込なしと認めたる者及性行不良の者には退學を命し教育上必要と認めたるときは生徒に懲戒を加ふることを得るなり

実業教員養成所

第六章　實業教員養成所

實業教育の必要世に認識せられ其勃興したる結果として其教員養成の緊切なりしより文部省は明治三十五年四月省令第九號を以て實業教育國庫補助法第七條に基き實業學業教員養成規程を定めて其教員の養成を計れり

實業學校教員養成規程第一條によれば東京帝國大學農科大學本科若くは實科、東京高等商業學校、東京高等工業學校、東京美術學校、商船學校及水産講習所の學生々徒にして卒業の後實業學校の教職に從事すべき者竝東京帝國大學附屬農業教員養成所、東京高等商業學校附設商業教員養成所及東京高等工業學校附設工業教員養成所の生徒には一箇月六圓以内の學資を補給するを得東京高等工業學校附設工業教員養成所研究生に補給する學資は六圓を超過するを得る旨を規定せり而して其學資支給の手續は三十五年五月文部大臣裁定に規定せり就きて見るべし上述の學資の補給を受けたるものは卒業の日より學資の補給を受けたる年限に一箇年を加へたる期間文部大臣の指定により實業學校の敎職に從事すべき義務を有すされど必要の場合は文部大臣は他の敎職に從事する義務を負はしむることを得るなり

學資の補給を受けたる者半途にして退學し若くは其服務の義務を履行せざるときは補給したる學資を償還すべきものとすされど文部大臣は事情を斟酌して其全部又は一部の償還を免除することを得るものとす

第七章　無試驗檢定により其卒業生に敎員免許狀を授與せらるべき學校

敎員免許狀を授與せらるべき學校

敎員養成は國家の獨占すべきものにあらざるが故に文部省は明治三十三年六月省令第十號敎員檢定に關する規定第五條第一項第二號乃至第四號に該當して其卒業生に對して無試驗檢定を受くるを得べき學校は三十二年四月文部省令第二十五號により公立は其管理者に於て私立は其設立者に於て(一)試驗を用ひずして

敎員免許狀を受くべき見込の學科(二)學則(三)校地、校舍、寄宿舍圖面(四)敎科用書及參考用書目錄(五)敎授器械標本目錄(六)敎員履歷書、受持學科及專任兼任の區別を記したる調書(七)一箇年の經費收入支出金額及其細目を具して文部大臣の認可を受くべきなり而して其學校は左の要件を具へたるものならざるべからず

一　其試驗用ひずして敎員免許狀を受くべき見込の學科目は高等師範學校、女子高等師範學校の當該學科目と同等以上の程度にして別に相當の補助科目を具ふること

二　學科を敎授するに足るべき敎員其他の設備あること

三　維持方法確實なること

四　免許を受けんとする學科に於て卒業生ありたる以後二箇年以上を經過し其成績佳良なること

五　敎授管理適當なること

是れなり而して其學校に於て試驗を施行するときは監督官廳の立會查閱の爲め豫め公立學校に於ては其管理者に於て私立學校は其設立者に於て試驗の期日及其生徒中師範學校、中學校の卒業證書を有するものゝ數を具して三十日前に文部

大臣に開申すべきなり然るときは文部大臣は敎員檢定委員又は其他の吏員を派遣して卒業試驗に立會を爲さしめて試驗問題及答案を調査檢閲するものなりとす其結果試驗の問題及其施行方法にして不適當と認むるときは自ら之を變更し又其變更を命ずるを得べきなり斯くの如くにして行ひたる試驗に合格したるものは學校長に於て其族籍氏名生年月日及認可を受けたる學科の點數を具して文部大臣に開申して無試驗檢定を受けしむるものとすされど各學年を通じて總授業時數の四分の一以上授業を受けざるものは卒業試驗に及第するも無試驗檢定を受くるを得ざるものとす而して其認可を受けたる學校に於て學則等の變更は文部大臣の認可を受くべく敎科書及敎員に變更ありたるときは文部大臣に開申すべきなり其他入學許可表簿の設備等につきても同規定第九條及第十條に規定せり

無試驗檢定を受くべき生徒を養成する學校にして上述の規定に違反したるときは文部大臣は將來に向て其認可を取消すことを得其將來に向てのみに限れるは已に與へたる已得權を取消すは條理に反すればなり明治三十九年二月までに敎員檢定に關する規定第五條第一項第二號に該當する學校を擧ぐれば左の如し

私立國學院　歷史　國語及漢文

私立青山學院　英語

私立早稻田大學
- 大學部　文學科　修身　敎育　英語
- 專門部
  - 國語漢文科　國語及漢文
  - 地理歷史科　歷史　地理
  - 法制經濟英語科　修身　法制經濟

私立日本大學　高等師範科　修身　法制經濟

京都府立高等女學校　國語及漢文　家事　裁縫

神宮皇學館　歷史　國語及漢文

第五編　餘論

本編に於ては教育に關する行政機關が其行政行爲を爲すに當りて準據すべき法規にして各種教育を論ずるに際りて此等法規に規定せる原理原則を論ずべきなりしも斯くの如きは是れ學問的理論には適すれど説明の繁雜を來たし實際政務に當るものをして却て不便を感ずるの恐れあるを慮り諸法規の法理を秩序的に統一して一の體系を組織する法理論たるには背反するも實際の利便を鑑み前各編に於て論及せざりし所を本編に蒐集して其法理を概論すべし

第一章　私立學校私立幼稚園の監督

私立學校及私立幼稚園の監督

本章に於て論せんとする私立學校とは普通、專門、實業等の各種の教育を施す學校にして其中には小學校、中學校、高等女學校、專門學校各種の實業學校ありとす而して此等の學校中には各其學校に適用せらるべき法規存在するあり斯くの如き場合に於ては特別法は普通法に優先するの原則により先づ其學校に關して設けられたる特別法規を適用し其規定存在せざる場合に於て始めて一般法たる私立學校令を適用すべきなり例令ば一私人が專門學校を設立せんとするに際りて私立學校令第二條によれば地方長官の認可を受くにして專門學校令第四條によれば文部大臣の認可を受くべきにして一見相牴觸せるが如きも前述の原則により此場合は其特別法規たる專門學校によりて文部大臣の認可を受くべきが如し今其私立學校に關する規定の內容を左に敍述すべし

私立學校に關する現行法規は其取締監督に關する規定にして其第一條には其監督者を明示して私立學校に關し別段の規定なき場合は地方長官之を監督すべき旨を規定し其第二條以下には監督の方法につきて之を規定せり即私立學校を設立せんとする者は其施行規則第一條及三十二年文部省訓令第十四號の條件を具して監督官廳たる地方長官の認可を受くべく其廢止及設立者の變更は監督官廳に開申すべきなり

私立學校は其責任を負ふべき校長若くは學校を代用して校務を掌理すべき者を定め其履歷書を添へて監督官廳に申請して其認可を受くべきものとす國家は其校長敎員たるべき者の資格及監督を私立學校令第四條乃至第七條に規定せり斯くの如くにして設立せられたる私立學校中小學校は代用小學校の外小學校令第

二十一條第二十二條に依り市町村長の許可を受けたる兒童の外は學齡兒童にして就學義務を了らざる者を入學せしむるを得ざるなり

監督官廳は私立學校の設備授業料及其他の事項にして敎育上有害と認むるときは之が變更を命ずるを得べく又學校の設立認可を受けずして學校事業をなしたると認めたるときは其旨を關係者に通告して私立學校令に依るべきを命ずることを得るものとす

監督官廳は上述の如くにして設置せられたる學校にして第十條に揭げたる場合に該當するものあるときは之が閉鎖を命ずるを得べきなりされど其處分に對しては訴願法に依り訴願をなすを得べきものとす私立學校にして其監督規定に違反し又は監督官廳の命に從はざる者は一定の制裁を受くべきなり

第二章　寄附財產を以て設立する官立公立學校、幼稚園及博物館並に圖書館

國府縣郡又は市町村は其經費を以て學校、幼稚園、博物館、圖書館、を設立するを原則

寄附財産による學校幼稚園等

とするも特志の者ありて前述の公法人に對して學校、幼稚園、博物館、圖書館を設置維持する爲めに財産を寄附したるものあるときは其公法人は之を受けて其寄附者の指定したる學校、幼稚園、博物館、圖書館を設置維持することを得るものとす斯くの如くにして設置するものは寄附者の志望する名稱を附するを得べく其公立の場合の會計は特別會計として一般會計中より之を分離し其經費豫算に關しては其寄附者の意見に添はしめんが爲めに其調製前に其意見を聞くべきなり

斯くの如く寄附財産によりて設置したる學校幼稚園圖書館博物館に於ては公法人の一般會計より職員の俸給に要する費用に充つるが爲めに寄附財産を以て支辨する金額を超過せざる範圍に於て之を補足することを得べきなり此の場合を除くの外は寄附者相續人に特別の關係ある生徒に對しては試驗料入學料又は授業料等の手數料を減額又は免除するを得るなり

寄附財産によりて設立したる學校、幼稚園圖、書館博物館を廢止したる場合は寄附者又は其相續人に其殘餘財産を還付すべきなり

第三章　公私立學校の認定

中學校令及專門學校竝に實業學校令によりて設置せられたる公私立の學校と雖も直ちに官立府縣立の中學校と同等以上とは公認する能はざるを以て文部大臣は三十二年六月省令第三十四號により徵兵令第十三條又は文官任用令第三條に關し官立、府縣立、學校、中學校と同等以上と公認すべきの條件を規定せり之によれば公私立學校に於て其認定を受けんとするときは公立學校は管理者私立學校は其學校代表者に於て同規則第一條に揭げたる事項を記載したる書類を具して申請すべきなり此場合に於て文部大臣が認定すべき學校は其管理及維持の方法確實にして所定の學科を敎授するに足るべき敎員及設備を具へ左記の事項の一に該當するものに限るものとす

一　專門學校及實業專門學校に在りては其入學者は中學校を卒業したる者又は專門學校令第五條の檢定に合格したる者たること

二　實業學校に在りては甲種實學業校若くは之と同等以上の學科程度を具へ修業年限三箇年以上のものたること

三　其他の學校にありては其學科々程、入學規則編成及設備等中學校の規定に準し且其敎員全數の三分の一以上は專任にして中學校の敎員免許狀を有するものなること

上述の如くにして其認定を與へたる學校に對しては監督官廳は其必要なりと認めたるときには主務の官吏をして入學試驗に立會はしめ又は入學試驗問題及其答案を調査檢閱するを得べきものにして其試驗問題又は方法中不適當と認めたるときは之が變更を命じ得べきものとす

認定を受けたる學校は中學校令施行規則第三十四條の表簿を備ふべく又其第四十九條によりて學校長は一學年の課程を修了せざる生徒の學年を進むるを得ざるべく其生徒の退學に關しても中學校と同一の規定の適用を受くべきなり而して其學校に於て其資格を與ふべき以外の生徒を入學せしむる場合は其生徒に對しては特別の名稱を附して其學籍簿は之を別册となすを要するなり

認定學校に於ては其管理者又は其學校の代表者に於て認定規則第七條に掲げたる事項を六月末の調査により翌七月中に文部大臣に開申すべきなり斯くの如く文部大臣に提出する書類は悉く地方長官を經由し地方長官は其書類及實況を精

察調査し意見を具して進達すべきなり

認定せられたる學校にして以上述べたる規定に違反し又は其成績不良なりと認めたるときは文部大臣は將來に對して其認定を取消すを得るなり

終りに臨みて一言すべきは徵兵令第十三條によりて認定せらるべき學校は公立私立に拘はらざるも文官任用令第三條第三號により認定を受くべきは官立公立の學校に限らるべきなり是れ公平の立法と謂ひ得べきや否やは所謂立法論にして玆に論ずべきの限りにあらざるなり

第四章　在外指定學校及留學生

法令の效力

本章及次章を論ずるに先だちて玆に敍すべきは法令の土地及人に關する效力之れなり一國の法令は國際法上の地役權を設定したる場合の外は其法令に於て其適用區域を示さゞる限りは全國內に行はるゝものにして臣民は素より外國人と雖も治外法權を有せざる限りは之が適用を受くるを原則とす之れ即法令の土地に關する效力にして其人に關する效力は外國人が內國にあるときは土地に關する效力によりて其法令の適用を受くるも外國にあるときは之を支配し得べきに

あらざるも其臣民なるときは國內に在留するときは勿論外國在留の場合と雖も其在留國の主權を侵害せざる範圍內に於ては本國法によりて之を支配するを得べきなり

第一節　在外指定學校

在外指定學校

在外國の本邦人は本國法を以て支配し得べきを以て我政府は在外國本邦人の設置せる指定學校に關する規定を明治三十八年三月法律第六十四號同年十一月勅令第二百三十號同年同月文部省令第二十號及同第二十一號を以て定めたり今之に依りて其說明をなすべし

學校の種類

在外指定學校と稱するは外國にある本邦人の爲めに設置したる學校にして外務大臣及文部大臣の指定したるものを謂ふ其學校の種類は小學校及實業補習學校の敎科を授くる學校竝に其他の在外指定學校に區別するを得べく其他の在外指定學校とは主として中學校、高等女學校の敎科を授くる學校なるは同學校に關する規程第六條によりて之を知るを得べし而して其學校の指定を受けんとするときは其設立者若くは代表者に於て在外指定學校に關する規定第一條に揭げたる

職員

事項を具して外務文部兩大臣に申請すべく其申請ありたるときは其管理及維持の方法確實にして所定の學科を敎授するに足るべき相當の敎員及設備を具備せるものに限りて其指定をなすべきなり而して其學校を廢止せんとするときは其事由並に生徒の處分方法を具して外務文部兩大臣の認可を受くべきものとす

在外指定學校中小學校若くは實業補習學校の學科を授くる學校又は之に準すべき學校の職員は學校長、訓導、准訓導にして其資格は在外指定學校に關する規程第七條に掲げたる者にあらざるものにして訓導は小學校の正敎員たるべき免許狀を有する者准訓導は准敎員たるべき免許狀を有する者より又學校長は小學校の本科正敎員たるを得べき免許狀を有する者より採用すべきものとす

前述の學校以外の指定學校の職員は學校長、敎諭、助敎諭、舍監、書記にして其中學校高等女學校の敎科を授くる在外指定學校の敎科を授くる在外指定學校の敎諭助敎諭には中學校高等女學校の敎員免許狀を有する者にして第七條の事項に該當せざる者より採用すべきなりされど高等女學校の敎科を授くる學校に於ては第二學年以下の敎授を擔任せしむる爲めに小學校の本科正敎員たべるき免許狀を有する者を採用するを得るなり

在外指定學校に於ては其必要あるときは上述の職員以外の敎員を置くことを得るものとす

居留民團の設立に係る在外指定學校の學校長、敎諭、助敎諭、訓導舍監及書記は判任文官と同一待遇を受くるなりされど小學校若くは實業補習學校及之に準すべき以外の學校の學校長、敎諭三名以内は奏任文官と同一の待遇を受けしむるを得而して其進退は外務文部兩大臣之を奏薦し内閣總理大臣之を宣行し判任文官と同一待遇を受くる職員の任免は所管領事官之を專行するなり

在外指定學校の職員は内國の學校の職員と同じく同規定第二十一條及第二十二條によりて定められたる規程並に退隱料遺族扶助料法によりて財產上の權利を有するのみならず在外指定學校に關する規定第八條乃至第十三條及第十八條によるにあらざれば解職休職の處分を受けざるの位地上の權利を有すると同時に同第二十一條に依りて所管領事官の定めたる職務並に服務に關する規定による義務を有し其義務に背反したるときは其制裁として同第十四條乃至第十七條三十八年十一月勅令第二百三十號第五條によりて懲戒處分を受けざるべからず

監督

在外指定學校の監督は居留民團法によるの外所管領事官及外務文部兩大臣の監

督を受くべきなり而して其學校にして其指定を與へたる要件を失ひ又其監督官廳の命令に違背するときは其指定を取消すを得るものとす

第二節　留學生

留學生沿革

我國の文化は其開國以來或程度までは發達し來りたるも特に三韓との交通頻繁となるに及びては支那印度に於て發達せる文化三韓を通じて我に輸入せしは歴史の敎ふる所にして之れによりて文物典章漸く備はり尋で直接支那と往來して彼の學藝を繼承し之を咀嚼して我固有の國民性と同化し特異の發展をなし來りしが維新前後に來りては尙歐米に於て發達せる文化をも容れ其東西の文化の長短を補ふて我國今日の文化を爲すに至れり此等の傳來の文化は或は外人の來朝により或は書冊の研究によりて移殖せらるゝありたりしも國人の進んで海外に航して其國に學びて齎らす所多しとす此等海外に航して其學藝を研究するを留學生といふ

其留學生は推古天皇の御宇に小野妹子を遣隨使として派遣せしとき八人の留學生を送りしに始まり其後唐の時代にも熾んに留學生を派したりしが後宇多天皇

の御宇菅原道眞の奏請によりて遣唐使を止むると共に留學生の派遣も之を中止せり後歐米との交通開かれ德川幕府は文化二年に內田恒次郎榎本釜次郞赤松大三郞律田眞一郞伊東玄伯等を和蘭に派して兵學政治法律醫學等を修めしむるに至りて平安朝以來中絕せる留學生の派遣を復興すると共に歐洲留學の端を開きたり

王政維新の後も政府は學生を歐米に留學せしめ又個人も私費を以て赴くものあるに至りしより其監督法を設けると共に官費貸費の方法によりて之を奬勵し來れり之れに關する制度も幾多の變遷ありて明治三十四年三月勅令第十六號を以て文部省外國留學生規定なるもの制定せられたり之に就きて留學生に關する現行制度を說明すべし

留學生の資格

文部省外國留學生は特に外國留學を必要とする學術技藝を硏究せんが爲め派遣する者にして其資格は文部省直轄學校を卒業したる者又は文部省直轄學校敎官の中に就きて學力品行及身體の檢定を行ひ又は其適當と認むる場合には其檢定の全部又は一部を省略して文部大臣之を命ずべきものとすされど文部大臣は前述の資格を有せざるものと雖も其適當と認むる者あるときは檢定を行ひて外國

研究科留學國及期間の指定

留學を命ずることを得るものとす

留學生の研究學科留學國及其期間は文部大臣の指定によるべきものにして其支度料學資旅費は別に定むる所によりて支給するものとす而して其留學生は歸朝後留學期間の二倍に相當する期間文部大臣の指定する職務に從事する義務あるものなり留學生にして其義務に違反し又は文部大臣の命令に從はず若くば不都合の行爲ありたるときは其特別の事情なき限りは其支給したる金額を償還せしむべきなり其監督の方法及給與金支給の手續等に關しては三十四年四月文部省令第九號に規定せるを以て就て見るべし

第五章　文部省直轄學校外國人入學及淸國人を入學せしむる公私立學校

本章に於ては直接間接に外國人の行爲を支配するの規定あり之れ前章に述べたる領土主權の活動上法令が其國の範圍內に行はるべき效力の結果なりとす本章には文部省直轄學校外國人入學規定と淸國人を入學せしむる公私立學校に關す

る取締規定の二個を包含するが故に今節を別ちて論述すべし

第一節　文部省直轄學校外國人入學

外國人と雖も本邦在留中は其の本國臣民たる義務に反せざる限りは本邦の法令の適用を受くべきものなるを以て文部省直轄學校の一般學則によりて入學すべきものは其適用を受くべきものとす本節に於て論ずるは其例外を規定せるなり而して其外國人中には淸國人も包含するを以て其直轄學校に入學するときは直轄學校に關する本規程によりて支配せらるべきにして次節の適用を受くべきにあらざるなり

外國人にして一般學則に依り入學するを許可せらるゝときは其學校に關する規定は本邦人と同一に適用せらるべきも其一般規定によらず所定學科の一科若くは數科の敎授を受けんとする者は外國人特別入學規定第一條により外務省在外本邦公館又は本邦駐剳外國公使の紹介書を添へて大學總長又は學校長に出願したる者に限り學校の設備に差支なきときは其相當の學力ありと認めたる場合には其入學を許可するを得るなり而して其檢定を學力のみに限りたるは前述の紹

介により其人物は適當の者と認むべきを以てなり而して其學生に對しては國際相互主義其他の理由によりて入學試驗料入學料及授業料を徵收せざることを得るものとす上述の規定により入學したる外國人にして學科修了の證明書を受けんとする者には試驗の上之を附與すべきなり本規定に關する細則は文部大臣の認可を受けて大學總長及學校長に於て之を定むるものなりとす

第二節　清國人を入學せしむる公私立學校

清國人を入學せしむる公私立學校に關する規定は明治三十八年十一月文部省令第十九號を以て發布せられたるものにして文部省は續々來朝して留學する清國人中には佶倔勉勵する者あるも又放逸にして學生たるの風紀を紊るものあるを認めたるを以て學生の氣風を維持するの必要上又其本國に對する善隣の交誼上本省令を發して其保護監督をなさしめんとしたるに本規定は却て彼等留學生の誤解を惹起し其の不當を唱へて其廢止を迫りたるも文部省は動かざりしを以て歸國する者踵を接して其留學生を收容したりし學校と下宿屋は之が爲に大に恐慌を來たし敎育界の時事問題として騷然たりしと雖も其規定の精神前述の如く

なるを以て其本國も亦之を諒とせしより此問題も治まりて在留の學生は研究を繼續し又本國にても澎湃として派遣の趨勢に赴けりといふ今其規定を左に概論すべし

清國人を入學せしむる公立私立の學校は小學校及之に類する各種學校と其他の學校あり前者は本節に述ぶる規定の適用を受くべきにあらずして其適用を受くるは後者のみなりとす而して其後者に屬する學校は更に之を文部大臣の選定を受けたる學校及其他の學校に區別するを得るなり

公私立の學校にして同規定第八條により其選定を文部大臣に申請したるときは其清國人を敎育するに適當と認むる者に限り之を選定して清國政府に通告するものとす之れ其留學生の敎育を保護する必要上より其適當の者を公認して其入學の選擇を便にしたるの旨趣なりとす

選定學校に於ては其規定第八條第六號淸國人生徒校外監督の方法を定むるときに於て第九條により寄宿舍又は學校の監督に屬する下宿等に宿泊せしめて校外の取締をなすべきなり其他選定學校に對しては第十一條による實地の查閲により第十二條による報告書類によりて監督をなさしむるものとす

清國人は選定學校に入學すべきの外其他の學校にも入學し得べきは勿論なりとすされど清國人を入學せしむる學校に於て其入學を許可するときは其願書に本邦所在の清國公館の紹介書を添付せしむべきを以て其結果此等の學校に入學する能はざることあるべし選定學校に於て清國人を入學せしむるには上述の條件の外第十條の規定により他の學校に於て性行不良の廉を以て退學を命ぜられたるものを許可する能はず斯くの如くにして入學したる清國人にして轉學又は退學せんとする者には清國公館の承認書を添付せしむべきなり

清國人を入學せしむる學校は一月七月の二回に於て其入轉退學者の員數を文部大臣に報告し又其卒業者退學者を本人を紹介したる清國公館に報告すべきなり

其他清國人を入學せしむる學校は同規定第三條による書類を備ふるの義務あるものとす

選定を受けたる學校に於て本規定に背反し又は其成績不良なりと認めたるときは文部大臣は其選定を取消すを得るなり

第六章　學校衛生

學校衞生規則は生徒及敎員の心身の健康を保持する方法及學校に於ける傳染病を豫防するの方法を規定せる法則を謂ふ現行法によれば學校衞生に關しては其設備の準則を示して第一校地につきては其の性質、飮料水、通學道程に關し第二に校舍に就きては其構造、敎室、特別敎室、附屬建物、寄宿舍、机腰掛、黑板等に關し又第三に學級編制に關し敎授時間始業時間休憩時間休業時期及其期間につき各學校令及其施行規則に規定せらるるを以て之に關して更に之を論せず其他にも紫色鉛筆使用禁止及敎科用圖書につきても一定の標準によるべき單行法ありとす

身體檢査に關しては明治三十三年三月文部令第四號により健康斷診と身體測定の二つを行ふものにして每年一回又は二回學校醫に於て之を行ひ學校長は地方長官又は文部大臣に報告すべきものとす

師範學校に於ては本科生徒病類別患者表を三十四年十二月文部省訓令第三號の規定に基きて報告すべきなり

其他文部大臣は三十年一月訓令第一號を以て學校清潔方法の標準を定められたり其清潔方法を別ちて日常清潔方法、定期清潔方法、浸水後清潔方法の三として各詳細の準則を示し又明治三十一年九月には文部省令第二十號を以て學校傳染病

及消毒方法をも定められたり茲に少しく談ずべきは傳染病豫防に關しては三十年三月法律第三六號を以て傳染病豫防法制定せられ同年五月には內務省令を以て其施行を發布せられたるを以て更に其必要なきが如きも學校に於ては亦其學校として豫防消毒するの必要あるより此規定を設けられたるなり而して其規定の內容に於ても之れは彼の規定の範圍內に於て定めたる者にして互に相牴觸することあることなきのみならず本規定は其病種に關しても特に之を增加せり故に其學校に於ては此規定によりて其豫防消毒を施行したる上各個人は又豫防法の適用を受くべきなり

學校に於て豫防すべき傳染病の種類は省令第一條に掲げ其傳染病に罹りたる職員生徒の昇校禁止につきては同第二條乃至第四條に規定し又其通學區域內に於ての處置につきては第五條乃至第九條に規定せり

同省令第十條には消毒方法を定め第十一條には消毒に供する藥品及其應用をも規定せられたり

上述の學校衞生の完全を期する爲めには其專門の智識を要するが故に明治三十一年には勅令第二號を以て公立學校に學校醫設置方に關する規定發布せられた

り此規定によりて設けられたる學校醫は學校生徒の健全を保持し進渉せしむるに必要なる一切の衛生事項に任すべきものにして校舍校地校具の適否生徒の衣食動作の良否學校病の原因等に關して注意査覈すべきものにして生徒の身體檢査を行ふを以て足れりとするものにあらざるなり

學校醫は三十一年二月文部省令第七號學校醫の資格に關する規定に定められたる者より地方長官之を囑托するものにして其職務は同年文部省令第六號の職務規定によりて定められ其規定によりて服務すべく且學校衛生事務に關し地方長官郡市町村長の諮詢に應じて其意見を述ぶべく又之に建議するを得るなり學校醫は斯くの如く學校衛生に關して重大なる職務を有するが故に其報酬として學校經費中より相當の手當を給すべきなり

第七章　教科用圖書の檢定

教育の目的を達するには教則あり之に附帶せる訓令ありと雖も國家は其教材を選擇確定し置くの必要上師範學校、中學校、高等女學校及小學校の教科用書は文部大臣の檢定したるものの中より之を採用すべきものとせりされど小學校用圖書中修身、國語、算術、日本歷史、地理圖書は文部省に於て著作權を有するものを使用すべきを以て其檢定を要せず而して其檢定は發行者より圖書一種に付目的とする學校每に二十部の定價に均しき手數料及該圖書二部を檢定願書に添へ地方廳を經て文部省に納めて申請したるときに於て檢定委員會を開き其圖書にして前述の各學校令及敎則の旨趣に合し敎科用に適するや否やを審査し文部大臣之を決定すべきものとす而して外國に於て發行したる圖書は小學校の英語其他の學校に於ける外國語の敎科用を目的とする者に限りて檢定を請ふことを得るものとす

其他檢定に關する手續檢定の效力敎科用圖書の文字印刷等に關する標準及其見本內閱差許方及小學校以外の敎科用圖書檢定調査方未檢定圖書採用方等に關し又文部省版權所有圖書の翻刻出版に關して詳細の規定あるも一讀すれば明かなるを以て玆に其說明を省略すべし

第八章　教育基金

明治二十七八年日淸戰役の結果二十八年より三十一年までに於て收容したる償

金三億五千五百九十八萬三百六十四圓の中軍艦水雷艇補充基金三千萬圓災害準備基金一千萬圓敎育基金一千萬圓の特別會計を設けたり之れ所謂三基金にして其敎育に關する基金に就きては三十二年三月法律第八十號を以て敎育基金特別會計法を制定せられたり

特別會計とは獨立の經濟設備を有して獨立の收支經濟を營むを謂ふ即其特別會計法に依る其敎育基金制度は一般會計と區別して其經濟設備たる基本財產より生ずる歲入のみを一般歲入に組入れて一般歲出として之を普通敎育費に支出し其元資は之を使用するを得ざるなり

敎育基金は同特別會計法第五條により大藏省預金に寄託し其元資より生ずる收入は歲出歲入の豫算を調製して帝國議會の協贊を經るを要す而して其歲出は前年度末の學齡兒童數に應じて北海道及府縣に下付する者とすされど非常變災ありたる地方に對しては敎育基金令第二條の規定により配當すべきものとす

北海道及府縣に於ては其配當金は之を特別會計として管理すべきものとす而して北海道府縣は沖繩縣を除き其地方費又は府縣費を以て補充するを得べし其基金の使用方法は設備の費用に充つる爲に市町村に貸與し又は補助し又は公立小

學校敎員の奬勵其他普通敎育に關する費用に充つるものとす

統計及報告

第九章　統計及報告

統計は已に述べたるが如く現狀を知りて將來の經營に資するが爲めに報告は主として監督の必要上之を徵するものにして之に就ては各法令中に規定せるものの外に三十四年二月文部省訓令第一號學事年報取調條項及諸表樣式及明治三十一年十月文部大臣訓令文部省直轄學校各部年報條項及諸表樣式三十二年五月文部大臣訓令文部省直轄學校一覽進達方三十五年十一月文部大臣訓令直轄學校生徒に關する事項三十年十月文部省令第二十五號文部省年報の印刷及製本供給競爭者資格二十三年八月文部省訓令第六號道廳府縣立諸學校傭外國人傭入解傭等報告其他十九年十一月文部省令第二十號の學事に關する廳府縣令訓令申報方等の規定によりて進達又は報告すべきなり

第十章　其他の規定

敎育に關する現行法規に前旣に論じたるの外法律としては二十三年の官立學校

及圖書館會計法及三十四年の公共團體の所有地租に關する規定にして勅令としては市町村の廢置分合等により消滅すべき學校幼稚園及兒童教育事務委託の存續に關する規定文部省の著作權を有する教科用圖書の發行者保證金納付に關する規定、市町村行政に關する府縣知事委任條件省令訓令としては教育に關する、勅語謄本頒布に付文部大臣訓示、御影、勅語謄本奉置方、東京大學に於ける軍國多事の際教育に關する御沙汰を教育關係者に告知の件、官立公立學校及學科課程に關し法令の規定ある學校に於て宗教上の儀式施行禁止、改正條約に對し學生々徒教養方戒飾方、臺灣國語學校生徒の他の學校に入轉學に關する規定、府縣立學校幼稚園圖書館設置廢止規則、學校名稱に文字冠用方、有租地を公立學校地となし其校地に變更を生じたるとき稅務署に通知方、學校樹栽著手奬勵方、公私立商業學校其他學校に於て紙幣に紛はしき紙片の使用禁止、學校生徒喫煙禁止方及び文部省直轄學校生徒修學旅行に關する手續及大政官達の公立小學校中立學校專門學校設置地所無下渡方等の單行法存在するも此等は一見すれば明瞭なるべきを其說明を茲に省畧すべし其他文部大臣職務權限に屬する行政にして氣象、曆時、學位及博士會、震災豫防調査會、測地學委員會、臨時緯度測侯所、理學文書目錄委員會、醫術開業試驗藥劑師試驗等に關する規定あるもこれ學藝に關する行政事務にして敎育に關する行政の範圍外なるが故に本著に於て論ずるの限りにあらざるなり

下卷　特種教育

第一編　總論

本卷に於て論ぜんとする事項も前卷に於て論じたる所と實質上同一性質の教育行政に屬するも我國現行制度の上に於ては事務分配制の主義を貫徹する能はずして華族に對する教育場たる學習院華族女學校は宮内省の管轄に屬し其他各省務に關係する教育事務を其省長官に於て管掌するの例外ありて形式上教育行政事務に屬せざるあり此等の行政法論は形式上は本著書の目的の範圍外なるも實質上は同じく教育行政に屬するを以て茲に特種教育として之を論述すべし

本卷に於て論ずる教育行政事務には學習院、華族女學校の如く國民の或階級の教育をなすを以て目的とするあれば臺灣の教育事務の如き管轄地域制の如き變則もあるのみならず又各其行政事務の目的を達する爲めにする教育行政事務もありとす而して其各行政事務の目的を達する爲めにする教育行政中には直接に其省務の目的を達することあり即ち陸海軍省に於て軍人の教育をなし又は遞信省に於て技術官を養成し若くば內務省部內の皇學館に於て神官を養成し巡査敎習生を敎育する如きもあれは遞信省所屬の商船學校、農商務省所轄の水產講習所の如き間接に其目的を達する敎育行政事務もあれど斯くの如く性質上に區別して之を論ずるは煩雜に陷るべきが故に之を形式的に其所屬する省に區別して之を論述すべし

第二編　宮內省所轄の教育事務

第一章　總論

宮內省事務の性質

宮內省所轄の教育事務の性質を論ずるには其前提として宮內省の事務の性質を論ずるの要ありとす而して宮內省官制第一條によれば宮內大臣は皇室に關する一切の事務を總判し所部各官を統督し兼て華族を監督すとあり其皇室に關する事務は國務なりや否やは我憲法の解釋上難題中の至難問題にして有賀博士の如きは沿革上宮中府中の區別をなす能はざるを主張せりされど宮中に關する事項は多く憲法第五十五條第二項の形式によりて國務大臣の副書を命ぜられざるものあるより見れば反對の論決をなさゞるべからざるが如し從て一般臣民は法令中特別の名文なき限りは宮內省の令達の拘束を受くるものにあらざるなりされど華族は其特別身分による保護を受くると共に前述の宮內省官制第一條によりて其令達の拘束を受くるは論を俟たざるなり而して其教育に關しては明治二十二年五月宮內省甲達第五號の華族就學規則及同三十一年八月宮內省達甲五號學

習院官制並に同十九年二月宮內省達二號華族女學校官制あり章を別ちて左に說明すべし

第二章　華族就學規則

華族の就學規則

華族の就學規則は前述の如く宮內省達を以て定められたるものにして其宮內省達は同官制第二條但書により法律勅令に牴觸するを得ざるが故に小學校令に相牴觸するを得ざるは勿論なりと雖も華族に對しては特別法規に屬するが故に普通法規たる小學校令に優先して適用せらるべきは亦論を俟たざるなり斯くの如き性質を有する華族就學規則の內容を左に說明すべし

華族就學規則第一條によれば本則は華族學齡男子の敎育を規定するものとすとあるが故に女子は其適用を受けざるなり

華族の學齡は滿六年以上二十四年以下にして華族の男子は其學齡中に於て學習院中等學科又は之に相當する程度の學科を修了するを要すとして其義務を命せり斯くの如く華族は一般臣民と異りて其學齡期を延長し義務敎育の程度を高くしたるは之れ皇室の藩屛たる華族の體面を保持せしめんとするの旨趣に外なら

ず而して其學齢期間の就學義務の責任は其戸主又は後見人之を負擔すべきものとす其結果として本則に關する願屆等總て其責任者より差出すべきものと定められたり

華族は學習院に入りて修學するを原則とすされど東京府外に住居する十四年未滿の學齢者及東京府内に住居する十年未滿の學齢者にして學習院に入學し難き事由あるときは便宜の學校に就き普通敎育を受け其事由學校の位置名稱入學年月日を爵位局長に屆出すべきなり

前述の年齢を過ぐるの後も尙學習院に入學し難き者は其事由を詳記し宗族親族の連署を以て宮内大臣に其延期の認可を申請すべきなり而して其延期を許されたるものは疾病に原由する者の外は其年齢學力に應じて總て普通敎育を受くべきものとす若其普通敎育を受くる能はざるものあるときは其事由及修學の方法を詳記して宮内大臣の認可を受くべきものとす若學齢者にして就學義務を了へざる者疾病傷痍に由り六箇月以上就學の延期を要する者三箇月以上引續き學業を休止せざるを得ざる者又は廢疾不具若は體質虛弱にして普通敎育を受くること能はざる者あるときは宮内大臣の認可を受くべきなり此場合に於て其體質相

應の學業を修めしむるときは其方法をも詳記すべきなり
學習院初等科を修了して退學したる者又は之に相當すべき普通學科を修了したる者にして陸軍各兵科現役士官候補生又は陸海軍所轄各學校の學生たらんと欲して其入學試驗に合格したるものは宮內大臣に屆出づべきものとす又前述の者にして專門の學校に入らんと欲する者は宮內大臣の認可を受くべきなり
義務敎育を了へたる者にして海外留學を爲さんと欲するときは其國名地名修業せんと欲する學科を詳記し宮內大臣の許可を受くるを要す海外留學は義務敎育を了へたる者に限り之を許可するを原則とするも特別の事情あるときは宮內大臣は特に許可するを得べきものとす
陸海軍所轄學校專門學校の入學の爲め又は外國留學の目的を達するに便利なる豫備の修學をなさんと欲するものは學習院初等科を卒業し又は之に相當する普通學科を修了したるものに限りて其期間を豫期し修學の場所及其方法を詳記し宮內大臣の認可を請ふことを得べきものとす而して其修學を完成して目的の學科に就くものは爵位局長に屆出づべきなり
一旦就學したるもの疾病傷痍に由り成學の目的なく廢學せんと欲するものある

ときは宮内大臣の認可を受くるを要す官吏公吏に任用せられ修學の餘暇なくして廢學するものは爵位局長に屆出づべきなり

學齡中に於て陸海軍學校又は其他の專門學科を卒業したる者又は學齡滿期に至り廢學するものは爵位局長に屆出づるを要す學齡中に於て學習院中等科又は之に相當の學科を修了の後と雖も事情の爲め廢學せんと欲するものは其事由を詳記して宮内大臣の許可を受くべきなり戶主又は嫡長子孫を除の外學習院中等科の卒業をなさずして後來自活の計をなさんが爲めに廢學せんとするときは其事由を詳記して宮内大臣の許可を請ふべきなり此場合に於て宮内大臣は學習院初等科又は之と同等の普通學科を修了したる者にあらざれば之を許可するを得ざるなり

華族の學齡中にして目的の半途に廢學又は歸朝したる者は更に修學の方法を立てゝ宮内大臣の認可を受くるを要す

宮内大臣は華族の男子の學齡にして前述の規定に遵はざる者あるときは之を督責し其督責を加ふるも尙之に從はざるときは、勅許を經て華族の禮遇を停止するを得るなり

學習院外に於て修學するものは一定期間に其成績を屆出ずべきものなり以上述ぶる所以外の事項は學習院規則に依るべきものとす

第三章　學習院

學習院

學習院は　天皇陛下の聖旨に基き華族の男子に華族に相當せる教育を施す所にして其興立も亦　天皇陛下の聖旨に出で衆華族の奉贊に由る、明治四年十月華族を便殿に召され親しく講學研才の勅諭を賜はりたれば華族は之を奉體し同七年二月に華族勉學所を興したるに胚胎し其後同九年一月華族勉學所の體裁を釐革して泰西貴族學校の規模に倣ひ華族學校創立の事を計れり於此　天皇陛下建學の擧を嘉奬し給ひ校地を神田錦町に賜はり且學資をも下賜せらる十年六月に校舎竣工したるを以て華族の子弟を集めて業を開き同年十月開校の典を擧行し此日　天皇皇后兩陛下親臨學習院の號を賜はりたり學習院は華族會館の附屬として華族出費に係りしが明治十五年一旦文部省に屬し十七年四月以來は宮内省所轄の官立學校となれり爾來學制上幾多の變遷ありたるのみならず二十三年には其位置を現今の四谷區尾張町に移轉して今日に至れり現行制度によりて其內容

を畧述すべし

學科は初等學科、中等學科、高等學科の三種にして其初等中等の二學科は區別して六級とし高等學科は分ちて三級とし一級の修學期限は各一箇年とし其相當年齡は初等科は滿六年より同十二年迄にして中等學科は滿十二年より同十八年迄とし高等學科は滿十八年より二十一年迄とす

入學資格者

入學すべき資格は華族の男子にして學習院に於て施行の入學試驗に合格したる者とす華族にあらざるも敎育の都合により家庭の風儀衞生等の點に於て本人は華族の子弟と相交るも不都合のことなき旨有位華族高等官其他學習院に於て適當と認めたる保證ある場合に於て入學せしむることありとす

皇族の入學

皇族の入學は制規を適用するものにあらざるべきを同院學則第十一條第二項但書に規定せり其他の學科課程學期敎授時間敎授訓練等の規則等普通の學校と大同小異なれば其說明を省畧すべし

職員

學習院の職員は左の如し

一、院長　一人　勅任にして宮內大臣の監督を受け學習院敎育の主旨及學制により院務を總理し職員を統督し學生育成の責に任ず

二、幹事　一人　奏任にして長の命を承けて庶務會計を掌理す
三、書記　判任にして長及幹事の指揮を受けて庶務會計に從事す
四、敎授　勅任又は奏任にして長の命を承けて敎育に從事す
五、助敎授　判任にして敎授の職務を補佐す
六、寮長　奏任にして敎授之を兼任し長の命を承けて各學寮を管理し學生の薫陶に從事す
七、副寮長　敎授又は助敎授より兼任して寮長を補助す
八、學生監　一人　奏任にして學生の風儀を監督し且武課の敎習に從事し學生をして軍隊の規律に慣熟せしむることを掌り
九、其他學生監副官及部員並醫官醫官助手等ありて各其職務に從事するものとす

第四章　華族女學校

華族女學校目的

華族女學校は　皇后陛下の令旨を奉し彝倫を本とし智識を發達せしめ高尚の性情と健康の身體とを以て華族社會の賢母良妻たる者を陶冶するを目的とし學科

學科

を別ちて小學科、中學科、專修科及別科とし修業年限は小學科、中學科各六箇年にして其學科課程は小學科は高等科二學年併置の小學校と畧同一にして中學科は高等女學校と同じく專修科は中學科卒業生にして尚高等の學科を修めんとする者の爲めに設けられたるものにして修業年限を二箇年とす

別科は年齢已に長じて普通の學科を修むる暇なき者の爲めに二三の學科を授くる所とす

入學資格其他の制規は學習院と同一なりとす

本校には附屬の幼稚園ありて學齢未滿の幼童を保育せり

職員

華族女學校の職員は左の如し

一、學校長　一人　勅任にして宮內大臣の命を承け學校の事を總理す

二、學監　一人　奏任にして長の命を承けて敎授及校中の事務を監督す

三、幹事　二人　奏任にして長の命を承けて庶務を幹理す

四、敎授助敎　敎授は奏任助敎は判任にして敎授を掌る

五、書記　判任にして長幹事の命を承けて庶務に從事す

第三編　內務省所轄の學校

內務省所轄の學校は內務大臣の監督に屬する臺灣總督の管轄內にある臺灣總督府國語學校、國語傳習所、臺灣公學校及臺灣總督府小學校及同醫學校竝神宮司廳所屬の神宮皇學館なりとす臺灣の諸學校は其實質內地の學校と同じくて文部省の管轄に屬すべきが如きも臺灣總督は官制上一般地方官と異りて內務大臣の監督を受くるのみにて府縣知事の如く文部大臣の指揮監督を受けざるを以て文部大臣は敎育に關しても臺灣總督を指揮する能はざるなり斯くの如く臺灣の學校は形式上其事務分配の制度を異にす是之を本編に於て論ずる所以なりとす

第一章　臺灣の諸學校

第一節　國語學校

國語學校組織

國語學校は臺灣總督の管理に屬する學校にして師範部、中學部、國語部及實業部を以て組織し之に附屬學校及講習科の加設あり

師範部 師範部は公學校、小學校の校長若くは敎員たるべき者及國語傳習所の敎員たるべき者を養成し兼て本島に於ける普通敎育の方法を研究する所にして之を甲乙の二科に區別し甲科は年齡十八年以上二十五年以下の內地人にして中學校第四學年の科程を修了し又は之と同等以上の學力をなすべきものとし乙科は年齡十五年以上二十三年以下にして公學校を卒業したる本島人なりとす

中學部 中學部は內地人の靑年者に須要なる高等普通敎育を施す所にして之に入學すべき資格は年齡十二年以上の男子にして高等小學校二學年の科程を了りたる者又は之と同等以上の學力を有するものとす

國語部 國語部は主として本島人の靑年者に主として國語を敎授し兼て他日本島に於て公私の業務に就かんとする者に須要の敎育を施すを目的とし之に入學を許すべきは年齡十五年以上二十二年以下にして公學校卒業以上の學力あるものとす

實業部 實業部は本島人にして農業電信若くは鐵道の業務に就かんとする者に須要の敎育を施す所にして之を農業科、電信科、鐵道科の三科に分ち其各科に入學すべき資格は年齡十七年以上二十四年以下にして國語部第二學年の科程を修了したる者又は之と同等以上の學力あるものとす

附屬學校

附屬學校は本島人の幼年者及青年者に須要なる教育を施して本島に於ける普通教育及技藝教育の摸範を示し且師範部の生徒に實地授業を練習せしむる所とす

講習科

講習科は必要に應じ臨時に開設すべきものとし之を甲乙の二種に區別し甲種は小學科本科若くは尋常科正教員の資格を有し年齡三十五年以下の內地人男子にして臺灣公學校教員たらんとする者に臺灣語及必須の教科を講習せしむるものにして其乙種は中學卒業又は之と同等以上の學力を有し年齡三十五年以下の內地人男子にして本島に於ける公私の業務に從事せんとする者に臺灣語及必須の教科を講習せしむるものとす

其各部の學科は三十五年七月六日國語學校規則第十一條乃至第十四條に定むる所にして其修業年限は師範部甲科を二箇年乙科を三箇年中學部を五箇年實業部農業科を二箇年電信科、鐵道科を各一箇年とす

其學科、程度、入學、退學及服務試驗、卒業授業料等に關する詳細の規定あるも玆には其說明を省畧す就て見るべし

職員は學校長教授助教授教諭舍監及書記にして學校長は臺灣總督の命を承けて校務を整理し所屬職員を統督す

第二節　師範學校

臺灣總督府師範學校は本島人にして公學校及國語傳習所の敎師となるべき者を養成し兼て本島に於ける普通敎育の方法を研究する所にして其學科及修業年限敎科目の科程、入退學服務其他の規定は殆んど國語學科師範部乙科と同一なり職員は學校長、敎授、助敎授、敎諭、舍監、書記にして學校長は臺灣總督の命を承けて校務を處理し所屬職員を總督す

第三節　醫學校

臺灣總督府醫學校は本島人に醫學を授け醫師を養成する所にして學科を本科及豫科に區別し修業年限は本科を四箇年とし豫科を一箇年とす其學科目は本科に三十五科目豫科十科目にして其入學資格は本科は豫科の卒業生にして豫科は公學校を卒業したる者又は之と同程度以上の者とす其職員は學校長、敎授、助敎授、敎諭、舍監、書記にして學校長は總督の命を承けて校務を處理し所屬職員を統督するものとす

第四節　國語練習所

國語傳習所は國語學校に入學し能はざる本島人に國語を敎授して其日常生活に資し且本國的の精神を涵養するを目的とし其生徒を甲乙の二科に分ち甲科は年齡十五年以上三十年以下にして普通の智識を備ふる者を入學せしめ語學傳習の傍讀書作文を敎授し乙科は年齡八年以上十五年以下にして國語算術を修めしめ土地の狀況によりて地理歷史唱歌體操の一科目若くは數科目を加へ女子の爲めには裁縫を加ふることを得るなり

第五節　公學校

公學校は土人に對して國民的の敎育を施す所にして其設置は街庄社又は數街庄社に於て其設置維持の經費を負擔し得るものと認むる場合に知事廳長之を認可するものとす其敎科用の圖書は臺灣總督の檢定を經たるものを採用すべく敎員は臺灣總督の檢定を經たる免許狀を有するものにして敎諭訓導の二種とし校長は敎諭をして之を兼ねしむ校長敎諭は判任官にして純然たる官吏なるも助敎は

判任官待遇なりとす

公學校は辨務署長又は支署長之を管理し其學校設置區域内には二名以上の學務委員を置くものとす而して其公學校は知事又は廳長之を監督す

第六節　小學校

小學校

小學校は内地人の兒童を入學せしむる爲めに設置したるものにして其目的教則等内地の小學校と異なるなし其設立維持の費用は國庫の支辨にして其職員は學校長教諭及助教にして内地の小學校と異なるなきも判任官にして純然たる官吏なる點は其差異なりとす

第二章　神宮皇學館

神宮皇學館

神宮皇學館は元私立なりしも明治三十六年八月勅令第百三十號を以て本館の官制を發布せられ官立學校となるに至れり

目的

本館は皇學を教授し併せて其研究及應用に須要なる學科を修めしむる所にして學科を本科専科の二科に分ち其本科は專ら高等の學科を授け専科は簡易速成を

欲するものゝ爲めに設けたるものにして其修業年限は本科を四箇年專科を二箇年とす

學科目

學科目は本科に於て倫理、歷史、法制、文學、哲學、禮式、體操の七科にして專科は倫理、歷史、法制、文學、數學、習字、簿記、禮式の九科とす

學年及入學資格

學年は四月十一日に始まり翌年三月卅一日に終り入學は每年一回學年の終りに於て許可し其資格は身體健全品行方正にして其學力は官公立中學科及徵兵令第十三條により文部大臣の認定を受けたる私立中學校卒業者並に專門學校入學檢定試驗合格者たるを要し其應募人員にして募集員より超過したるときは試驗を行ひて選拔すべきものとし專科一學年に入學するを得べきものは各府縣中學校第三年級以上の科程を修了したるもの若しくは年齡十六年以上にして其學力之と同等以上のものたるを要するなり

卒業生の特權

本館本科卒業生は三十五年二月勅令第三十八號神職任用令により奏任待遇の神職に專科卒業生は判任待遇の神職に試驗を要せず任用せらるゝを得るのみならず三十六年十二月文部大臣の指定により本館卒業生は師範學校中學校高等女學校歷史科及國語漢文科の無試驗檢定を受くることを得るなり

職員

本館の職員は館長、教授、助教授、學生監及書記にして館長は神宮少宮司を以て之を充て大宮司の指揮を受けて館務を統理す

第四編　遞信省所轄の學校

第一章　東京商船學校

東京商船學校

東京商船學校は敎育行政上の一變例にして遞信省所轄の學校にして航海及機關に關する學術技藝を敎授して高等の海員を養成するを目的とせる學校にして修業年限は航海科五年六箇月機關科は五箇年にして之に入學する者は年齡十五年以上二十一年以下にして品行端正に且在學中家事の係累なきものにして學力中學校卒業程度のものとす

本校の學生は海軍士官の豫備員となりて兵籍に編入せられ海軍一定の服役規則に從ふものとす本校學生にして學力優等品行方正のものには本校より學資を貸與し試驗の成績優俊にして品行端正なる者には選拔上外國留學を命ずることあり其留學生に關する規定は文部省留學生に關すると大同小異なれば其說明は省畧す

本校の職員は校長、幹事、敎授、學生監、敎諭、助敎及書記にして校長は勅任又は奏任にして遞信大臣の命を承け校務を掌理し所屬職員を統督し幹事は敎授を以て之を充て庶務會計を掌理し校長事故あるときは之を代理すべく敎授は奏任にして學生の敎授を掌り學生監も奏任にして學生取締の事務を掌り敎諭は敎授を以て之に充て技業を敎授し實地練習を監督す助敎は判任にして敎授敎諭の職掌を補助するものにして書記は上官の命を承けて庶務會許に從事す

遞信大臣は校務上の須要に依り商議員會を設け其委員を命ずることを得るなり

第五編　農商務省所轄の學校

第一章　水産講習所

水産講習所

農商務省所轄學校たる水産講習所は商船學校と同じく教育行政の一變例たり東京深川區に一校あるのみにして水産に關する學理及技術を授くるを目的とし學科は講習科、現業科に分ち修業年限は講習科三箇年現業科一箇年にして講習科は第一二學年に於て水産に關する學科の傳習をなさしめ第三學年に於て漁撈科、製造科、養殖科の三科に分ち其一科を專攻せしむ卒業生にして尙深く硏究せんとする者の爲めに特別科の設けあり入學資格は十八年以上にして中學校卒業の程度なりとす特待生には學資を補給し實業教員希望者には實業學校教員養成規定によりて學資の補給を受くるものとす

職員は所長、技師、教授、技手、助教、書記にして所長以下教授は奏任官其他は判任官にして農商務大臣監督の下にありて各其職務を處理するものとす本講習所には必要事項審議の機關として商議員會なるものあり

第二章　蠶業講習所

農商務省の所轄學校たる蠶業講習所は東京府下及京都府下の二箇所にありて蠶業に關する智識を敎授し兼て敎員技手を養成するにあり學科は本科、別科の二科に分ち修業年限は本科二箇年別科五箇月にして入學資格は本科は中學校卒業と同等の學力を有し三年以上蠶業に從事したる證明ある者たるを要し別科は三年以上蠶業に從事したるものにして入學試驗に合格したるものとす

職員は所長技師舍監技手書記にして農商務大臣の指揮監督を受けて各其職務に從事す

第三章　畜牛結核病檢查員養成所及馬匹去勢術練習所

是れ又農商務大臣の管理に屬し其講習生は滿十八年以上四十年以下にして獸醫免許規則第二條の資格を有する者より試驗の上採用して其修業期間中は手當を

支給し其修業後は定期の農商務大臣の指定する所に従ひ去勢技術者又は畜牛結核病検査員として奉職する義務を有するものとす

第六編　教育總監部所轄の學校

第一章　陸軍士官學校

陸軍士官學校は陸軍各歩兵科士官候補生をして生徒となし初級士官たるに必要なる教育をなす所にして其教育は之を分ちて教授及訓育とし教育總監の定めたる教育綱領により校長の定めたる教則に依りて之を實施す其現行綱領の教授科目は戰術學、軍制學、兵器學、築城學、地形及地理圖學、外國語學、軍用文章、軍人衞生及馬學にして訓育科目は教練、射擊、馬術、體操及劍術野外演習、諸勤務の訓誨にして教授は學理上の講究をして實際に應用するの能力を暢發せしむるを目的とす

訓育は生徒をして各本隊に於て習得したるものを齊一に習熟せしめ尙必要の補修進歩を期するを目的とす

其入學資格は前述の如く各歩兵科士官候補生にして其候補生たるには年齡十八年以上二十一年以下(下士の志願者は二十六年以下)にして身長五尺以上にして學力中學校の卒業生の程度に於て行へる試驗に合格したるものなる上に陸軍召集

規則第三條に該當せざる者なるを要す而して其生徒の學校に於ける修學期は十二箇月にして其入校中は總て校長の管理に屬す生徒は情願を以て退校を許さずされど其生徒にして士官學校條例第十七條に該當するものは學校より退校せしむ

職員は校長、副官、敎官、生徒隊長、生徒隊中隊長、生徒隊附士官、軍醫、獸醫、軍吏、准士官、下士判任文官にして校長は少將又は大佐を以て之れに充て敎育總監に隷し校務を總理し生徒敎育の責に任ずるものとす

副官は大中尉にして校中一般の庶務を掌る

敎官は軍事學敎官文官敎官の二種にして軍事學敎官は軍事學各科の授業を分擔し佐官敎官を以て各科の科長とし文官敎官は陸軍敎授又は助敎之に任じ外國語の授業を分擔す

生徒隊長は中少佐之に任じ生徒隊を統べ生徒の敎育を監督し各中隊長をして擔任の訓育に任せしめ校長に對し齊一進步の責に任ず

中隊長は大尉之に任じ生徒の訓育を擔任して其責に任ず中隊附士官は中尉之に任じ生徒訓育の諸科目を分擔し日常生徒の躬行を監視し分擔の訓育に就きて其

責に任ずるものとす

第二章　陸軍中央幼年學校

陸軍中央幼年學校は生徒を本科豫科に區別し本科は豫科卒業者又は地方幼年學校卒業者を生徒として士官候補生たるに必要なる普通學科及軍人の豫備教育をなし豫科は將校に出身志願者を選拔して生徒となし地方幼年學校と同一課程を修めしめ本科生徒となすべきものを養成する所とす

本科の修學期は九月一日より翌々年五月下旬に至る二十一箇月間とし之を二學年に區分す其教授訓育の綱領は教育總監の定むる所にして教授科目は倫理、國語及漢文、外國語、地學、歷史、數學、博物、圖畫にして訓育科目は教育初步、射擊初步、體操游泳及劍術初步、馬術初步、諸勤務の訓誨にして其目的は士官學校に述べたると同一なり

職員は校長、副官、教官、生徒隊中隊長及中隊附、生徒監主事、生徒監、軍醫、獸醫、副監督、准士官下士判任文官にして教育總監に隸屬して各其職務を掌理して其責に任ずるものとす

陸軍地方幼年學校

第三章　陸軍地方幼年學校

陸軍地方幼年學校は陸軍將校に出身志願の者を選拔して生徒となし軍事上の必要を顧慮して普通學科を敎授し軍人精神を涵養し陸軍中央幼年學校生徒となすべきものを養成する所とす現今の地方幼年學校は仙臺、名古屋、大阪、廣島、熊本の五箇所に之を置き其敎育綱領は敎育總監の定むる所にして敎授科目は倫理、國語及漢文、外國語、地理、歷史、數學、博物圖畫、習字にして訓育科目は敎練初步、體操游泳及劍術初步、及軍隊內の訓誨にして修學期は三十六箇月とし

入學の資格は十三年以上十五年以下にして身長四尺四寸以上にして學力中學校一學年修業と同一程度の試驗に合格したる者にして陸軍召集規則第三條に該當せざるものとす生徒中に自費生官費生半官費生の別あり其退學の條件は士官學校に畧同じ將校及高等官の兒子は特待生として地方幼年學校條例第十三條の特點を受くるものとす

職員は校長、副官、敎官、生徒監、軍醫、主計、下士判任文官にして豫備後備役の者を以て充つるを得べく敎育總監に隸屬して校務を處理するものとす

陸軍戸山學校

陸軍砲工學校

第四章　陸軍戸山學校

陸軍戸山學校は學生に主として歩兵の戰術射擊、體操及劍術並鼓譜喇叭譜の訓練をなし以て各隊敎育の進步を圖り常に諸科學術の調査研究をなし且携帶火兵の研究試驗を行ひ又軍樂生徒に樂手補たるに必要なる敎育をなす所にして學生を分ちて戰術科學生、體操科學生、譜調學生の三種とし戰術科學生は步兵大中尉を以て之を充て戰術及射擊の研究をなさしむ但時宜により要塞砲兵及工兵士官を以て學生となすことを得

體操科學生は步、騎砲、工、輜重兵中少尉及下士を以て之に充て體操劍術の訓練をなさしむ

譜調學生は步兵隊の鼓手長、騎、砲、工、輜重兵隊の喇叭長を以て之に充て鼓譜喇叭譜の訓練をなさしむ

第五章　陸軍砲工學校

陸軍砲工學校は砲工兵科の少尉を以て學生と爲し砲工兵各科の勤務に必要なる

學術を敎授する所とすされど少尉にして入學し得ざるものは中尉大尉に進級の後と雖も學生となすを得るなり

其敎育は敎育總監の定めたる綱領に基き校長の定めたる敎則に依り實施するものにして修學期は一箇年にして其卒業生中三分の一內外は選拔し高等科學生として更に一箇年間在學せしめて尙須要なる學術を修めしめ或は陸軍野戰要塞各砲兵射擊學校乙種生として入學を命ぜらるゝ者あれば直ちに歸隊を命ぜらるゝ者あり高等科卒業者中若干名を選んで員外學生とし更に必要なる學科を研究せしめ又は外國駐在員として派遣せらるゝなり

第六章　陸軍野戰砲兵學校及陸軍要塞砲兵學校

陸軍野戰砲兵學校は學生に野戰砲兵の射擊及戰術の訓練をなし陸軍要塞砲兵學校は學生に要塞砲兵の射擊及戰術の訓練をなして各隊敎育の進步を圖り常に射擊及戰術の調査研究をなし且野戰砲兵材料を研究し及要塞電燈使用員に電燈使

用術を教育し射擊及戰術の調査研究をなし要塞砲兵材料の研究並に試驗を行ふ所にして學生を別ちて野戰砲兵學校に於ては二種要塞砲兵學校に於ては三種となす

甲種生は各野戰砲兵隊及各要塞砲兵隊より分遣する大中尉

乙種生は砲工學校卒業の上入校す中少尉

丙種生は要塞砲兵射擊學校のみにして要塞電燈使用員に充つる爲各要塞砲兵隊より分遣する下士兵卒

學生は上述の外佐官を召集して所要の修學をなさしむることを得るなり

修學期は甲種生は三箇月乙種生は二箇月丙種生は一箇年とす

第七章　陸軍騎兵實施學校

陸軍騎兵實施學校は學生に戰術及馬術の訓練をなし以て各隊敎育の進步を圖り常に諸科學術の調査研究を爲し且乘馬具及馬匹器具の研究並試驗を行ふ所にして學生を戰術科學生馬術科學生の二種に分つ

戰術科學生は騎兵大中尉を以て充て時宜によりて少尉を以て學生となすとあり

馬術科學生は騎兵中少尉下士を以て之に充つされど時によりては野戰砲兵要塞砲兵輜重兵士官及下士を以て學生となすことあり其修學期は十一箇月とす又戰術研究の爲めに佐官を召集することありとす

第七編　參謀本部所轄學校

第一章　陸軍大學校

陸軍大學校條例第五條によれば校長は參謀總長に隷して校務を總理しとありて參謀總長は參謀本部條例第二條第二項により　天皇に直隷する推握の軍務機關なるが故に陸軍大學校は他の學校と其所屬を異にするは亦論を俟たざるなり陸軍大學校は才幹ある少壯士官を選拔して高等用兵に關する學術を修めしめ併せて軍事研究に須要なる諸科の學識を增進せしむる所にして其敎育の實施は參謀總長の定むる敎育綱領に準據すべきなり

其學生候補者は各兵科(憲兵科を除く)の中少尉にして二年以上隊務に服し身體强健勤務精勵學才に富み且操行高尙にして將來大に發達の見込ある者より聯隊長又は學校長之を選拔し試驗の上參謀總長之を裁定し陸軍大臣其入學を命するものとす

學生の修學期は三箇年にして其卒業者には卒業證書及之を表彰すべき徽章を附

與し原所管に復せしむされど成績不良のものには單に修業證書のみを附與するなり

職員は校長、幹事、副官、軍醫、獸醫、副監督、兵學敎官、馬術敎官、敎官、下士判任文官にして校長幹事及專任の兵學校敎官は參謀官なりとす

第八編　陸軍省所轄の學校

第一章　陸軍經理學校

陸軍經理學校は陸軍主計候補生を生徒とし陸軍經理部初級士官たるに必要なる教育を施し及經理部士官中より選拔せる者を學生として高等の學術を修めしむる所とす

其生徒學生の敎育綱領は陸軍大臣の定むる所による其生徒は上述の如く主計候補生にして其候補生たるの資格は陸軍兵科士官候補生たのる資格と畧同一なりとす

學生は現役一二等主計中身體强健勤務精勵操行高尙將來發達の見込ありて檢定試驗に合格したる者より採用す

修學期は生徒一箇年九箇月とし學生は一箇年とす學生の卒業者中優秀の者は員外學生となし帝國大學の規定に依り帝國大學に入學せしめ必要なる科學を研究せしむることありとす

砲兵工科學校

第二章　砲兵工科學校

砲兵工科學校は火工學生に火工術を敎授し砲兵工長候補者に鞍工、銃工、木工、鍛工、長たるに必要なる敎育をなす所にして火工學生は砲兵隊第二年兵中より選拔して分遣し砲兵工長候補者は陸海軍豫備後備役にあらざるもの及各兵科初年兵にして召募試驗に合格したる者より採用す學期は火工學生は一箇年砲兵工長候補者は二箇年とす校長は東京砲兵工廠提理に隷屬して校務を總理し學術進歩の責に任ず

陸軍々醫學校

第三章　陸軍々醫學校

陸軍々醫學校は學生の練習生徒の敎成衞生部に關する敎科用書の編修若くは選擇及兵衣、衣食、兵營、兵器等の軍陣衞生に關する試驗を行ふ所にして其學生は各部隊附の衞生部士官を分遣して之に充て其特別科を練習せしめ生徒は醫術開業免狀又は藥劑師免狀を所持し衞生部現役士官に出身志願の者を選拔して採用し又時宜に依り練習の爲め三等軍醫正を召集することあるべし

學生の練習期は四箇月にして生徒の教成期は一箇年とす校長は陸軍省醫務局長に隷屬して校務を掌理す

陸軍獸醫學校

第四章　陸軍獸醫學校

陸軍獸醫學校は學生に各專門の學術を練習せしめ常に獸醫及蹄鐵に關する學術の調査研究をなし軍馬衛生に關する試驗を行ひ且蹄鐵工長候補者に蹄鐵工長たるに必要の敎育をなす所にして學生は獸醫部士官及隊附騎兵砲兵輜重兵隊より分遣する蹄鐵工長候補者を以て之に充つ學期は學生士官は五箇月、下士は三箇月候補者は九箇月にして校長は陸軍省軍務局長に隷屬して校務を總理す

第九編　海軍省所轄の學校

第一章　海軍大學校

海軍大學校

海軍大學校は其條例第三條によれば校長は海軍敎育本部長に隷して校務を總理すとありて又海軍敎育本部條例第四條には海軍敎育本部長は海軍大臣に隷し部務を總理し海軍大學校海軍兵學校海軍機關學校等を管理すとあるが故に此等の學校は陸軍大學校及陸軍士官學校等とは其所屬の趣きを異にせるものなりといふべし

海軍大學校は海軍將校及機關官に高等の學術を敎授する所にして其學生は將校科に甲乙二種機關科に又甲乙の二種及選科學生の五種に區別し將校科甲種學生は樞要の職員若くは高級指揮官の素養をなす爲め高等の兵學及其他の學術を敎授するものにして其學生は海軍大學校條例第十五條の條件を具へたるものより海軍大臣之を命じ將校科乙種學生には砲術、水雷術又は航海術に關する高等の學術を敎授するものにして其學生は海軍大尉にして條例十六條の條件に適合する

者より海軍大臣之を命ずるものとす

機關科甲種學生は機關に關する高等の學術を教授するものにして其學生は同條例第十七條の條件に適合する者中より海軍大臣之を命じ同乙種學生は將來要職に充つる素養を與ふる爲め高等の機關學其他の學術を教授するものにして其學生は同條例第十七條二の條件を具備する者より海軍大臣之を命ず

選科學生には各自の選擇する學術を修めしむるものにして其學生は海軍佐官機關監若は實役停年三箇年以上を經たる海軍大尉大機關士にして其志願者中より海軍大臣之を命ずるものとす而して其定まれる期間修業をなし卒業試驗に及第したる者には卒業證書を授與し將校科甲種學生には其卒業證書と共に徽章を併與するものとす其修業期間は將校科甲種生は二箇年同乙種學生機關科甲種學生及選科學生は一箇年にして機關科乙種學生は一箇年四箇月なりとす

職員は校長。副官、教頭、教官、主計長なりとす

第二章　海軍兵學校

海軍兵學校は海軍將校となすべき生徒を教育する所にして其教授すべき學科は

砲術水雷術運用航海術機關術及普通學とす

生徒は年齢滿十六年以上二十年以下にして志願者に就き檢定試驗を行ひて兵學校條例第十六條に該當せざる者より之を採用す生徒は海軍兵籍に編入せられ其學年は三箇年として卒業試驗に及第したるものには卒業證書を授與す生徒にして同校條例第二十二條に該當するものは退校を命すべきものとす

第三章　海軍機關學校

海軍機關學校

海軍機關學校は海軍機關官となすべき生徒を敎育する所にして其敎授すべき學科は機關術水雷術及普通學とす其入退學卒業は兵學校に同じく其學年は三年四箇月間なりとすされど戰時には之を短縮するを得兵學校に於ても亦然りとす

第四章　海軍々醫學校

海軍々醫學校

海軍々醫學校は海軍々醫官に高等學術を敎授し兼て新に採用したる海軍々醫、海軍少軍醫候補生及海少藥劑士候補生をして海軍々醫官及海軍藥劑官たるに必要なる學術及職務を練習せしむる所にして學生を軍醫學生、選科學生、練習學生の三

種に區別す

海軍々醫學生は海軍々醫中より練習學生は新に採用したる海軍々醫、海軍少軍醫候補生海軍少藥劑士候補生に選科學生は海軍々醫監又は實役停年三年を經たる海軍大軍醫にして志願する者の中より海軍大臣之を命ずるものとす其修學期は軍醫學生及選科學生は各一箇年にして其他は六箇月間なりとす卒業試驗に及第したる者には卒業證書を授與するものとす

海軍砲術練習所

第五章　海軍砲術練習所

海軍砲術練習所は砲術の敎授を掌り且砲術の改良進歩を圖る所にして其敎授を受くべき者は佐尉官、造兵技士、兵曹長、上等兵曹、下士卒及商船學校生にして其准士官以上を學生と稱し其他を練習生と稱す其練習生は更に掌砲兵となすべきもの砲術敎員となすべきもの二に區別す其敎練を了へたるときは卒業又は其他の證明すべき證書を與ふるものとす

第六章　海軍水雷術練習所

海軍水雷術練習所

海軍水雷術練習所を水雷術及電氣的通信の敎授を掌り且其改良進步を圖る所にして其敎授を受くるものは海軍佐尉官、機關監、機關士、造兵技士、兵曹長、上等兵曹、上等機關兵曹及下士卒として其准士官以上を練習學生とし下士以下を練習生と稱し練習生は掌水雷兵と爲すべき者水雷工となすべき者水雷術敎員と爲すべき者の三種に區別するを得るものとす練習學生は海軍大臣之を命じ練習生志願者より選拔するものなり其練習を了へたるものには試驗の上證書を授與するものとす

海軍機關術練習所

第七章　海軍機關術練習所

海軍機關術練習所は機關術の敎授を掌り且其改良進步を圖る所にして其敎授を受くべき者は海軍機關士、機關兵曹長、上等機關兵曹、機關兵曹、機關兵船匠長、船匠師、船匠手、木工にして其准士官以上を練習學生とし下士以下を練習生と稱し練習學生は海軍大臣之を命じ練習生は志願者中より選拔するものとす

第八章　海軍主計官練習所

海軍主計官練習所は少主計候補者をして少主計官に必要なる職務を練習せしめ兼て筆記厨宰及一二等主厨並筆記となすべき卒をして實務を練習せしむる所とす上述の外必要により主計官及上等筆記をして其職務を練習せしむることを得るなり而して其准士官以上を練習學生とし其他を練習生とす練習學生は海軍大臣之を命じ練習生は志願者中より之を試驗して採用するものなりとす

第九章　海軍造船工練習所

海軍造船工練習所は造船職工を敎授する所にして其敎授を受くるものを造船職工と稱す其造船職工は年齡滿二十一年以上三十年未滿にして造船職工として三箇年以上現業に服し品行方正にして將來技藝熟達衆工を御し得る見込ある者にして身體檢査學術試驗に合格したる者より採用し三箇年間練習せしめ成績佳良のものには卒業證書を授け海軍技手たるの資格を與ふるものとす

第十章　海軍看護術練習所

海軍看護術練習所は高等看護術の敎授を掌る其練習所に於て練習を受くる者を

練習生と稱し甲乙の二種に區別す

甲種看護術練習生は海軍一等看護手以下二等看護以上にして尚身體強健品行方正なる上に乙種看護術練習生卒業試驗に優等の成績を得卒業後四箇年間現役に服すべきものより乙種練習生は海軍一等看護手以下三等看護以上にして身體強健品行方正なる者の中より選拔するものとす其練習の上卒業試驗に及第したるものには一二等の裝創證狀を授與するものとす

附録

本著の原稿既に印刷を了へ將に製本に着手せんとするに際り本月九日宮內省達甲第二第三第四第五號及同乙第五號を以て華族就學規則、學習院學制、學習院官制、學習院規則發布せられ本月十一日より施行せられたるも今や原版を毀ちて原稿を改むる能はざるに至れるを以て茲に附錄として論ずるの止むを得ざるに至れり而して其改正の要旨は就學規則の學齡期の滿六年より滿二十四年迄の十九年なりしを滿二十年迄に短縮し又其學習院に入學し難き事情あるものは其年齡學力に相應する普通敎育を受くべきを命せられたるに止まりしが改正令に於ては學習院中等學科と同程度の學校を制限して必ず其學科を修むべきを命せられ其他就學猶豫の手續學習院以外の學校に入學せしときの屆出就學義務の解除修業成績の報告等も改正せられ學習院は從來華族の男子のみに對して敎育を施す所なりしも改正學制によれば學習院は從前の華族女學校を合併して

兩陛下の　優旨に基き華族の子女に普通の敎育を施すべき所とし從來の高等學科は現在院生の卒業後は之を廢止することゝしたる等其主たる所にして從て其

官制にも改革ありたり今左に其要領を項を別ちて說明すべし

第一章　華族就學規則

華族の男子にして年齡滿六年以上滿二十年以下にあるものは本則に遵ひて就學するを要すべきものにして即ち是華族子弟の學齡期間とす而して其義務者は戶主親權者後見人なり而して其學齡者は學習院に入りて其初等學科中等學科を履修するを要するも已むことを得ざる理由ありて學習院に入學し難きものは官立公立小學校若は之に代用する私立學校及官立府縣立の中學校に於て其科程を修了すべきものとす此場合は修學成績を學年末に爵位局長に屆出すべきなり

陸軍地方幼年學校若は同中央幼年學校及其本科の科程は之を官立中學校の科程と看做し師範學校又は公立私立の實業學校其の他專門學校に非らずして文部大臣に於て徵兵令第十三條又は文官任用令第三條に關し官立府縣立中學校の學科科程と同等以上と認めたるものは府縣立中學校に準して其就學義務を履行するを得るなり而して此等の學校に入學したるときは在學證書卒業したるときは卒業證明書を添へて就學義務者より爵位局長に屆出つべきなり而して學齡期間中

なりと雖も上述の學校を卒業し其他第六條に掲けたる條件を充せるときは其就學義務を解除すべきものとす

疾病其他の事由に因り學習院中等學科の科程を履修する能はざる場合に特別の方法を以て敎育するを要するときは同規則第四條の要件を具して宮內大臣の許可を受くべく又就學するを得ざるものの休學廢學を要するものは第七條により宮內大臣の認可を受くべきなり

以上述ぶる所は華族の男子に關する就學規則にして其女子の就學に關しては別に之を定むべきを第九條に規定せり

第二章　學習院

第一節　目的及組織

華族は皇室の藩屛にして其智德に於て一般臣民より優等の位置にあるべきが故に其修學の學齡期を延長し又其子女は一般四民の子女と同一の場所に於て敎育するは互に弊害あるを以て各國共に貴族の子女には特別の場所に於て敎育する

を常例とす而して學習院は前既に諭せしが如く陛下の講學研才の勅諭によりて創設せし所にして　兩陛下の優旨に基き華族の子女に普通敎育を施し華族たるの德性を涵養するを以て其目的とす而して其目的を達する爲に男子學生の爲めには初等學科中等學科及補習科を置き初等中等學科の修業年限は各六箇年にして補習科は其中等學科を卒業したるものゝ爲めに設けたるものにして其修業年限は二箇年とす

學習院には又女子學生の爲めに女學部を設け之に幼稚園小學科中學科專修科を置き修業年限は小學科六箇年中學科五箇年專修科は三箇年とす上述の外特別の事情ある者の爲めに別科生を置くことを得るなり

學習院は上述の如く華族の子女を敎育するを目的とするも士族平民の子女と雖も其家庭の狀態華族の子女と交通せしむるも不都合なきものは特に入學を許すことあるべきなり

第二節　敎科目

其目的を達する爲めの敎科目は學習院規則によりて定められたる所にして其敎

科は左の如し

一初等學科　國語　英語　算術　歷史及地理　自然の觀察　圖畫　手工　唱歌　體操

二中等學科　國語　外國語　歷史及地理　數學　博物　物理及化學　圖畫　武課

三高等學科　國語及漢文　外國語　歷史　法制及理濟　哲學　數學　物理　化學　地質及鑛物　動物及植物　測量　圖書　武課

女學部の敎科目は左の如し

一小學科　國語　英語又は佛語　算術　歷史及地理　自然の觀察　圖畫　音樂　手藝　體操

二中學科　國語　英語又は佛語　歷史及地理　數學　博物　物理及化學　圖畫　家政　裁縫　音樂　體操

專修科は之を分ちて文學部技藝部とす文學部を分ちて國文科、英文科、佛文科とし技藝部を分ちて裁縫及刺繡科繪畫及習字科並音樂科とし其敎科は左の如し

一國文科　倫理　國文學　英語又は佛語　歷史　心理及敎育　理科　經濟　割

烹　習禮　體操

二英文科　倫理　國語　英文學　歷史　心理及敎育　理科　經濟　割烹　習禮　體操

三佛文科　倫理　國語　佛文學　歷史　心理及敎育　理科　經濟　割烹　習禮　體操

四裁縫及刺繡科　倫理　國語　心理及敎育　理科　經濟　裁縫　刺繡　割烹　習禮　體操

五繪畫及習字科　倫理　國語　心理及敎育　理科　經濟　繪畫　習字　割烹　習禮　體操

六音樂科　倫理　國語　心理及敎育　理科　經濟　唱歌　箏又は洋琴　割烹　習禮　體操

別科生は定則によらずして院長に於て指定し幼稚園に關しては小學校令によるものと異なるなし其他入學退學懲罰の規定等あるも普通の學校に異なる所なきを以て省略す

第三節　職員及敎官

學習院官制によれば職員と敎官は第二條によりて明かに區別せり其職員とせるは院長女學部長主事書記にして事務を處理するを謂ふ敎官には敎授學生監助敎授あり院長は一人勅任にして院務を統理し兼て職員を監督す其他一切の管理權は第一條によりて宮內大臣にありとす玆に謂ふ管理權は小學校令中の管理權とは異り監督權をも包含するものと解すべきなり

女學部長は一人二等即勅任官にして敎授の中より之を兼任し院長の命を承けて女學部の事を掌理すべきなり

主事は二人奏任にして敎授中より之を兼任し上官の命を承けて庶務を分掌するものとす書記は判任官にして上官の指揮を受けて庶務に從事するものとす

敎授は六十五人奏任にして院長の命を承けて學生の敎授を分掌し學生監は二人奏任にして敎授の內より之を兼任し院長の命を承けて學生の規律に關する事を分掌し助敎授は判任にして敎授の職務を助くるものとす

院長は上述の外必要あるときは囑托員を置くことを得るなり

日本教育行政法述義 終

明治三十九年四月廿二日印刷
明治三十九年四月廿五日發行

（日本教育行政法述義奥付）

定價金壹圓五拾錢

著作者　禱苗代

發行者　葉多野太兵衛
東京市神田區今川小路二丁目四番地

印刷者　山田英二
東京市小石川區久堅町百〇八番地

印刷所　博文館印刷所
東京市小石川區久堅町百〇八番地

發行所　清水書店
東京市神田區今川小路二丁目
（電話本局九六五番）

東京市教育會長正三位尾崎行雄先生序
東京帝國大學法科大學教授法學博士梅謙次郎先生序
文部省普通學務局長澤柳政太郎先生序
前東京市教育課長法學士島田俊雄先生著

東京市教育會編

國定教科書に於ける法制經濟

全一冊

洋装美本
クロース金字入
紙數五百七十頁
定價金壹圓五拾錢
小包料金拾五錢

法治國ノ國民ガ法制ノ思想ヲ有シ文明社會ノ人民ガ經濟ノ智識ヲ具備セザルベカラザルハ猶蒸汽機關ノ運轉ニ石炭ノ必要ナルガ如シ

本書ハ東京市教育會ノ囑ニ依リ前ニ東京市教育課長トテ敏腕ヲ振ハレタル法學士島田俊雄先生ガ其深遠ナル學識ト經驗トニヨリテ國定教科書中ニ散在セル法制經濟ニ關スル事項ヲ解説セラレタルモノナリ

其説ク所始メニハ一般基礎ノ觀念ヲ闡明シ終ニハ國定教科書中ノ材料ヲ爬羅剔抉シテ餘蘊ナシ其一般國民ニトリテ必讀ノ良書タリ國民教育ノ實際ニ當ル教育家諸君ニトリテ机上缺ク可ラザルノ益友タルベキハ弊店ノ確保スル所ナリ

發賣元

東京市神田區今川小路二丁目四番地

清水書店

（電話本局九六五番）

日本教育行政法述義　　別巻 1440

2025(令和７)年３月20日　　復刻版第１刷発行

著　者　禱　　苗　代
発行者　今　井　　貴
発行所　信 山 社 出 版
〒113-0033　東京都文京区本郷６-２-９-102
モンテベルデ第２東大正門前
電　話　03（3818）1019
ＦＡＸ　03（3818）0344
郵便振替　00140-2-367777(信山社販売)

Printed in Japan.

制作／(株)信山社，印刷・製本／松澤印刷・日進堂

ISBN 978-4-7972-4453-3 C3332

別巻　巻数順一覧【1349 ～ 1530 巻】※網掛け巻数は、2021 年 11 月以降刊行

巻数	書　名	編・著・訳者　等	ISBN	定　価	本体価格
1349	國際公法	W・E・ホール、北條元篤、熊谷直太	978-4-7972-8953-4	41,800 円	38,000 円
1350	民法代理論 完	石尾一郎助	978-4-7972-8954-1	46,200 円	42,000 円
1351	民法總則編物權編債權編實用詳解	清浦奎吾、梅謙次郎、自治館編輯局	978-4-7972-8955-8	93,500 円	85,000 円
1352	民法親族編相續編實用詳解	細川潤次郎、梅謙次郎、自治館編輯局	978-4-7972-8956-5	60,500 円	55,000 円
1353	登記法實用全書	前田孝階、自治館編輯局(新井正三郎)	978-4-7972-8958-9	60,500 円	55,000 円
1354	民事訴訟法精義	東久世通禧、自治館編輯局	978-4-7972-8959-6	59,400 円	54,000 円
1355	民事訴訟法釋義	梶原仲治	978-4-7972-8960-2	41,800 円	38,000 円
1356	人事訴訟手續法	大森洪太	978-4-7972-8961-9	40,700 円	37,000 円
1357	法學通論	牧兒馬太郎	978-4-7972-8962-6	33,000 円	30,000 円
1358	刑法原理	城數馬	978-4-7972-8963-3	63,800 円	58,000 円
1359	行政法講義・佛國裁判所構成大要・日本古代法 完	パテルノストロ、曲木如長、坪谷善四郎	978-4-7972-8964-0	36,300 円	33,000 円
1360	民事訴訟法講義〔第一分冊〕	本多康直、今村信行、深野達	978-4-7972-8965-7	46,200 円	42,000 円
1361	民事訴訟法講義〔第二分冊〕	本多康直、今村信行、深野達	978-4-7972-8966-4	61,600 円	56,000 円
1362	民事訴訟法講義〔第三分冊〕	本多康直、今村信行、深野達	978-4-7972-8967-1	36,300 円	33,000 円
1505	地方財政及税制の改革〔昭和12年初版〕	三好重夫	978-4-7972-7705-0	62,700 円	57,000 円
1506	改正 市制町村制〔昭和13年第7版〕	法曹閣	978-4-7972-7706-7	30,800 円	28,000 円
1507	市制町村制 及 関係法令〔昭和13年第5版〕	市町村雑誌社	978-4-7972-7707-4	40,700 円	37,000 円
1508	東京府市区町村便覧〔昭和14年初版〕	東京地方改良協会	978-4-7972-7708-1	26,400 円	24,000 円
1509	改正 市制町村制 附 施行細則・執務條規〔明治44年第4版〕	矢島誠進堂	978-4-7972-7709-8	33,000 円	30,000 円
1510	地方財政改革問題〔昭和14年初版〕	高砂恒三郎、山根守道	978-4-7972-7710-4	46,200 円	42,000 円
1511	市町村事務必携〔昭和4年再版〕第1分冊	大塚辰治	978-4-7972-7711-1	66,000 円	60,000 円
1512	市町村事務必携〔昭和4年再版〕第2分冊	大塚辰治	978-4-7972-7712-8	81,400 円	74,000 円
1513	市制町村制逐条示解〔昭和11年第64版〕第1分冊	五十嵐鑛三郎、松本角太郎、中村淑人	978-4-7972-7713-5	74,800 円	68,000 円
1514	市制町村制逐条示解〔昭和11年第64版〕第2分冊	五十嵐鑛三郎、松本角太郎、中村淑人	978-4-7972-7714-2	74,800 円	68,000 円
1515	新旧対照 市制町村制 及 理由〔明治44年初版〕	平田東助、荒川五郎	978-4-7972-7715-9	30,800 円	28,000 円
1516	地方制度講話〔昭和5年再版〕	安井英二	978-4-7972-7716-6	33,000 円	30,000 円
1517	郡制注釈 完〔明治30年再版〕	岩田徳義	978-4-7972-7717-3	23,100 円	21,000 円
1518	改正 府県制郡制講義〔明治32年初版〕	樋山廣業	978-4-7972-7718-0	30,800 円	28,000 円
1519	改正 府県制郡制〔大正4年 訂正21版〕	山野金蔵	978-4-7972-7719-7	24,200 円	22,000 円
1520	改正 地方制度法典〔大正12第13版〕	自治研究会	978-4-7972-7720-3	52,800 円	48,000 円
1521	改正 市制町村制 及 附属法令〔大正2年第6版〕	市町村雑誌社	978-4-7972-7721-0	33,000 円	30,000 円
1522	実例判例 市制町村制釈義〔昭和9年改訂13版〕	梶康郎	978-4-7972-7722-7	52,800 円	48,000 円
1523	訂正 市制町村制 附 理由書〔明治33年第3版〕	明昇堂	978-4-7972-7723-4	30,800 円	28,000 円
1524	逐条解釈 改正 市町村財務規程〔昭和8年第9版〕	大塚辰治	978-4-7972-7724-1	59,400 円	54,000 円
1525	市制町村制 附 理由書〔明治21年初版〕	狩谷茂太郎	978-4-7972-7725-8	22,000 円	20,000 円
1526	改正 市制町村制〔大正10年第10版〕	井上圓三	978-4-7972-7726-5	24,200 円	22,000 円
1527	正文 市制町村制 並 選挙法規 附 陪審法〔昭和2年初版〕	法曹閣	978-4-7972-7727-2	30,800 円	28,000 円
1528	再版増訂 市制町村制註釈 附 市制町村制理由[明治21年増補再版]	坪谷善四郎	978-4-7972-7728-9	44,000 円	40,000 円
1529	五版 市町村制例規〔明治36年第5版〕	野元友三郎	978-4-7972-7729-6	30,800 円	28,000 円
1530	全国市町村便覧 附 全国学校名簿〔昭和10年初版〕第1分冊	藤谷崇文館	978-4-7972-7730-2	74,800 円	68,000 円